2014 年度浙江省哲学社会科学规划后期资助项目《魏金枝评传》（编号：14HQZZ012）

2009 年度浙江省哲学社会科学规划重大项目《越中现代著名作家系列研究》子课题（编号：09JDYW01ZD－6）

2012 年度浙江省教育厅人文社科项目《浙籍左翼作家魏金枝研究》（编号：Y201225124）

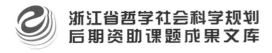
浙江省哲学社会科学规划
后期资助课题成果文库

魏金枝传

Weijinzhi Zhuan

刘桂萍　刘家思　周桂华　著

中国社会科学出版社

图书在版编目（CIP）数据

魏金枝传 / 刘桂萍，刘家思，周桂华著 . —北京：中国社会科学出版社，
2016.5

ISBN 978 – 7 – 5161 – 8491 – 2

Ⅰ. ①魏… Ⅱ. ①刘… ②刘…③周… Ⅲ. ①魏金枝（1900—1972）–
评传 Ⅳ. ①K825.6

中国版本图书馆 CIP 数据核字（2016）第 140148 号

出 版 人	赵剑英	
责任编辑	宫京蕾	
责任校对	周　昊	
责任印制	何　艳	

出　　版	中国社会科学出版社	
社　　址	北京鼓楼西大街甲 158 号	
邮　　编	100720	
网　　址	http：//www.csspw.cn	
发 行 部	010 – 84083685	
门 市 部	010 – 84029450	
经　　销	新华书店及其他书店	

印刷装订	北京市兴怀印刷厂	
版　　次	2016 年 5 月第 1 版	
印　　次	2016 年 5 月第 1 次印刷	

开　　本	710×1000　1/16	
印　　张	18.5	
插　　页	2	
字　　数	308 千字	
定　　价	75.00 元	

凡购买中国社会科学出版社图书，如有质量问题请与本社营销中心联系调换
电话：010 – 84083683

序

　　《魏金枝传》是2014年立项的浙江省哲学社会科学规划后期资助项目（项目编号14HQZZ012）成果，也是"越中现代著名作家系列研究"丛书之一。该丛书是我主持的浙江省哲学社会科学重点研究基地2009年度省社科规划重大项目《越中著名现代作家系列研究》（课题编号09JDYW01ZD）系列成果。《魏金枝传》是第六个子课题的结题成果。

　　在世纪之交，中共浙江省委、浙江省人民政府作出了浙江省不仅要建成经济强省，而且要建设文化大省的重要决策，大大地推进了浙江文化的研究，也激活和浓化了浙江的学术空气。社会发展必然推动文化的进步，但文化的精进反过来又会推动社会的发展。这种相辅相成的关联性，自然要求浙江在经济建设和社会发展获得全面进步后尤其要重视文化建设。多年来，文化研究已经成为浙江省文化建设的一个亮点，不仅是浙江省社科研究界一个新的学术生长点，而且也是浙江省社会主义精神文明建设的重要阵地。

　　文化研究有一个基本的抓手，就是作为社会主体和文化主体的人。因为人既是社会、文化的创造者，又是社会、文化的载体，文化演进和社会发展都是由人主导的。因此，研究文化就是要研究作为主体的人所创造和彰显的社会文化的历史形态和内在品格，为今后社会文化的繁荣和发展服务。正是基于这一点，我们申报了浙江省社科重点研究基地社科规划重大课题《越中现代著名作家系列研究》，2009年获得了立项资助，魏金枝研究是第六个子课题。

　　从全省范围讲，浙江文化（含越文化）研究从20世纪二三十年代萌芽，到20世纪末揭幕，至今已经进行了两方面的工作：一是浙江文化（含越文化）的史论研究；二是浙江文化（含越文化）名人传记的研究、撰写。前者以宏观的理论探讨见长，奠定了浙江文化（含越文化）研究的理论基础；后者是从文化主体的个体出发来进行微观的透视，呈现浙江文化（含越文化）的主体状态。这两种视角构建了浙江文化（含越文化）研究的基本框架，奠定了浙江文化（含越文化）研究的基础。

以往的文化研究立足于史论，旨在为今后的研究奠定基础。然而，文化研究停留在这里是不够的。一是我们的研究必须从历史走向现代，要服务于当代，启示将来，因此开展现代文化研究显得十分重要；二是文化不只是抽象的、概括的、普遍意义的，也是具体的、鲜活的、个性化的。因此，我们的研究一方面要将理论的概括融入到鲜活的个体和具体的形态中去；另一方面又要从个体中把握其普遍的意蕴指向，同时还必须把握古往今来历史进程中的文化传承与超越的情形。这是人类文化发展的内在特征与基本面貌。一种先进的文化姿态总是既不会忘却历史，又能着眼于现实，放眼于未来；而一种有生机和活力的文化，则不是着眼于传统，而是立足于现代。从本质上说，文化研究的根本任务，就是要从历史中把握内在精神的现代基质，探寻现实人生与社会文化发展的路向。所以，文化研究必须具有三种眼光：过去—现在—将来；必须抓住三个基点：人—时代特征—自然环境；必须把握三种内涵：传统—现代—未来。而一种文化如何从传统走向未来，现代的情形则是十分重要的。可以说，把握现代的蜕变，是推进文化研究由注重历史走向着眼未来的一条必由之路。

越中自古以来经济发达，文化昌盛，名人辈出。在近代向现代社会的转型过程中，越中诞生了蔡东藩（1877—1945）、刘大白（1880—1932）、鲁迅（1881—1936）、许寿裳（1883—1948）、周作人（1885—1867）、夏丏尊（1886—1946）、孙伏园（1894—1966）、胡愈之（1896—1986）、许钦文（1897—1984）、谷剑尘（1897—1976），孙福熙（1898—1962）、章锡琛（1889—1969）、魏金枝（1900—1972）、孙大雨（1905—1997）、姚蓬子（1905—1969）、孙席珍（1906—1984）、吴似鸿（1907—1988）、陶亢德（1908—1983）、柯灵（1909—2000）、徐懋庸（1910—1977）、陈梦家（1911—1966）、金近（1915—1989）、谷斯范（1916—1999）等一大批著名作家。他们有的是现代文学大师，有的是"五四"白话新诗文的开创者和代表诗人，有的是乡土小说的代表作家，有的是新月派的代表诗人，有的是上海孤岛时期的著名小说家、散文家，有的是白马湖派的代表人物，有的是湖畔诗社的重要诗人，有的是著名的戏剧家，有的是左翼文学的著名作家，有的是鲁迅杂文的继承人，有的是抗战文学的代表作家，有的是近现代通俗演义小说重要的开创者……他们流贯着浙东文化的血脉，又创造了鲜活的现代浙东文化成果，显现了浙东文化的现代形态与内在特征，是浙东文化从传统走向现代转型的过程中活的文化标本，反映了从传统走向现代的浙东人民的精神历程及其所取得的历史文化成就。

因为以往的研究关注历史的比较多，而关注现代和当代的比较少；关注文化精英和高层的较多，关注大众形态和普通性的很少，所以，除鲁迅和周作人之外，学术界对上述越中作家重视不够，大都没有将其纳入到学术界系统研究的视野之中。而从文化视角来研究、发掘其精神资源，关注其现代文化成就的尤其少，审视其创造的独特文化形态，显得非常不够。特别是对于他们在浙江文化从传统走向现代、由封建走向民主的转型过程中所产生的精神流变和思想引领的生动状态更疏于探究。因此，开展越中现代知名作家系列研究，是对浙江文化研究的一种补充、深化和拓展，意义重大。一是展示浙江文化的现代成就，展现浙江文化的先进性，弘扬浙江文化的现代精神，为正确认识从晚清到现代浙江文化的历史特征提供一个切入口，为浙江文化的建设和发展提供一些思想启示；二是开拓浙江文化的研究领域，有利于建构历史形态研究——传统向现代的转型研究——现代越文化研究的完整研究体系，推动浙江文化的全面研究，推动浙江省文化工程的研究进程，为区域文化研究提供新的视野和途径；三是为正确认识近代知识分子如何转变为现代文化精英提供一种理论指导，为现代史书写提供参考；四是填补上述作家没有整体研究的空白，深化和拓展中国现当代文学的研究，为文学欣赏提供指导和启示；五是为人物研究和评传写作提供一种学术借鉴与参照；六是镜照世俗社会，启示现实人生，引导个体树立正确的人生观和价值观，提高国民素质，推动社会进步。

因此，我们准备分期分批地对上述知名作家展开研究。最初的设想是2005年提出的，2007年着手准备，2008年开始启动，2009年开始了全面的实质性研究，到现在已经有几年了。目前选取了学术界关注比较少，整体研究比较薄弱，甚至是还没有做过整体研究的10位作家作为第一批研究对象，组成了《越中知名现代作家系列研究》重大课题。这些作家是蔡东藩、刘大白、许寿裳、夏丏尊、孙伏园、胡愈之、魏金枝、孙大雨、徐懋庸、陈梦家等。我们从校内外选取了有一定研究基础和实力的教师作为课题组成员，采取统一规划、目标一致、分项包干、责任自负的方式，展开研究。我们的想法是，这一批作家研究完成后，重新申报项目对第二批、第三批作家进行研究。至于为何没有将鲁迅、周作人两位大师列入第一批研究对象，是因为学术界对他们已经有很充分的研究，各种研究成果很多，就是从浙江文化或越文化视角去研究他们的成果也不少，这是我们要特别说明的。

我们试图通过对这些越中现代著名作家的研究，发掘浙江知识分子在社会转型时期是如何将时代要求内化为文化精进者的主体追求，成为推动社会进步的强大力量的深层原因，从而把握浙江文化从传统走向现代的转换过程中的精神脉络，找到浙江文化的现代精神底蕴，构建越地现代人类学的理想图景。其特点在于：一是着眼于从近代到现代的社会转型，抓住人这个主体，以系列研究来审视浙江文化从封建传统文化形态走向现代文化形态的演变轨迹，打破以往研究中宏观宽泛的研究态势，改变割裂式的个别研究，既呈现浙江文化的个体活性，又彰显浙江文化的历史形态，避免以偏概全、人为设定的局限与不足。二是文化既是一种历史形态，又是一种现实形态，还是一种从历史到现实的过渡形态，但文化研究始终是为现实形态的建构服务的，要着眼于文化的发展。因此，我们打破庸俗社会学和政治学的惯性思维模式，采取史论结合的方式，运用系统论的理论和方法，从社会转型的动态文化大背景中去进行整体研究，揭示社会的剧变对个体人生的影响，通过全面把握社会转型中不同个体的生命旅程、思想性格、人生业绩和创作成就，来把握浙江文化的现代形态，改变以往以静态的文本解读和阐释的简单化方式，凸显文化的立体感和整体性。三是文学是文化的一种主要构成要素，文化灌注在文学之中。因此，从各个研究对象的生命发展历程中来把握他们的文学创作，审视它们在现代浙江文化建构中应有的文化、艺术和思想价值，把握它们在中国现代文学发展历程中的意义，彰显浙江文化对于中国现代文化的影响力，是我们研究的一个主要内容。在这里，个体与整体相结合、历史与现实相联系，就成为了我们研究过程中的重要原则，并重视将这些作家置于中国现代文学发生发展的场域中。

在研究中，我们强调融社会批评与主体剖析于一体，厘清各个研究对象的生命旅程和思想发展脉络，突出文学创作和文学活动，将事业（仕途）、爱情和交游三线交织，全面地展现其悲喜沉浮的人生，揭示其人生和创作取向的主客体成因，挖掘越文化的血脉渊源，立体地展现其真实形象，彰显其现代的精神特征和越文化的现代品格。同时，我们又注重分析和把握他们文学创作的特色和成就，认识他们各自在文学史上的地位。我们的研究，既注重文化个体活性，又注重理论概括；既注重历史传统的把握，又注重对传统与现代的融通、历史与现实的关联；并以社会学、文化哲学和生命哲学为指导，突出原初性研究特征，挖掘越文化渊源；且以文本研读、田野调查和人物访谈为路径，立足于社会转型的背景来审视他们的人生历程、思想情感和文化心理，透视其世界观、人生观、文学观以及价值追求，进而彰显浙江文化的现代特征。

　　在研究过程中，我们注重在充分掌握资料的基础上进行系统而深入的分析研究，力求比较全面而准确地对研究对象的创作成就及其文学地位予以比较客观的评价；注重对现有研究文献和传记资料的甄别与辨正，剔除以往研究中的错漏与偏失，力求还研究对象一种本来面目；注重从特定时空背景中去审视研究对象主体人生的独特状态，力求对其人生和思想历程作出比较科学而合理的阐释。因此，我们一方面高度重视搜集越文化背景和历史资料，以及各研究对象散落的文学作品、文献资料和生平事迹，把准其精血气；另一方面又重视对研究对象曾经生活和工作过的地方的考察，重视访问其后人及其友人的后代，重视与相关的研究专家交流，以完善研究工作。

　　在研究工作中，我们再三讨论了各子课题的研究方案，又审定了各专著的写作纲要，以使整个课题的研究成果保持面貌的基本一致，而又各具个性和特色。在这套成果丛书出版之前，我们也随机性地选择部分书稿予以审阅，每部书稿都经过了三四次的修改。然而，由于研究对象几乎都是博古通今、中西交融的鲜活的文化个体，牵涉的学科领域很广，触及社会与人生的问题很深，文化内涵很丰富，对研究者的素养形成了很大的挑战，赋予了研究工作本身较大的难度；加上课题组成员都担负着繁重的教学工作，有的还担负了繁杂的管理工作，精力不够集中，时间比较紧张；尤其是我们水平有限，并且对人物评传的撰写缺乏经验，因此，研究工作难免存在一些粗疏和不足，我们敬请读者批评指正。同时，由于课题组成员从事研究的经验和实力本身存在差异，因此，虽然我们在研究和撰写过程中大都十分认真和负责，但实际上这套丛书的质量很难做到整齐划一，这是我们尤其感到不安并又要恳请读者谅解的。我们必须告白的是，我们所做的仅仅是抛砖引玉的工作。

　　在魏金枝研究进入尾声，成果《魏金枝传》即将付梓之际，作为重大课题的主持人，我首先要感谢该子课题的主持人及课题组成员几年来的艰苦工作，不仅使本课题的研究工作得以按时完成，而且确保了《越中现代著名作家系列研究》重大项目的按时完成。同时，我们也要感谢浙江省哲学社会科学发展规划领导小组、浙江省哲学社会科学重点研究基地的领导部门以及绍兴文理学院越文化研究基地的大力支持。因为有了这些支持，我们这个课题的研究才由设想变为了现实，这套成果丛书才得以顺利出版。而且，我们还要感谢中国社会科学出版社的大力支持，尤其是宫京蕾编辑为此付出的辛勤劳动。此外，对一直以来给我们的研究工作予热情帮助和关心的许许多多好心人，我们在此一并致以谢意。

刘家思

2015 年 1 月于风雅苑

目　　录

引　言

　　一个民族的兴盛与强大，其根基在于它世世代代有无数的优秀儿女。任何一个民族的兴衰强弱，都取决于人的素质。没有人，民族就会消亡；没有优秀的人，民族就会衰落。也正是这样，在 19 世纪中华民族备受世界列强蹂躏和欺压的时候，梁启超提出了"新民说"；在 20 世纪初，鲁迅又提出了"立人说"，指出中华民族要强大，"首在立人，人立而后凡事举。"可以说，人是中华民族在与世界民族决胜中的关键因素。中华民族之所以能够屹立于世界民族之林几千年，就是因为有许许多多优秀儿女在世世代代传承着。

　　在中国由传统走向现代，由封建社会走向民主社会，由半殖民地半封建国家走向自主平等的独立国家的漫长历程中，广大优秀的中华儿女不懈奋斗，矢志不移，追求一生，为国家的发展和进步，为民族的复兴和强大做出了各自的贡献。我们必须铭记为民族复兴、社会进步、国家强大燃烧过生命激情、倾注过血泪、奉献过力量的每一个人；即使是普普通通的人，虽然没有惊天的壮举，没有盖世的功勋，但只要他为民族之梦奉献了自己的力量，做出了自己所能做出的贡献，我们也就不应该忘记。因为，他们在各自平凡的位置上也为这个伟大的民族积聚了正能量，共同构筑起了中华民族不倒的精神长城。当我们重新审视中国现代发展史的时候，自然就有许许多多这样的人引起了我们的注意，即使以往被冷落的人，他那被遮蔽的并不强大的光色也重新闪烁在我们眼前。我们觉得这是曾经积聚过火焰与力量，凝结了希望与憧憬，熔铸着追求与奉献生命之光，在今天仍然值得我们吹亮，使之更好地发挥其固有的光辉，让后人承受这光、这色，不断攀登、前行。魏金枝就是这样一个普通而又并不平凡的人物，在 20 世纪中华民族的发展进步中，留下了他追求的脚印，呈现出了一线光色，虽然并不骄人，但为现代中国的政治革命、思想进步、文化建设、国民教育、文艺工作都做出了贡献，值得我们重视。

魏金枝（1900—1972），绍兴嵊县人（今为嵊州市），原名魏义荣，小名荣佬，笔名凤兮、高山、鹿宿、莫干、牛三等。他出生贫苦家庭，10岁才进私塾，两次冒名考试升学，1917年入浙江省立第一师范学校读书，又一度辍学。毕业后，长期为生计而流浪，时时疲于奔命，"常在失业与半失业状态中"，经历了许多苦难，人生充满曲折，反映了贫苦子弟求学与成才的不易，以及出身贫寒家庭的子弟开创人生之路的艰难。但他在困难面前不妥协，在逆境中不堕落，而是奋发进取，一步一个脚印，紧跟着时代的步伐前进，对于现代中国的进步和发展做出了许多令人难以企及的贡献。这充分说明，个体的人只要自己不放弃，无论社会多么不尽如人意，都能找到自己的人生位置，一定能有所作为，释放出正能量。

魏金枝自然不是什么盖世伟人和英雄，但他一生紧跟着中国共产党，为寻求民族解放和复兴而艰难求索、矢志前行，毕生期待着中华民族的伟大复兴，并为实现这个伟大的梦想而做出了不懈的努力。他从小感受到了社会的不平等和阶级压迫，使他埋下了革命火种。"五四"时期，他积极参加学生运动和工人运动，参加了刘大白等组织的"任社"和应修人发起成立的上海通信图书馆共进会。1926年加入中国国民党和中国共产党，与杨贤江创办了商务印书馆同人子弟学校。1927年，他策动地方武装起义，响应北伐；大革命失败后，他被国民党浙江省政府通缉，到钱塘江沿江一带开展革命活动。1930年，他加入"左联"，从事无产阶级文学运动，深受鲁迅的影响。在革命斗争中，他先后两次被捕入狱。抗战爆发后，他签名发表宣言，积极宣传抗日，参加各种抗日组织和抗日活动。抗战胜利后，创办刊物，协助编辑出版《教育丛刊》，加入"文协上海分会"，投入到反内战、反专制的民主斗争之中。新中国成立之后，他积极参加各种文学活动，投入到社会主义的改造与建设之中，推动新中国的文学事业。魏金枝一生执着追求，为社会革命和民族复兴矢志不移，表现了坚定的人生信念，显示了平凡而又崇高的人生理想，反映了中国现代知识分子的心路历程和价值取向。

魏金枝有"中国最成功的一个农民作家"的美誉。他在"五四"时期走向文坛，最初主要创作新诗，情感真率诚挚，意境沉郁，显示了强烈的现实主义取向和启蒙立场。1924年开始，他主要从事小说创作，得到鲁迅的高度评价。至今，他出版的小说集主要有《七封书信的自传》《奶妈》《白旗手》《制服》《魏金枝短篇小说选》以及儿童小说《越早越好》等，但还有一大批作品散佚尘封在报刊中。他最初以乡土小说成名，描写了乡村世界的"沉滞气"，表现乡村知识分子和农民的不幸命运。20世纪30年代前期，他感应时代潮流，投入到左翼文学运动中，主要创作左翼小说，但他独特的书写显示了比较丰厚的艺术底蕴。20世纪30年代后期，则较早地开始了国防与抗战文学创作，以其强烈的时代性和独特的艺术形态，显示了魏金枝小说创作的新成就。抗战胜利后，创作历史讽喻小说，显示了散文化的跨文体特征。新中国成立后，魏金枝担任了中国作家协会理事、上海作协副主席，对新中国充满着热情，其小说也意气风发地歌颂新生活新社会，但又保持自己的艺术追求，仍然具有较高的审美价值。魏金枝的小说长于叙事，小说的文体意识很强，吸收了鲁迅的艺术营养，又突破了鲁迅的模式，显示了很强的创新性。魏金枝的散文创作也于20世纪20年代揭幕，风格多样，都贯穿着现实主义精神，具有较高的艺术价值。这些散文，除结集了《时代的回声》之外，大量的作品还散落在报刊中。其儿童文学创作则开始于20世纪40年代，以寓言和故事为主，新中国成立后还创作了儿童小说，先后结集出版的有《中国古代寓言》5集，丰富了儿童文学风景，为少年读者提供了精美的精神食粮。

魏金枝是中国20世纪著名的编辑家和文艺评论家。他的编辑生涯始于"五四"时期，新中国成立前先后编辑过《曲江工潮》《萌芽》《文丛》等刊物和校刊；新中国成立后，他成为专职编辑，任《文艺月报》《上海文学》和《收获》等著名刊物的编辑，一度任副主编，主持编辑业务。他以热情诚恳的态度培养了一大批青年作家和年轻编辑，为文学期刊的编辑事业和中国当代文学的发展做出了贡献，堪称现代编辑的典范。他还积极参加各种文艺座谈和开展文艺评论，不仅充分肯定作品的优点，也直言不讳地指出一些作品的缺点，坚持着文学评论的独立性。他的评论，大部分结集在《编余丛谈》《文艺随笔》之中。这些文章，是特定时期对文学艺术价值的坚守和引导。

魏金枝的一生从事过多种职业，但他做得最长的，是当老师教书。他先后从教20多年，做过小学教师，教过中学，当过大学教授；先后担任过中学教务主任、首席国文教员和大学中文系主任。在教学中，他兢兢业业教好国文课，努力提高学生的语文运用能力和文学鉴赏能力，培养了不少爱好文艺的青年。他先后发表一批语文教育论文，出版了专著《怎样写作》，编辑了《新词林》，辅导语文学习，科学传授语文知识。这些工作，对于语文教学具有重要的指导意义。

然而，学术界对魏金枝没有重视，没有给他予以比较全面、客观的评价，研究的成果很少。虽然鲁迅在 1930 年 4 月 1 日出版的《萌芽》第 1 卷第 4 期上发表的《我们需要评论家》中就评价"魏金枝的《七封信的自传》"是"优秀之作"；1933 年《出版消息》第 3 期发表的《作家的消息》介绍了魏金枝，但对于他的研究成果主要是"文化大革命"结束以后出现的。综合起来看主要是两类：

一是对于魏金枝的生平研究，主要是回忆性纪念性文章，它们是王西彦的《向死者告慰：记魏金枝》（《新文学史料》1979 年第 2 期）、秦瘦鸥的《踏莎行——悼念魏金枝同志》（《文汇报》1979 年第 10 期）、王若望的《悼念魏金枝》（《文汇报》1979 年第 10 期）、赵自的《师表永存——悼念魏金枝先生》（《上海文学》1979 年第 4 期）、徐开垒的《滴尽了油的板鸭——回忆魏金枝同志》（《西湖》1981 年第 5 期）、陈家骅的《纪念著名作家、文艺编辑魏金枝》（《绍兴师专学报》1982 年第 2 期）、艾以的《怀念良师魏金枝》（《编创之友》1983 年第 3 期）、魏德平与杨敏生合作的《魏金枝与杭州》（《西湖（文学月刊）》1984 年第 2 期）和《魏金枝故乡访问记》（《东海》1983 年第 6 期）、左泥的《润物细无声——忆魏金枝先生》（《编辑之友》1985 年第 3 期）、胡万春的《辛勤的"园丁"》（《文学报》1987 年第 5 期）和《编辑家的丰碑——怀念一位文学界的老人》（《东海》1988 年第 9 期）、任章祥和袁和济的《魏金枝》（《浙江档案》1990 年第 11 期）、欧阳翠的《回忆魏金枝》（《新文学史料》1994 年第 2 期）以及左泥的《魏金枝晚年的坎坷和〈上海文学〉的几个事件》（《文汇读书周报》2000 年第 16 期）等。虽然多侧面地展示了魏金枝的生平事迹，但都以中华人民共和国成立之后，尤其是"文化大革命"中的遭遇为主，整体上还不系统，比较零碎。

二是对于魏金枝的文学创作和交往的研究，包括张惠达的《鲁迅与魏金枝》（《上海师范大学学报》1990 年第 1 期）和《魏金枝文学研究年谱》（《上海师范大学学报》1992 年第 3 期）、王尔龄的《魏金枝乡土小说概观》（《天津师范大学学报》1987 年第 6 期）、魏德平与杨敏生合作的《论魏金枝早期的诗歌创作》（《浙江学刊》1982 年第 1 期）和《魏金枝何时开始写小说》（《新文学史料》1982 年第 1 期）以及《关于魏金枝的一些史实》（《书林》1986 年第 6 期）、柯平凭的《魏金枝姓名的由来》（《新文学史料》1981 年第 1 期）、王艾村的《魏金枝缘何误解柔石》（《观察与思考》2000 年第 9 期）等，不仅量少，而且只简要涉及其诗歌与小说创作以及求学时学友间的交往，整体上看也很零散、不深入。

可见，魏金枝研究至今比较零碎，视野狭窄，从越文化视角来研究的成果还没有。这种局部性比较浅层次的研究不可能，也没有形成对魏金枝的整体而全面的评价。这与魏金枝在中国现代文学史上的地位是不相符的。

魏金枝集诗人、小说家、散文家、文学编辑、大学教授以及学者于一身，是中国从近代走向现代的农民出身的知识分子的典型代表。在他身上潜存着许多历史文化和民族心路历程的密码，我们将对魏金枝的人生做出比较全面的解读，展现其坎坷曲折的人生历程，揭示其由贫民之子向现代文化先驱和文学开拓者转变的主客体原因，挖掘越文化的血脉渊源，立体地展现其主体的形象及其精神特征，彰显其文学创作的特色和成就，把握他在中国现代文学史中的重要地位和在越文化转型中的典型意义。

第一章

白泥坎的孩子（1900. 2—1917. 2）

1900 年 2 月 15 日（农历正月十九日），浙江省嵊县①东乡黄泽镇白泥坎村一个贫苦的农民家里，诞生了一个新生命。这就是后来被人们称为著名作家的魏金枝。这个孩子的出生给魏家带来了几分高兴，也带来了几分忧愁。高兴的是，魏家又添男丁了，香火能够延续了；忧愁的是，一个生命的到来，意味着魏家的生计又多了一个人的负担。他们将这个孩子取名为魏义荣，小名荣佬。这时，中国已经沦为了半殖民地半封建的国家，中华民族陷入了内忧外患的严重危机中。半年后，八国联军入侵中国，腐败无能的清政府既割地又赔款，使中国人民沉落到水深火热的灾难中。因此，这个孩子似乎天生就被打上了受苦的印记，从小就饱经人生的忧患。他在白泥坎村度过了整个青少年时期。这时期，虽然年少不理世事，但家庭的贫困也使他感受到了人生的悲苦。

一　山清水秀的白泥坎

魏金枝说："我在十八岁以前，就一直生长在农村里。自然也做过一些轻微的劳动。"② 这个农村就是嵊县白泥坎村。这是一个古老而又比较偏僻落后的村落。这里山清水秀，民风淳朴，保持着浙东文化的原生态。魏金枝从小受到这种原生态文化的熏陶。

嵊县古称剡县，从绍兴向东南行车 76 公里，便到嵊县。春秋时期属越国，秦时名剡，属会稽郡。汉景帝四年（公元前 153 年）置县，称剡

---

① 嵊县，系民国时期的辖区县名，中华人民共和国成立后，先后属绍兴、宁波专区，现属绍兴市。1995 年 8 月撤县设嵊州市。

② 魏金枝：《谈谈失败的经验》，《文艺月报》1958 年第 2 期。

县。王莽时易名为尽忠县，东汉初恢复剡县。唐初升置嵊州，并置剡城县，后又恢复剡县。吴越中期改为赡县。北宋时又名剡县，宣和三年（公元1121年），刘合以"剡"有兵火象，奏请朝廷把"剡"改为"嵊"，嵊县始名，至今已有近900年历史。

从嵊县县城向东南走30公里，便到东乡黄泽镇。从镇北头过黄泽江，往北再走三华里，有一个小村庄，就是白泥坎村。

白泥坎村依山面水。近处有小山，北靠飞凤山，南有大坟山，西有面山。一条小路将人们引入村中。村头有一路香樟，四季吐青翻翠，时刻喷香，沁人心脾；而村前是一条清澈见底的小溪，由东北流来，经过几个村，汩汩地从村前穿过，往西在石桥村附近流入黄泽江。在白泥坎村，这流向恰与黄泽江平行，似乎是要与它比美。而溪边几株杨柳，依依多姿，垂垂显情，似乎与不远处的香樟对歌起舞。跨过小溪，就是一片开阔的沃野，视野宏远。

白泥坎村的远处四野多大山。东有四明山，南有天姥山，西有西白山，北有猪大山和北峙崿山。而直接滋养着黄泽镇白泥坎村人的是四明山。这是浙东名山，群山起伏，峰峦层叠，林深竹茂，青山碧水，云蒸霞蔚，景色入胜，有第二庐山之称。《剡录·山水志》载："四明山境四周八百余里……东为惊浪之山，西拒奔牛之垄，南则驱羊之势，北起走蛇之峭。"四明山整个山脉呈东西向狭长形分布，横跨余姚、鄞州、奉化、嵊州、上虞等县区。在嵊县境内，四明山平均海拔在700米左右，山清水秀，闻名遐迩。其主峰金钟山（现称四明山）就位于黄泽镇北部，海拔1018米，高峻挺拔，四面玲珑，独领风骚。千百年来，众多文人墨客慕名游胜，兴情所至，吟山咏水，题诗寄情。如白水冲瀑布长期奔泻，银珠飞溅，数里之内雾气腾腾，为历代文人骚客所咏叹。元赵澹山《瀑布》诗就云："玉龙吼山山为开，悬涛迸出翻崔嵬。回风便可作飞雨，共听万壑鸣惊雷。"[1] 明沈明臣《潺涛洞》诗云："千丈飞流舞白鸾，碧潭倒影镜中看。藤萝半壁云烟湿，殿角常年风雨寒。野性从来山水癖，直躬更觉世途艰。卜居断拟如周叔，高臣无由上谢安。"[2] 四明山实际上是黄泽镇的母亲山。大山文化也养成了村民憨厚朴实、诚信笃行的个性。

---

[1] 转引自刘晓艳《塘城妙韵：八大女仙的风采》，宗教文化出版社2008年版，第96页。

[2] 转引自符利群《郁铭芳传》，宁波出版社2008年版，第2页。

雨中的黄泽江

远处奔腾不息的黄泽江，是黄泽镇的母亲河，全长 70.6 公里，上游源头支系繁多，构成了一张水网。其上游水系之一是上东江，发源于四明山脉，从东北流向西南；另一水系黄泽江，旧称王泽溪，其源头发自新昌县巧英乡耐烦岭，始称莒根溪。经大市聚镇，至新林乡竹岸村后称广溪，经大明市镇钦村后称横溪，经长山村后称黄泽江，进入黄泽镇内，与上东江汇合。黄泽江从东南向西北穿越黄泽镇，流向曹娥江。黄泽江四季奔腾不息，一往无前。

嵊县素有"东南山水越为最，越地风光剡领先"①之称。这尤以黄泽江的两岸和四明山的群峰流脉中的风景为代表。白泥坎村就处在这青山绿水的图画中。这样的山水，天造地设地为黄泽镇人创造了一个肥沃的家园，滋养着这一方人，自然也滋养着白泥坎村人。

二　贫富两重天

与山清水秀的自然环境不同，白泥坎村的社会环境则是黑暗的。贫富

---

① 李白诗，转引自《嵊县志》编撰委员会《嵊县志》，浙江人民出版社 1989 年版，第 1 页。

两重天，是白泥坎村 20 世纪前半期的现实。这是一个拥有 250 多户人家的自然村，到 1951 年时，全村有 18 家地主，更多的是贫雇农。全村有田地一千七八十余亩，魏姓地主占 900 多亩，而尹姓地主占 100 多亩。其他的贫农和富农所拥有的田地不及 100 亩。① 社会的不平等和财富的两极分化，使魏金枝从小形成了不满意识。

在白泥坎村，魏姓人是占绝对优势的。除了少数几个杂姓外，绝大多数人都姓魏；在 18 家地主中，除一家是尹姓外，都是魏姓。尽管如此，但魏姓人更多的还是贫雇农。这里的魏姓，从前是从姬姓中分出来的；最初与郑是同姓的。其先祖魏杞，字南夫，南宋时官至丞相，嘉泰中谥文节。白泥坎村中的魏姓，渭川公脉下的子孙居多。魏金枝家也是这一脉。但他家并不是富庶之家，而是一个贫困的农民之家，祖上世代务农。魏金枝说："我的家是农家，我的祖宗是农民，我的亲戚也都是农民。"② 在这里，魏金枝从小就感受着阶级的压迫和剥削。他在《故乡风光》一文中透露了一点信息：

> 正当我十多岁那时候，我的祖父买一坵靠村的田，其实家里所有的钱不够这个数目的，但农人所爱的就是田，于是把自己的田去当了，凑足了再买。因此田无常———一种交易的经纪人，田主，代笔的，已经坐在我们的家里，预备写文契了。我的母亲，简直已在厨下灯光边切年糕。我呢？伏在火炉边烧茶。一句话，全个家庭里都是喜洋洋的。可是，哼！乡下人也有乡下人的习处。那个田主的老婆，忽然来敲我家的后门了。说是别人还有出价较高的，于是一概散了场，祖父因此气得脸上脱色，足足有两夜睡不着觉。③

由此可见，魏金枝家里是没有田地的，遭受着地主的剥削和压迫。在农业社会里，田就是农民的命根子，他们都渴望有自己的田，因此虽然没有钱，但总是会想尽一切办法来置办一点属于自己的田产。魏金枝的祖父和父亲也是这样的思想。然而，在黑暗的社会，广大贫苦农民是没有活路

① 魏金枝：《一个不完整的调查报告》，《文艺新地》1951 年第 3 期。
② 魏金枝：《谈谈失败的经验》，《文艺月报》1958 年第 2 期。
③ 魏金枝：《故乡风光》，《芒种》1935 年第 3 期。

现在的白泥坎村貌

　　的，他们时时都被欺压着。这桩以失败而告终的买田事件，告诉了魏金枝这样一个信息：他家总是遭受统治阶级的压迫和愚弄的。1950 年土改时，魏金枝和徐开垒一起去搞土改时谈到了这些地主的恶劣："在我们浙东，什么事都要依靠地主的势力，沾他们的光，才能办事，否则寸步难行。……我们浙江的地主，杀人放火逼死人命虽不像北方那么多，但刁钻刻毒却比任何地方厉害，……专门从事暗中盘剥，欺侮农民没有文化，引他们上当。"① 由此可以看出，因为从小遭受到压迫，所以魏金枝从小就对地主十分不满。

　　其实，魏金枝不仅从小就感受到了自己家里遭受压迫，而且从小目睹了白泥坎村其他人贫困的生活和悲惨的人生。中国封建社会是聚族而居的家族社会，在这样的社会结构中，一些杂居的小姓更是处在被压迫的地位。这些人没有田地，缺衣少食，常常不是靠做长年、打短工维持生计，就是干常人所不愿干的活、做常人所不愿意做的事情来挨日子。魏金枝有一个小伙伴，是住在他家屋后的一个叶姓人家的孩子。叶姓在这里是小姓，他们也没有自己的田地。魏金枝和这家的老二叶立贤常在一起打柴、

---

　　① 徐开垒：《滴尽了油的板鸭——回忆魏金枝先生》，《西湖》1981 年第 5 期。

白泥坎魏氏宗祠——川公祠

拾枫球，两人有较深的感情。叶家很苦，常常没有吃的，叶立贤嘴馋得要命。有一次，他想买秋桃吃却没有钱，只好把已经拿在手上的秋桃又放下去。一个地主的儿子看见了，就故意刁难他，说是能够吃三斤秋桃，他就请客，吃不下，就罚六斤。叶立贤想吃，又怕吃不下，但因为嘴馋，又怕赔钱，到底硬着头皮把三斤秋桃都吃下去了，这一吃下去，就肚子天天胀大，脸色天天转黄，得了一个只想吃、不会做的毛病。后来，叶立贤结婚了，但靠做长年维持生计而又做不了，这一来，他老婆就跟别的男人走了。另一个邻居叶章根从小就是孤儿，靠母亲背着他乞讨过活，少年起就给人家放牛，长大后就给别人做长年。沈姓人家也是这样，要不就是讨饭过活，要不就是靠给人帮工过活，要不就是做长年过活，要不就是流浪。尤其是沈小高的父亲，这个乡间的戏班中的名角，到别村去演戏，因为赌钱得罪了一个恶霸，被恶霸绑到山上去，将他的四肢分缚在四株毛竹的末梢上，然后把压住的毛竹一放，让他像蜘蛛一样悬空地张在半空里。受了这次酷刑之后，他就吐血、咳嗽，慢慢地得黄瘦病死了。[1] 他们的遭遇，给魏金枝的影响很大。

---

[1]　魏金枝：《一个不完整的调查报告》，《文艺新地》1951 年第 3 期。

魏金枝从小处于社会底层，深深地感受到阶级的剥削与压迫，饱受贫穷与饥荒的困苦。他说："常常恍惚地想起幼年在旱荒中吃的六谷糊和麦碎饭。那在喉头里的回忆，是混合了一些幼年困乏中的世味。所以觉得既酸苦而又粗糙。"① 由于家境贫寒，"家长们常说，把饭粒留在碗里，将来要讨个麻子的老婆。"② 这种人生境况，使魏金枝从小养成了珍惜粮食的习惯，同时也使他对黑暗社会的不平等有了深刻的体认。随着年龄的增长，他心里那种不满现实的火种就燃烧起来，使他对同样处于不幸中的底层贫苦民众充满着同情。这为他后来的人生志向奠定了基础。

三　从魏义荣到魏金枝

魏金枝原名魏义荣，出身贫苦家庭。他的祖父叫魏金才，父亲叫魏仁富，母亲叫叶金妹，都是白泥坎村老实本分的农民。他从小就帮家里干农活，但又天生体力不足，挑不起柴担，干不了重活。因此，放牛是他常做的事。他后来回忆说："我在十八岁以前，就一直生长在农村里，自然也做过一些轻微的劳动。就是这些，确实也给了我一些农村的生活知识，体会一些农民的思想感情。"③

因为家里生活困难，本来没有经济能力供人读书，可是魏义荣却从10岁开始，就一直读书。他说："我总算幸运，许多当时的泥腿子弟中，只有我一直读上书，而且后来还居然能够自己研究一下《大学》《中庸》。"④ 魏义荣之所以能够读上书，有三个方面的原因：

一是魏金才属于魏姓人渭川公脉下的子孙，受到封建家族的支持。在封建时代，同一个家族，尽管地位不同，贫富悬殊，但在一个宗祠中，再穷的宗族，其待遇也高于外族。魏金才是名正言顺的渭川公脉下子孙，魏姓家族对其有所关照。

进入白泥坎村，在村尾，沿小路折进约200米，即为魏姓宗祠川公祠，再往后走100米即为魏金才家。

---

① 魏金枝：《过磅》，《第一线》1935 年第 1 期。

② 魏金枝：《谈谈失败的经验》，《文艺月报》1958 年第 2 期。

③ 转引自王西彦《向死者告慰——记魏金枝》，《新文学史料》1979 年第 2 期。

④ 魏金枝：《自不量力》，《安徽文学》1959 年第 17 期。

　　这是一个老式台门。其台门上石额横刻着"履中丰和"四个字。这是魏义荣太公从裴村迁居白泥坎时造的，有着五楼五底的两层楼。

已经倒塌的魏金枝故居遗址

　　屋里有一个天井，天井两旁各有三间侧屋，西边三间就是魏义荣的家。他就诞生在这里的北屋。自然，属于魏义荣家的这三间侧屋，是再普通不过的了。

　　虽然魏金才家是一个贫寒的农家，但是他们作为魏姓子孙，在魏姓宗祠名下，平时做事，宗族也会给以相应的方便，这是中国封建宗族的传统。这为魏义荣上学读书无形中创造了条件。

　　二是魏金才家教严的影响所致。魏金才是"一个意志很强，态度很严肃的人"[1]，对儿孙的管束非常严厉古板，对子孙教育也总是从封建伦理道德、封建统治秩序出发的。在家里，一切由他说了算，不允许儿孙有自由。魏金枝后来回忆说："我的家里，除父亲外，还有两个叔叔，他们对于祖父总是绝对的服从，永不对祖父的主张有什么意见。"[2] 正是这样符合封建规范，虽然没有什么威望，但是他严格的家教还是口碑很好的。因此，尽管他很贫苦，但在白泥坎村的人缘却很好，人们总能够给他以方

---

① 魏金枝：《失学以后》，中学生社编《投资》，开明书店1935年版，第166页。

② 同上。

便。这也给魏义荣读书带来了直接的好处。

当时，村里几个地主合资聘请了一个先生，办了一个私塾，教育其子女。魏义荣总是每天在窗户外偷听老师的授课，先生好奇怪，有一天便向东家打听，知道是魏金才的孙子魏义荣，便想收他入私塾。[①] 他征得几位东家的同意，不久就收下了这个偷听的大孩子。这是先生第一次破例收下的一个贫家子弟。这是 1910 年的事情，魏义荣已经 10 周岁。魏义荣能够到私塾去读书，这是多么难得的机会啊。穷人的孩子总是懂事早，魏义荣在这里读书很认真，他的成绩遥遥领先于地主家的孩子。"无论是背诵《诗经》《论语》，还是诠释字句，训诂音义，总数他对答如流，最为出色，常常博得老师夸奖，也引起同学们的刮目相看。"[②] 魏金枝自己也回忆了读私塾时的状况：

> 那时我还是个十二三岁的孩子，还在书塾里读《论语》《孟子》，但正如陶渊明那些劣子一样，只知道"争梨栗，却不好诗书。"所以每天所能维持我们的野心的，便只先生那块洁滑沉重的红木戒尺，因之一到下午三四点钟，一敷衍完了我们的背书工作，就把我们的四肢百体上的一切大小筋络，全体解放。有的搬出纸人儿，夹在大腿衚里玩，有的拿出纸笔来画山水人物，只有几个背不出书的笨牛，有气没力的还在哼书。那种声音，只有一件事拿出来打比，就是大暑天老牛带水车的转轮声，既慢，又吃力，听了会使人发出沉重之感。[③]

显然可以看出，魏义荣背书是比较轻松的。

三是魏金才的心愿。魏金才虽然是个农民，但他的人生经历告诉他，读书对于一个人的一生大有裨益，就是对于一个家族的影响也很大。虽然家里世世代代都是农民，但培养一个读书人是他内心的希望。因此，当他在私塾里读书表现很好时，他就决心要培养他读书。魏金枝曾说："那时

---

① 这位先生，柯平凭在《魏金枝名称的由来》中说是竺大鹏。张惠达在《魏金枝文学活动年谱》(《上海师范大学学报》(自然科学版) 1992 年第 3 期) 中则认为竺大鹏是东明小学堂的教师，此处取后说。

② 竺柏岳：《魏金枝成才轶事》，《嵊县文史资料》第 4 辑，中国人民政治协商会议嵊县委员会文史资料委员会 1986 年编，第 153 页。

③ 魏金枝：《第三个双十节》，《第一线》1938 年第 2 期。

光，读书是我那老祖父的主张。他，一个意志很强，态度很严肃的人，不管家里婶婶们的非议，主张给我读书。"① 因此，他对魏义荣读书也管得很严厉。有一次，魏义荣却受到了老师严格的处罚：

> 事情发生在夏天的下午。魏金枝已经最早做完作业，在教室自修功课。这时，寂静无声，窗外飞进一只红头苍蝇。在课堂上天气又极闷热，魏金枝的辫子正好拖在课桌上。他悠闲地用辫梢一根发丝，把红头苍蝇吊了起来，苍蝇不时发出"吱吱"响声，被正襟危坐的竺老师发觉，立即严加批评："孔子说：'十有五而志于学，三十而立，四十而不惑，五十而知天命，六十而耳顺'。你正当'志于学'的大好光阴，尽管你成绩优异，怎可不专心致志？《孟子》讲过那个下棋一心想鸿鹄将至的教训，你忘记了吗？"
>
> 下课后，其他同学放晚学回家去了，唯独留下魏金枝一人，让他跪在孔子像前，到太阳下山才让他离校。②

如前所述，魏义荣的祖父魏金才是个家教严厉的老人，魏义荣没有到家，小同学就将他犯校规的事情告诉给了他。魏金才准备用鞭子抽打，可是祖母心疼他，好说歹说劝住了祖父不打他，却要他写"罪己书"。魏义荣素来知道祖父的严厉，他认真写着这一份"罪己书"，检讨自己的错误，检查自己分散注意力的懒散行为，最后引用读过的《论语》"吾日三省吾身"作为检讨书的结束语，显示了发自内心的反省精神。从此，他学习更加认真了。

这位私塾先生虽然收了魏义荣入塾读书，但在私塾里，尽管他对勤奋聪慧的魏义荣很满意，但是他也难以摆脱世俗的侵袭与浸染，总是不自觉地被影响着，使他在面对学生时不自觉地有一些世俗的表现，平时的教学并不能真正一视同仁。当时的情景，魏金枝后来有过回忆，他说：

> 幼年在书塾里读书，同学的都是一些地主子弟，其中自然也有少

---

① 魏金枝：《失学以后》，中学生社编《投资》，开明书店 1935 年版，第 166 页。

② 竺柏岳：《魏金枝成才轶事》，《嵊县文史资料》第 4 辑，中国人民政治协商会议嵊县委员会文史资料委员会 1986 年 10 月编，第 153 页。

数农家店。尽管我们这些泥腿子家的子弟，对先生毕恭毕敬，可是先生总不大看得起我们这些泥腿子家的子弟，不肯教我们《大学》《中庸》，仿佛是说：古先圣贤的书，也是你们读得的！于是，我们这些泥腿子家的学生大为反感，从此不大看得起先生了，看得先生离远了，便大声地唱："先生教我读《大学》，我教先生掐浇勺！先生教我读《中庸》，我教先生挑肥桶！"唱完了便哈哈大笑，笑完了又来一次。我们的父兄看见了就要呵斥，说是浇勺人人会掐，肥桶人人会挑，要读《大学》《中庸》可就不容易。当时想想这番训斥，倒也不错，种田的多的是，能读《大学》《中庸》的，确乎很少，物以稀为贵，很少就是可贵的证据。[①]

渐渐地，这种私塾的教学不能满足魏金枝的求知欲了。

四年后，魏义荣便转到了东明小学，插入四年级读书。东明小学是一所新式学堂，离白泥坎村 15 里，是棠头溪村办的。魏义荣在这里学习突飞猛进，备受老师的喜爱。尤其是他在这里"遇到了一位好老师竺大鹏，他是晚清的末科秀才，有学问，教法又好，为魏金枝后来从事文学工作打下了坚实的基础"。[②] 1915 年 12 月，15 周岁的魏义荣初小结业。

1916 年 2 月，魏义荣转入嵊县高等小学读书，插班进入高小三年级。因为班级学生数是先前派定的，不能突破。魏义荣插班进来学习，也要有名额才行。当时，恰巧学校有一个叫魏绍徽的学生没有来，魏义荣便顶替了这一个虚额。因此，魏绍徽便成了魏金枝原名魏义荣之后的一个名字。在这里学习，他是寄宿的，住在一个祠堂里。魏金枝后来回忆说：

> 我从进小学就在校里住宿，有一次两个先生相邀到离村十五里的村里看戏去了，让我一个人住着，那时我确记得是秋天，大约是十月光景，庭中的两株梧桐，被风吹过悉索悉索地响着，吹落在石板上的，和人在路上一步一步走的声音一样，我那时慌极了。我曾听说有个疯子死在这祠堂的东厢，我就以为梧桐叶的声响绝没有这么奇怪，一定是疯子的鬼了。我于是一夜不敢睡，也不敢伸出头来。我住的高

---

① 魏金枝：《不要自不量力》，《安徽文学》1959 年第 17 期。

② 张惠达：《魏金枝文学活动年谱》，《上海师范大学学报》（自然科学版）1992 年第 3 期。

等小学，也是个老祠堂，也时常听见神主从神堂上倒下来。[①]

就是在这样艰苦的环境里，冒名顶替的魏绍徽（魏义荣）学习很努力，成绩很好。同窗中有一个地主的儿子，他叫魏金枝，学习也很认真，成绩很好。于是，两人很快就成了好朋友。1917年的年初，魏绍徽（魏义荣）以第二名的成绩在高等小学堂毕业，第一名就是他的同窗好友魏金枝。毕业后，魏义荣选择了继续升学的人生之路，而魏金枝则放弃了继续升学，到绍兴一家中药铺当了学徒。

1917年夏天，魏义荣到杭州报考中学。他用自己魏绍徽的毕业文凭报考了浙江省立第一中学。考完后，因为担心考不取，就想再报考一个学校。可是，因为他的文凭已被"验缴"去了，无法再报考。这时，他在杭州的一位族兄为他出了个冒名的主意，恰好他的同窗好友魏金枝不参加考试，于是就借了他的毕业文凭考了浙江省立第一师范学校。结果，两校都录取了，但省立第一中学是要收费的，而魏义荣家境贫困，根本无法支持他读完普通中学，更不可能供他之后又读大学。相反，浙江省立第一师范学校则不收学费，伙食费又减半，还免费或半费发给夏衣、夹衣和冬衣各一套，并且毕业后学校负责向各乡村小学荐举，就业不成问题。同时，除了这些优惠的条件外，他还打听到浙江省立第一师范学校的老师都有真才实学，水平很高。这样，他就选择了浙江省立第一师范学校。但因为是用同学魏金枝的名字考取的，所以不得已只能将错就错，改名为魏金枝。魏金枝"原是一个地主少爷"，从此他就"终身顶着个和他农家子弟颇不相称的名字"[②]，只叫魏金枝，渐渐地便被人们认可了，而魏绍徽和魏义荣两个名字则随着时间的流逝而被人们忘却了。

---

① 金枝：《心变》，《学生》1922年9月第9卷第1号。

② 王西彦：《向死者告慰——记魏金枝》，《新文学史料》1979年第2期。

第二章

浙江一师的弄潮儿
（1917. 6—1922. 7）

1917 年秋天，魏义荣进浙江省立第一师范学校读书，和施存统同学。如前所述，他是用同学魏金枝的毕业证书投考的，因此他入校后就改名为魏金枝。在校期间，他还一度改名为"魏拟庸"。浙江省立第一师范学校，最初是 1899 年设立的养正书塾，1901 年改名为杭州府中学堂。1912年，更名为浙江省立两级师范学校。从 1913 年 7 月起，又改名为浙江省立第一师范学校，经亨颐任校长。他担任一师校长后，感应新的时代潮流，广采博引国内外先进教育思想，推行"与时俱进"的办学方针，使浙江一师成为浙江新文化运动的中心，与长沙湖南一师齐名，时称"两个一师"。魏金枝进入浙江一师学习，"喜欢运动，喜欢写诗，也喜欢参加一些政治活动"①，开启了人生的新路。

一 投身学生运动

众所周知，民国政府的成立，推动了中国教育和思想文化向现代转型的步伐。在袁世凯积极复辟帝制的时候，一批先进的现代知识分子悄然发起了一场思想文化解放运动，于 1915 年拉开了序幕，被称为"新文化运动"。魏金枝进入浙江省立第一师范学校的时候，正是新文化运动开展得如火如荼的时候。他说："1917 年第一次世界大战告终，我们为了庆祝，

---

① 魏金枝：《柔石传略》，丁景唐、瞿光熙编《左联五烈士研究资料编目》，上海文艺出版社 1981 年版，第 218 页。

还提灯游行过。"① 在校期间，魏金枝认同了无政府主义，积极地参加学生运动。

浙江一师校长经亨颐，是一个具有现代意识的知识分子，也是新文化运动的先驱，他以唤醒民众、革新文化、创新教育和推动社会发展作为自己重要的人生取向。其革新举措主要有：一是选聘先进的教师夏丏尊、刘大白、李次九和陈望道，锐意革新教育，倡导新文化；二是支持上述"四大金刚"制定《国文教授法大纲》，编选新教材，提倡白话文；三是注重人格教育和个性发展，强调德智体美全面发展，提出"训育之第一要义，须将教师本位之原状，改为学生本位"；② 四是成立学生自治机构，提倡学生"自动、自由、自治、自律"。他要求教师必须品性高尚，反对那些"因循敷衍，全无理想，以教育为生计之方便，以学校为栖身之传舍"③ 的庸碌之辈，很好地呼应了京沪两地的新文化运动。

魏金枝说："我为什么进了师范学校，我现在也记不起了，大约总为着一般朋友们的怂恿。当我进师范学校的第一个年头，我还去蹴球打球跑步，那时也有些同伴。第二个年头，我也跟着念几句什么平平仄仄，有时也去蹴球打球跑步，觉得同伴比第一年多几个，这半年似乎比较的快乐，光阴也过得快一点。第三个年头的前半期，也好像没有变过，逢着开会集议的时候，在大庭广众之间，我总要说几句公平话；有几个朋友也着实佩服我。"④ 这第三个年头的前半期，就是 1919 年的上半年，正是"五四运动"爆发的时候。

1919 年 5 月 6 日，北京爆发反帝反封建的"五四运动"的消息传到浙江。经亨颐与刘大白立即以浙江教育会名义拍电报致国务院和教育部，要求立即释放"五四运动"中被捕的学生，并且当日召开全校师生紧急大会，动员师生立即响应。又以教育会名义召集各校校长商议办法，成立"杭州学生联合救国会"，动员杭州各校师生立即参加到声援北京学生的爱国斗争中去。从而，浙江一师成为江南新文化运动的中心。魏金枝说："'五四运动'在北京爆发，全国响应，浙江省立第一师范学校就成为当

---

① 魏金枝：《回忆五四时期的学生生活》，《新民晚报副刊》部著《夜光杯文粹（1946—1966）》，上海远东出版社 1999 年版，第 466 页。

② 经亨颐：《今后学校训育之研究》，《教育潮》1919 年第 1 卷第 3 期。

③ 经亨颐：《动学观与时代之理解》，《教育潮》1919 年第 1 卷第 1 期。

④ 金枝：《心变》，《学生》1922 年第 9 卷第 1 号。

浙江省立第一师范学校

时中国东南部文化运动的重镇。"① 这时，魏金枝成为一个学生运动的狂热参与者。

在"五四"时期，魏金枝狂热地参加了各种学生运动。

一是参与宣传抵制日货。"五四运动"爆发的直接原因，就是当年战胜国在法国缔结《凡尔赛和约》时，作为战胜国的中国却被迫将德国在山东的权益"转让"给日本。因此，"五四运动"爆发后，全国掀起了声势浩大的抵制日货的运动。在杭州，不仅 1919 年 6 月 25 日创刊的《杭州学生联合会报》积极宣传抵制日货。而且学生走向杭州街头宣传，劝用国货，监督商店和小贩不买日货，破坏日本广告牌等。魏金枝积极参加了这一运动。

二是参加"打省议会"的运动。1919 年 5—6 月，浙江省议会举行常会，议员们借口经费困难，否决了恢复"创办浙江大学堂案"，取消师范生半膳费的补贴，但同时主张增加他们自己的薪水，提出"议员加薪案"。当时，议员月薪 80 元，已经很高，可购大米 1500 斤。因而，这个议案引起全省舆论大哗。可是，一般人敢怒不敢言。一师学生则联合其他

① 魏金枝：《柔石传略》，丁景唐、瞿光熙编《左联五烈士研究资料编目》，上海文艺出版社 1981 年版，第 217 页。

学校的学生与会旁听，从而产生冲突，以致发生公民团殴打议员事件。1959 年 5 月 4 日，魏金枝回忆说：

> 正在这时，也正是这些遗老遗小的一部分，他们是当时的浙江省议员，提出取消师范学生的官费，拿来增加他们自己的薪水，于是我们就和在杭各中学学生联合起来，实行包围省议会，把那部分主张加薪的省议员，痛打了一顿。[1]

冲突发生后，一师校长经亨颐坚定地支持公民团的正义举动，直到省议会最后被迫取消"加薪议案"为止。姜丹书说："一般民众敢怒而不敢言，此时一师多数学生联合他校同志，赴会旁听，意在临视，难免冲突，卒以打销，人心大快。其影响及于江苏省议会潜泯此议。……是役也，茶肆清谈，称为'第一师范打省议会'。"[2] 在这次运动中，魏金枝是积极的参与者。

三是参与组织"全国书报贩卖部"，推销相关宣传新思想文化的书籍。"五四运动"之前，施存统等人发起成立了旨在研究新文化的"新生学社"，提倡新文学，反对旧文学，得到经亨颐校长和刘大白、陈望道等新派教员的支持。后来，在老师们的倡导下，施存统就与魏金枝、汪寿华、梁柏台诸同学组织了"全国书报贩卖部"，销售最新出版的各种进步书刊，旨在促进新思想、新文化的传播。他们"每天到西湖边公共体育场去贩卖各种进步书刊。传播新思潮的刊物有十几种之多，销行最广的是《新青年》杂志和《星期评论》周刊。杭州第一师范学校有学生四百人左右，有一个时期，校内就销行《新青年》和《星期评论》四百几十份。……在新思潮的传播中，马克思主义的传播则是主流。它的唯物史观和无产阶级专政等观点，在一部分进步青年中产生了巨大的影响。所以杭州第一师范学校成了浙江新思潮运动的中心。"[3]

四是积极参加一师风潮，反对撤换进步校长经亨颐，反对新校长主政

---

① 魏金枝：《回忆五四时期的学生生活》，《新民晚报副刊》部著《夜光杯文粹（1946—1966）》，上海远东出版社 1999 年版，第 466 页。

② 张亦民：《浙江第一师范在新文化运动中的地位和作用》，《张亦民史文选》，第 37 页。

③ 施复亮：《五四在杭州》，方建文、张鸣：《百年春秋 二十世纪大事名人自述》，经济日报出版社 1997 年版，第 500 页。

经亨颐

浙一师。如前所述，1919 年底 1920 年初，经亨颐在浙江一师进行教育改革，倡导新文化运动，却遭到了封建守旧派的极端仇视，其一师校长的职务被撤换。其直接原因是《非孝》事件。1919 年 11 月 7 日，施存统在《浙江新潮》周刊第二期上发表了一篇文章，题目是《非孝》，主张在家庭中用平等的爱来代替不平等的孝道，提出"要借此问题，煽成大波，把家庭制度根本推倒，然后从而建立一个新社会"，文章一出，立即在社会上引起轩然大波，遭到反动封建军阀当局和省议会的封建卫道士的仇视。以军阀督军卢永祥、省长齐耀珊为首的浙江地方当局也将《非孝》视为"洪水猛兽""大逆不道"。省议会向省长发出质问书："省立第一师范学校校长经亨颐，本月一日在校内刊行《浙江新潮》，提倡过激主义，非孝、废孔、公妻、共产重重邪说，冀以破坏数千年来社会之秩序，洪水猛兽，流毒无穷。虽经警署令行停版，而该刊仍秘密发行。11 月 15 日，该刊第三号揭登《通告》，有'本刊虽受官厅的压迫，但是我们的精神和主张仍旧进行'等语，怙恶不悛，已可概见，该校长盘踞造就师资之师范学校，倡最荒谬、最狂妄之学说，贻害青年，莫此为甚。贵省长为全省行政长官，对于该校长如此丧心病狂之举动，何不立予撤查，依法处置，议员等怀疑殊甚，谨依省议会暂行法第十九条提出质问。"① 他们都将其归罪于浙江一师校长经亨颐和刘大白等"四大金刚"，并加以"非圣、蔑经、共产、共妻"的罪名，省教育厅长夏敬观责令校长经亨颐开除施存统，解聘"四大金刚"，遭到经亨颐的拒绝。1920 年 2 月 9 日，反动当局利用寒假撤换了经亨颐的校长职务，从而激起了浙江一师众多师生的反抗，随之爆发了"留经运动"，师生们以"挽经护校"相号召，掀起了"一师风潮"。浙江一师学生坚决要留经校长，反对另派新校长。1920 年 3 月 24 日，反动教育厅下令浙江一师休

---

① 浙江省立第一师范学校校友会：《校友会十日》1919 年 12 月 20 日。

业，强迫学生离校，并派军警进驻学校。3月28日，杭州学联理事长宣中华发动杭城各校学生4000多人向省公署游行请愿，遭军警镇压，打伤叶天底等多名学生，爆发了"五四运动"以来全国首起学运流血事件。当晚，杭州学联通电全国教育界、新闻界，同时呈文教育部、司法部，揭露浙江当局的暴行。3月29日清晨，省长齐耀珊又悍然派出五六百名反动军警包围浙江一师，企图强行解散一师。浙江一师300多名师生共同斗争，很快得到了杭州中等以上学校学生的声援，并引起了国内各界及海外侨胞的同情和声援，以致齐耀珊被迫下令撤围，收回解散浙江一师的成命，并同意学生提出的"官厅任免校长须得学生同意"的要求。魏金枝是这场斗争的先锋，不屈不挠地斗争着。后来，浙江省教育厅还是派来了一个新校长，魏金枝仍然坚决反对。他后来回忆说："学生们反对一个新来的校长，我是反对新校长的。"[①] 可见，他当时的态度和立场。

此外，魏金枝还参与了帮助理发业工人罢工的运动。1921年5月，杭州280多家理发店的1000多名理发工人，为反对资本家的剥削和压迫，举行了联合罢工，时间一星期。魏金枝和浙江一师的其他师生一起，应工人们的请求，协助起草请愿书，并参加到省政府请愿的活动中。最后罢工取得了胜利，资本家被迫增加工资，改善了工人待遇。

无疑，在"五四"时期，魏金枝以满腔的热情投入到了学生运动中，显示了一个激进的"五四"青年的精神风采，为浙江新文化运动做出了自己的贡献。

二　武汉谋职

魏金枝的求学引发异常激烈的家庭矛盾，他的两个婶婶天天在家吵闹。她们通常在家里赶鸡逐鸭，鞭猪笞狗，叱子骂女，指桑骂槐，使全家无法安宁生活。她们的吵闹，不仅使一向要让魏金枝读书的魏金才老人终于放弃了自己的主张，而且使魏金枝的父母也做了反对派——劝说魏金枝主动放弃读书的念头。在孤立无援的绝境中，魏金枝只好辍学，自己设法

---

① 魏金枝：《柔石传略》，丁景唐、瞿光熙编《左联五烈士研究资料编目》，上海文艺出版社1981年版，第218页。

去谋生。于是，他写信给堂兄魏颂唐①，托他帮助找事做。经过他的推荐，魏金枝于 1919 年下半年，准确地说是九十月份，到了湖北省汉阳县政府工作。这次去汉阳县任职，虽然来去时间不长，但对魏金枝来说，无疑是一次人生的历练。

魏金枝被迫辍学，外出谋生，其心情是很不好的，因其本意是想读书。他说："在那时的心境中，我对于人类，真有着十分的厌恶，尤其对于故乡。所以那时这样匆匆的上了船，也就抱着一种宁死也死到外边去的决心。"② 但有几件事情使他转变了一些看法。首先是同学的情谊。同学听说他要停学到武汉去工作，就纷纷为他饯行，不是请他看戏就是请他吃饭。吃饭的结果自然不好，让他得了痢疾。这场痢疾病，持续时间很长。魏金枝后来说一直到了一年以后还没好，十多年后还常常发作。尤其令他感动的是，一个姓周的同学也来饯行了。本来，他们同班了两年多，"素无杯酒之欢"，从未谈过半句天。可是，在魏金枝要动身到武汉去的前几日，他亲自写了几句半新半旧的诗送来，为他饯行。魏金枝后来说，"这秀才人情是值得纪念的，到现在还纪念这人"。因此，他带着同学的情谊，带着对故乡的厌恶，抱着穷苦、病痛和愁恨上了路。其次是途中遇到的好人。到上海，他便病倒在旅馆里了，可是他怕川资不够，不敢到医院去就诊，一个住在旅馆里的医生给他开了药方，就抱病上了船。魏金枝一上船又碰到了三个浙江人，是去武昌高师念书的学生，他们一路照顾着生病又是第一次出远门的魏金枝。在船上，躺在路边的散舱里本来要比中间的统舱更好些，可是其中一个明明知道这一点，却因为魏金枝是一个抱病而又初次出门的人，便将自己好一些的铺位和魏金枝对调了。这使魏金枝非常感动。他说："可是人类，人类难道由得你去整个儿厌恶么？"③

这次去武汉任职，也使他增进了对社会的认识。他目睹了种种在学校里看不到的丑恶现象。他说："在船行中，我正如踏进了戏馆的门，广大

---

① 魏颂唐（1886—1967），又名庆萱，字祖同，浙江嵊县黄泽镇白泥坎村人，是浙江民国时期著名的经济学家。1907 年入北京计学馆读经济学。毕业后任清度支部主事，清理财政。辛亥革命后，回浙江省财政机关任事。1915 年后任湖北省财政厅稽核员、科长、秘书，后任湖北省吏治研究所教员，主讲《财政学撮要》，其讲稿曾刊行全国，深得研究财政者的好评。

② 魏金枝：《失学以后》，《现代》1933 年第 4 卷第 1 期。

③ 同上。

的社会便展开在我眼前。"① 如公开吃食鸦片、女人带着狗睡觉、浑水摸鱼的小偷小摸等，都在他纯洁的脑海中留下了初次的亦是不可磨灭的印象。和他换铺位的那个同学的一双新鞋，就被赤脚小贩套走了。尤其是，一群从江西退伍回来的兵上船后的举动使他最感奇怪。他们200多人，只有一个带领的军官，在船上真可谓无所不为。魏金枝不仅看见他们中的几个人躲在小便处边的门后抢着饭，而且看见他们五六十个人在船头上人压着人玩着一副竹牌赌钱。其中一大半是看客，伸出他们贪婪的脸，注视着放在船板上的牌和铜子。做庄的输了一个，便换另一个大赢的来，等赢的输了再换一个。倘使庄上赢得太狠，他们其中的几个便把仅有的毛巾或者洋铁罐之类的东西来调换，调换之后再押。有一回，大概真的庄上赢得太狠，而输的也调换完了，因此他们动手借。不借还没什么，可是一开手，所有的人都挤拢去，伸出他们黑脏的手。起始是希冀的请求，当请求没有成功时，他们脸上的笑容就变成了恼怒。终于一只手攫住了庄家的衣领，而第二只、第三只手去挟住他，同时去抓藏铜子的袋子，百来个铜子便散在船板上，五六十个人立即蹲倒来抢钱。于是，铜板的、抢铜板的以及那失了铜板者的声音，立刻变为庞大的嘈杂。随即，200多个同伴都挤进了队，把声音弄得愈嘈杂了。直到那个军官在船头枪决了头一个去抓破袋子的，才把声音静了下来。这种疯狂情状，使魏金枝记忆犹新。特别使他惊异的是汉阳县号房的派头。魏金枝在武昌大约住了一个月，魏颂唐就把他介绍给汉阳的县知事。他去找县知事时，那号房的做派令人难忘，他说：

当我初次到县里去，带了信，想去递给号房，那号房将我打谅（量）了一番，还一直坐在桌边吃饭，旁边一个小使在添饭。这情景使我吓了一大跳。我想："原来这里的号房，也有添饭的人，好阔的号房呵！"于是我恭恭谨谨的把信交给他，屏气看他的神色。

结果他把信封射了一眼，仍旧淡然的把信挪在茶几边，把嘴凑上碗边吃他的饭，并不说一句话，也不再朝我看一下。我的脸上立刻发红了，甚至还有点怒恼。但是我还平心静气的问他：

"我要看看知事吓！"

"明天，今天不在吓！"

---

① 魏金枝：《失学以后》，《现代》1933 年第 4 卷第 1 期。

　　我正想问："明天，明天什么时候？知事往那（哪）里去了？"可是那对手却已把手烦恼地挥着：

　　"明天，明天来吧！"把我像一只小狗般赶出了衙门。

　　第二天，我仍旧拿了名片去，那就很简单，那号房一见我便随口说道：

　　"不在吓！明天！"

　　这是我那堂兄告我的，倘那知事不在，你便去看第二科的科长。可是号房却回答我说科长也不在。这时我真发火了。我从他手上夺回了名片，便一直向大堂边跑，冲进了写着第二科那个门口边，我把名片交给那立在门口的公役。①

　　魏金枝就这样闯进去了，那号房也跟着跑进来，他装出一副尴尬而勉强的笑容，向魏金枝示意不要捣他的蛋。魏金枝说："对于这恳求似的笑，在我真觉着哭笑不得，也只有装起和他同样的脸相笑了笑。到底我为此没有把他那可恶的事情说出来。"②面对这种丑相，魏金枝是敢怒不敢言。但这使他真正长见识了。在一个腐败的社会里，什么怪事会没有？

　　在汉阳县任职，魏金枝仍然无法摆脱贫困，他过着清苦难熬的生活，感到极端的孤独和苦闷。魏金枝在汉阳县政府办公室做文秘工作，没有进相对专业的科室。他的工作很轻松："只有时拿些信札的底稿之类叫我誊一誊，这就是我的工作。"③他在这里工资低，生活又不习惯。他的薪水是每月16吊，那时洋价一吊700钱，还合不上10块大银圆。而伙食费是7吊，还剩9吊钱。而汉阳人每天吃两顿饭，第一顿在上午10时，第二顿在下午4时，而魏金枝向来一日三餐，突然改变为两顿，很不习惯。同时，他早上不睡懒觉，晚上不睡早觉。早上6点起床，离开吃饭还有三四个钟头，就非得去吃一点儿点心不可；吃了第二顿饭后又要孤独地坐到10点或是12点才睡，只好再吃点心，这样每日就得200钱。同时，10天剃一次头，每月又花费一吊800钱。除了这些，他真连烟卷都吸不成了。他说："最难熬的是被逼坐在长凳上剃头，那种所谓'武'的剃头就是在

---

① 魏金枝：《失学以后》，《现代》1933年第4卷第1期。

② 同上。

③ 同上。

你背上尽量尽量得撺,又把我的身体竖起翻倒地变把戏,害得我腰酸骨折才了。"① 这时,他的痢疾又发作了,一天要跑上十多趟的茅坑,不医治会有生命危险,而去医治又费用很大,他自己身边却一个子儿都没有。可以说,魏金枝仍旧是穷愁不已,处于饥寒交迫之中。因此,他常到堂嫂那里去借钱用。而他住的是个暗房子,只开着一个很小的窗,这里可以看到太阳。他工作之余,不是坐在暗房子里习字,就是坐到桌子上去对窗读书。看看《湖北田赋源流》那类使人打瞌睡的书。在这里,通常只有那个初次把他赶出衙门而年轻点的号房常乘空来闲谈,给魏金枝解了些闷,魏金枝常向那号房打听些消息,但还是孤独。他说:"我既不能搭入高的一队中去,也不便搭入那低的一级那些皂吏的一队中去。"② 因此,他每天借助这一个小窗户,去远眺那种着花木和残了的假山石的小园。从一早起便坐在案桌边,眼望着那从窗口望出去的椭圆的小小的一块天。吃过中饭又望,夜饭吃过也望,一直望得眼睛酸痛了才去睡觉。这一个小圆就成为了他的精神寄托地。这种孤独、病苦、饥饿,以及比失恋还难受的"不能爱",使他觉得在这间暗房子里的生活比在监狱里还坏些。他说:"曾记得托尔斯泰的一生,他所认为终身最恐惧的有两件事:一件是在断头台边看杀人,一件是他童年时被保姆关在暗室中的时候。我起先不了解,到此我确实深深的体念着那暗室的可怕了。"③ 这种状况,自然不能让魏金枝生存下去,他只想离开那暗室,无论到什么地方去都可以。

于是,正当魏颂唐要到北京出差一两个月时,他就毅然地向堂嫂说明自己要回去。可是,归途的艰难和见闻,又使他品尝到了人生的另一种急迫。当时,他堂嫂给了他五块钱当川资,而自己口袋里还剩不到一块钱。他抱着到比这暗室稍稍光明点的地方去的勇气,就不顾肚子仍旧痛,带着两件行李、一瓶酱菜,上了回上海的船,蜷伏在统舱的格子铺里,价位是四块钱。他拿四块钱叫茶房去买船票。可是茶坊买来了船票,却说有一块是假的,不能用,要再换一块,他只好把仅剩的一块钱也拿给他。可是,他还有一块钱的小账要付,想拿动身来汉时新买的一顶呢帽做抵又不行,因此急得很。第二天早上到九江,那茶房告诉他九江有一种可以混用假洋

① 魏金枝:《失学以后》,《现代》1933 年第 4 卷第 1 期。

② 同上。

③ 同上。

的地方，可以帮他去试试。可是过了九江很久了，那茶房根本不提这事了。最后，在魏金枝询问下才摸出那块真的来。于是，魏金枝就给他做了小账，还连所有的几个大铜子，都给了他。这使魏金枝观察到了人性的复杂，看到了人性的善与美及其和丑与恶搏击中的胜利，也坚定了他生活的信心。他后来说："这就是光明，我必得活下去，因此我就又冒险地登上一家旅馆的接客马车上，我没有跳下人们所常去自杀的黄浦。"① 这样，他回到杭州后，又设法回到浙江一师继续学习。

魏金枝复学后，家里的吵闹又继续了。1920 年，他的祖父魏金才病逝，家里的吵闹就更加肆无忌惮。魏金枝曾经在他的诗歌《读书》中记录了这种状况："人类尊贵的梦幻，早已像烟雾般消散了。一个被虐待的小孩的哭声，不绝地从窗外刺我的心中，眼泪将翻着的书册打湿了！"这是 1922 年 4 月 15 日发表于《诗》第 1 卷第 4 号上的《家居——十一年冬假》中的第二首。1921 年的农历年末，学校放寒假，魏金枝回家过年，写下了这些诗歌，记录了自己对于家庭生活的感受。这一首诗就是记录他的婶婶们在家里吵闹的情景的。② 她们故意用虐待小孩来刺激正在房里读书的魏金枝。这使魏金枝看清了人类自私渺小的真面目。

三　工运宣传

在"五四"新文化革命激潮的洗礼下，中国社会发生了翻天覆地的变化。魏金枝处于江南思想文化革命中心的浙江一师这个特殊的熔炉中，经过教师们的指导、同学们的影响、进步报刊的宣传以及一师风潮的锻炼，迅速地由一个农家子弟出身的诚笃、朴实而勤奋的青年学子成长为一个思想激进、勇猛的战士，实现了人生的一次大转折。以往，他专注于个体人生状况的改善，因此他勤奋学习，艰苦行进；如今，他更多地关注社会现实人生状况的改变。这时期，他有一个重要的人生行动，就是参与编辑《曲江工潮》，成为中国早期工运的重要的宣传者。

"五四"时期，劳工神圣是一个时代的中心话语。"五四"新文化运

---

① 魏金枝：《失学以后》，《现代》1933 年第 4 卷第 1 期。

② 参见刘家思《新发现的几篇魏金枝作品考论》，《中国现代文学研究丛刊》2013 年第 9期。

动的先驱们致力于西方思想文化传播的同时，也将西方国家工人组织形式介绍进来了。受其影响，浙江印刷公司的印刷工人倪忧天，徐梅坤、田恺和陈豪谦等，自发地筹组浙江印刷公司工作互助会，以借助集体的力量争取工人的经济待遇，减轻其劳动强度。1920 年七八月间，举行互助会成立大会，通过了《浙江印刷公司工作互助会草章》，有会员 70 多人。大会推选倪忧天为总干事，徐梅坤为宣传股长，田恺为总务股长，陈豪谦为社交股长。这是浙江最早的工会组织。浙江省立第一师范学校和各报馆都派代表前往祝贺。1920 年 12 月，互助会创办了一份刊物，"以揭露反动势力，启发和唤醒工人阶级的觉悟为宗旨"[1]，定名为《曲江工潮》，每月出两期，每期 20 页左右，印刷 100 多份，与各报社、学校交换。此刊不仅是浙江的第一份工人刊物，也是全国最早出现的工人刊物之一。《曲江工潮》的创办，是浙江一师刘大白、钱耕莘、魏金枝、施存统、宣中华、安体诚等一批进步师生支持的结果，魏金枝为办好这份刊物做出了尤其重要的贡献。

魏金枝和《曲江工潮》发生关系，是钱耕莘（即耿仙）引荐的。他说："我本来和这互助会不认识，这会成立后，便想办现在已夭折的《曲江工潮》，有我底朋友耿仙去帮他们底忙。当我去年从武昌回来的时候，耿仙要我去和他们认识，因此得和他们谈了一席话。那时，也有第一中校的许多朋友到那边去授夜课，这也可算是一件盛事！"[2] 浙江印刷公司工人互相会创办工人夜校，魏金枝的同学耿仙便邀他到工人夜校上课。但到夜校上课的感受却是不好的。魏金枝有回忆：

> 附设在校内的平民夜校的学生，我尤其厌恶，我以为没有一个使我心满意欢的。有时候他们还要硬硬地和我来谈天，我很怕！我决不愿见人世有这种讨厌的东西。同时，也有同学对我说：这种小学生却有一种癖性，讲到什么山羊绵羊的时候，他们却提出"山羊的毛为什么直？""绵羊的毛为什么卷？""为什么山羊有角？""为什么绵羊没角？"这种问题来。我以为这些儿童实在没有提出这些问题的必要。

① 浙江省总工会编：《浙江工人运动史》，浙江人民出版社 1988 年版，第 47 页。

② 金枝：《工人底借鉴》，《民国日报·觉悟》1921 年 11 月 27 日。

　　但是提出这些来，却是使人可怕！①

　　这一次的教学实践，并没有使他体会到小学教师职业的神圣和伟大，而是使他看到了小学教师的卑微与无奈。这种感觉，加上他早年对小学教师艰难的工作、生活环境的刻骨铭心的印记，从此他不想做小学教员了。显然，这是一个理想主义者在面对现实之后所产生的困惑。

　　1920 年 12 月，《曲江工潮》创办，钱耕莘任主编，魏金枝等为编辑。他们高举工人解放的旗帜，用鲜明的观点表明自己的政治立场，用通俗易懂的语言向工人进行劳动创造世界的宣传和阶级教育，具有强大的政治鼓动性。例如慎予在《仇敌和恩人》一文中针对有些工人以为是资本家给自己工作才免除了陷于饥饿困境的错误认识，痛切地指出"资本家是在掠夺工人权利，掠夺盈余"的笑面虎，他们"总不免当劳动者是牛马，是机械"，从而告诉人们"资本家不是工人的恩人，而是工人最大的仇人"。耿仙在《究竟怎样好?! 亲爱的朋友》一文中说："我和陈望道、金枝、夏丏尊、白梅等人的谈话发现：这无情的世界，无须再留恋。"这里明白地告诉工人必须打碎这无情的旧世界。其水平不亚于同一时期的兄弟刊物。义璋在《劳动与文明》一文中用深入浅出的道理，向工人解释世界的文明和物质财富是劳动者创造的道理，查猛济在《工人教育的目的》一文中明确提出，对工人进行教育就是要使工人明白生产资料的资本家私有才是工人悲惨生活的根源，并要求觉醒的工人为消除这些根源而努力斗争。② 这些文章阶级观点异常鲜明，是不断唤醒工人革命意识的号角。

　　1921 年 5 月，钱耕莘离开杭州去上海。钱耕莘为什么要去上海，我们尚不清楚。从钱耕莘临行前写的诗歌《留别金枝》中的落款——"一九二一·六·十三·晚上写于病中"——可以推出，他可能是要到上海去治病。诗中还有这样的句子："我不想得乐土休息，而愿盲目地浪游了，但可怜我底翅膀软弱未干；我愿抛却浪游了，只愿开托（拓）个人间仙境，更恨我只有蚁臂似的小手！"可见，他是因病而离开的。然而，他在诗中又说："人家说我癫了，癫了也好；人家说我狂了，狂了也好；要是真癫狂，与我有更亲密的关系！"又有："我不想开托（拓）人间仙境了，

---

① 金枝：《心变》,《学生》1922 年第 9 卷第 1 号。
② 这些文章均载《曲江工潮》1921 年第 3 期。

只愿把这些癫狂疯呆，遍布了世界。"① 而据魏金枝的文章说，1921年春天，互助会内部就开始分裂，《曲江工潮》随之出现"必病死的现象，后来因倪君的扶持，也就依然无恙"②。显然，也许这是他前往上海的另一个重要的原因。当时，魏金枝写了一首送别诗《送耿仙行》，始终这样写道："天要拆散水里的浮鸥，我也难得留住你了！/反正多添上一年的忧

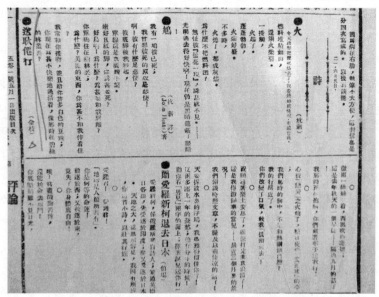

《送耿仙行》，《民国日报·觉悟》1921年6月10日

愁，总有分手的时候！/劝你看'男儿'两字的面上，挥着泪儿送你行。"③ 显然，这是有外在原因使他离开，因此魏金枝要劝他"好男儿志在四方"，不要泄气。钱耕莘走后，《曲江工潮》就由魏金枝主编。然而，半年后，互助会终于在工人内部的矛盾、分裂和资产阶级反对的双重夹击中解散了，而倾注了魏金枝很大心力的《曲江工潮》也随之被扼杀了。为此，魏金枝在互助会解散、《曲江工潮》夭折之后，他于11月22日痛心疾首地写下了《工人底借鉴》④ 一文，他一开篇就这样写道：

① 耿仙：《留别金枝》，《民国日报·觉悟》1921年6月17日。

② 金枝：《工人底借鉴》，《民国日报·觉悟》1921年11月27日。

③ 金枝：《送耿仙行》，《民国日报·觉悟》1921年6月10日。

④ 金枝：《工人底借鉴》，《民国日报·觉悟》1921年11月27日。

请借我一小幅的纸，和工友谈谈罢。

杭州底浙江印刷公司内的《曲江工潮》，就是由这公司内的工人所组织的互助会所办的，现在已经夭折了！这样微小的组织，这样幼稚的《曲江工潮》，在诸君未必会知道彼，而且彼已经解散、夭折，也没有知道彼的必要了，可是这次的解散、夭折，却有值得印刷工人们注意，或许值得一切的工人和团体注意的所在，因此我要写出来给诸位借鉴。

他要工人们和进步的团体"注意的所在"是什么呢？这要从互助会的解散原因说起。其直接的导火索是浙江印刷公司周经理的茶房，辱打排字学生，少数工人出于私欲有意以罢工要挟经理斥责茶房，于是周经理下令解散互助会和改换工作制。但实际上是互助会的改换工作制危害到了资本家和少数工人的利益而出现的一个结果。因为，互助会成立之后，改分工包工制为包工统工制，虽然使绝大多数工人得到了实惠，但也使少数工人失去了赚钱的机会，尤其使资本家减少了利润。魏金枝在文章中说明了这一点：

后来，耿仙要离杭了，便把编辑《曲江工潮》这事，交与我与乐我二人的肩上，因之我和互助会接触的机会越多，而知道互助会的内容也越清楚了！浙江印刷公司，本来是用包工统工制的，因此有许多工人——互助会员，便不能特殊的工作，多得着一些意外的工银。诸位！这是祸水了！这自由竞争的私产制度，便要使工人们分离，使工人跳到自由竞争的漩涡去！还有，浙江印刷公司，也因包工统工制，而缚着资本家的生财手段——工人们从此不肯作夜工了！于是互助会的厄运便来了！《曲江工潮》也要夭折了！呵！文字何用！正义何用！

这统工包工制，在今秋已成工人和资本家的障碍物了！呵！内外夹攻的疾病，未有不夭亡的！

由此可见，他提醒人们注意的就是资本家手段的卑劣和工人组织内部的弊病。从组织内部讲，工人成员思想的不纯，对于个体私利的看重，导致了内部的矛盾和分裂。"于是有些工人退出公司，去另人工厂了！有些工人便达到自由竞争的目的，再入浙江印刷公司，去履行他欲求的分工制了！"而对于资本家来说，他为了自己的利益，总是会利用机会维护。因此，对于互助会，"在工人一面，既有要求自由竞争，厌弃这互助会；那末，资本家一面，在这可以伸长剥夺手段，当然要坚持他改变工作制度的主张，而实行解散互助会了！"在互助会走向解散的两天里，魏金枝正在编辑第十五期《曲江工潮》。当徐梅坤说要停刊时，魏金枝非常气愤。他说：

> 这次的剧情，我还不知道，正在为他们编辑第十五期《曲江工潮》，而梅坤来和我说及这剧本的过去！呵！一个团体的内部如此，我能挽回么，梅坤能挽回么？
>
> 互助会便从此告终了，《曲江工潮》的第十四期也在难产中割死，而且永久的死了！被历史与环境所限制，不能直截痛快地跳出火坑，这几乎是人类的命运，而人类所应该痛哭的，我于互助会的九个会员何尤呢！只希望工界中人，和一切表同情于无产阶级的同志，加以研究，加以卷土重来的精神，再来联合罢！

由此我们可以看出，魏金枝对于互助会的解散和《曲江工潮》的夭折是十分不满的。虽然作为一个学生的他不能挽回这种局面，但他作为早期工人运动的宣传者的贡献是不能忘记的。虽然《曲江工潮》夭折了，但他宣传工人运动、宣传无产阶级革命的立场是不可改变的。他最后呼吁"工界中人和一切表同情于无产阶级的同志，加以研究，加以卷土重来的精神，再来联合"，就充分表现了他为工人运动而宣传鼓吹的坚决态度。

四　创作新诗

魏金枝的新文学创作是从他在浙江第一师范读书时的新诗创作开始的。浙江一师是江南新文学的重镇，甚至可以说是江南新文学的发祥地。因为经亨颐提倡新文化，新文学在这里就悄然长成。在经亨颐时代的浙江一师，有新诗重要的开创者刘大白和初期散文作家夏丏尊先生等；一师风潮之后，"四大金刚"愤而辞职，朱自清、叶圣陶、俞平伯、刘延陵等人又陆续来到浙江一师。这些新文学的开创者的聚集，使浙江一师开创着江南的新文学。在这里，新诗最为耀目，创作风气日渐浓郁。刘大白、俞平伯、刘延陵等都是以写新诗而闻名的。正如魏金枝所说："当时的刘大白、刘延陵诸先生，就是做新诗得名的。"① 这种风气自然给学生很大的影响，当时浙江一师涌现了一批写作新诗的学生。魏金枝也是在这种氛围中开始新诗创作的。他在《柔石传略》中谈及他在"五四"时期的人生状态时说，他除了喜欢运动之外，还"喜欢写诗"。的确，这是他最早的文学兴趣和实践。1920 年 1 月 20 日，他在《浙江省立第一师范学校校友会十日刊》上首次发表诗作《泉水》，从此他就不断地在各种报刊上发表诗作，成为早期白话诗创作的重要诗人。

1921 年 10 月 10 日，魏金枝和汪静之、潘漠华、冯雪峰、柔石等人一起组织成立了文学团体"晨光社"，由国文教师朱自清、叶圣陶做指导。魏金枝说，"一师风潮"后，"各种主义各种学识，就一时并起"，当时"各种小团体也应运而生"，"我们喜欢诗，就成立一个'晨光'诗社，刊印自己的诗。"② 这是浙江最早的新文学团体。"'晨光'自然是时代的晨光，光呈暖色却非全然熏燎着血火，而是映衬着湖畔草长莺飞里吸吮晨露的幼雏待哺嗷嗷的初声。"③ 当初成立"晨光社"，其旨趣"不过想聚集一些同志趣的朋辈，以增加读书的趣味而已"④，后来，"晨光社"在当时杭州的报纸上开辟了一个《晨光》副刊，由社员自己编辑，发表社员的作品，主要是诗歌，因此"晨光社"成为新文学较早的一个文学社团。

纵观魏金枝当时的白话新诗，虽然不很成熟，但它展示了一个"五四"青年的思想情绪，反映了"五四"时代精神。在白话新诗的创建中，他的诗歌也是不可多得的作品，具有不可忽视的研究价值。读这些诗歌，不仅有利于我们了解魏金枝在"五四"时期的思想状况，也可以帮助我们了解"五四"青年的精神风貌和"五四"诗歌的基本特征。

从思想上来看，魏金枝这时的诗歌创作首先是对"五四"时代新潮的歌颂和对新时代的向往，表现了勇于追求、积极进取、只争朝夕的主体

---

① 魏金枝：《杭州一师时代的朱自清先生》，《文讯》1948 年第 2 期。

② 魏金枝：《回忆五四时期的学生生活》，原载 1959 年 5 月 4 日《新民晚报副刊》，《新民晚报副刊》部：《夜光杯文粹（1946—1966）》，上海远东出版社 1999 年版，第 465 页。

③ 张直心、王平：《魏金枝的浙江一师心结——兼论鲁迅与魏金枝》，《鲁迅研究月刊》2009 年第 11 期。

④ 潘漠华：《潘漠华给茅盾的信》，载 1921 年 12 月 10 日《小说月报》第 13 卷第 12 号。

姿态。这些诗歌以《泉水》《春天的早晨》《春之蝴蝶》《悲哀之希望》等为代表。在《泉水》[①] 中，诗人把革命潮流喻为泉水喷涌，是任何势力都压制不了，歌颂了新的思潮、新的社会不可阻挡的历史趋势，他写道：

> 你什么样冷的风，总吹不冻泉水；
> 随你什么样大的桶，总及（汲）不尽泉水。
> 　唉！泉水！
> 你真是从活水源头来：
> 　不象那沟渎盈潦，
> 受不起北风的吹，太阳的晒。
>
> 　洪水来了！
> 沧茫的大地，成了一片汪洋；
> 那种是清水，那种是浊水，实在分不清畅，
> 但总有几分纯洁的泉水，夹在中央；
> 不要说世界上统是浊水。
> 太阳一天天的晒去，泥质一点点的沉下，自然为现你的真相。

这首诗的创作，自然是从当时的学生运动中获得灵感的。在他看来，"五四运动"掀起的新潮流就像是泉水，具有不竭的源头活力，任何力量都扼杀不了。在这个腐朽浑浊的社会中，它是冲洗浊流的强大力量，将引发势不可当的洪水，在沉渣泛起中始终保持"纯洁"的品质。这不仅昭示了自己坚定的理想信念，而且还表现了一种革命的乐观主义精神。后来一师风潮爆发，魏金枝始终站在了斗争的前沿，将自己的信念化为了坚定的实际行动。

因为诗人对光明的时代充满向往，因此他在《春天的早晨》《病中作》等作品中表达了要为光明前途积极进取的人生志向："春风儿袅袅，/雨丝如织，/树上的小鸟，/不住的唧……唧……唧，/似乎说：早

---

① 浙江省立第一师范学校校友会：《浙江省立第一师范学校校友会十日刊》1920 年 4 月 10 日第 11 号。

起！早起！/这美景良辰可惜！/可惜！可惜！"① "安乐自无分，/幸福更何有？/深夜悬想此后，/还应格外奋斗。"② 显然，诗人始终坚持不断追求和奋斗的人生志向。

这种对光明时代的向往，对理想社会的追求，虽然不如他的老师刘大白先生那么深挚和浓烈，表现得也不如他成熟，艺术上也没有完全摆脱他的粗稚，但他的表现很真率自然，清新质朴。不像俞平伯有意作新诗，也不像康白情的不加提炼，既没有胡适的旧式干涩，也摆脱了郭沫若的滥情，脱掉了周作人等大多数诗人欧化的病痕。这在"五四"新诗人中就显出了他的光彩。

其次，魏金枝这时诗歌创作的重要内容就是反对封建，批判现实。作为浙江一师的文学青年，魏金枝比其他同学更关注现实。其他同学写实只是囿于个人的情绪和情感，对社会现实缺乏一种主体的自觉意识。王瑶对湖畔诗人这样评论："以健康的爱情为诗的题材，在当时就含有反封建的意义；这些青年为'五四'的浪潮所唤醒了，正过着甜美的生活和做着浪漫蒂克的梦，用热情的彩笔把这些生活和梦涂下来的，就是他们的诗集。"③ 这种评价是中肯的。汪静之说："我写诗时根本没有想到反封建问题，我只是情动于中而形于言，完全是盲目的，不自觉的。"④ 魏金枝与这几位同学倾向于对爱情的憧憬、对美的向往不同，他的诗歌在思想内容上显示了更为鲜明的斗争性。他说："我曾经写过一篇题为大风歌的诗，意旨当然并不和刘季的保守天下相同，且相反的是想将一股大风，把一切阻障人世间的障碍一气吹得精光。"⑤ 这自然是反对封建主义的呐喊。

魏金枝此时的诗歌显示了一种思想情绪上的二元对抗的意识。诗中主人公不是与父亲对抗，就是与母亲对抗。在这里，始终与抒情主人公对立的父亲和母亲，自然承载着封建家长的文化印记，是一个专制的形象。请看：

> 我病在床上妄想，

---

① 金枝：《春天的早晨》，《民国日报·觉悟》1920 年 4 月 10 日。

② 金枝：《病中作》，《民国日报·觉悟》1920 年 9 月 12 日。

③ 王瑶：《中国新文学史稿》，新文艺出版社 1954 年版，第 66 页。

④ 汪静之：《回忆湖畔诗社》，《诗刊》1979 年第 7 期。

⑤ 魏金枝：《我与觉悟》，《自由谈》1947 年第 1 卷第 2 期。

想玩那秋天夜里的月亮。
父亲来了，
我遏住心头不敢想；
母亲看得我凄凉，带着泪儿跟我讲：
"你要什么？就是天上的月亮……"
我从此不想月儿了！
但愿母亲陪着我，不要去那寂寞荒凉的天上。[①]

　　显然，诗人在这里表现的是父亲与主人公的对立。在这里，"月亮"是"崇高理想"的象征，而"父亲"是封建专制的代表。诗人用寥寥几笔，就勾勒了一个专制父亲的形象。本来"我"是有着自己的理想的，即使在病榻上也坚持着自己的理想："想玩天上的月亮"。可是严厉专制的父亲一来，"我"就受到压制，使我"遏住心头不敢想"。在当时的环境下，主人公"我"的理想，我们可理解为反传统，反封建的，而父亲则是维护封建传统的。这里父子两代人的对立，显示了对于封建传统的相反立场。自然，这里的母亲是一个慈母的形象，是作为"我"的同情者出现的，但不是"我"的同路人，也不是与"父亲"的对抗者。值得我们注意的是，这首诗在表现反封建的立场时，也反映了反封建传统的强大阻力，显示了革命的艰难性，因此具有革命理想的青年一代在父辈的阻碍下也停滞不前。父子对立，是当时普遍存在的一种时代情绪，显然这首诗显示了"五四"时代的特征。

　　如前所述，1921年5月，耿仙（钱耕莘）离杭赴上海，魏金枝真正担任起了《曲江工潮》的主编，从而对工人运动有了更深刻的了解，对中国的现实也有了更深刻的认识。因此，从这时候起，他的创作发生很大的变化，之前反封建反传统的少了，而直接批判现实的多了。在黑暗的现实中，底层民众生活在水深火热之中。魏金枝在《赠义璋》这首诗中对此予以悲愤的批判：

偌大的世界里，没有我们的立脚地！
我们是水里的浮萍——来去无定的！

———————————

① 魏金枝：《想》，《民国日报·觉悟》1921年4月22日。

我们是因风飘零的蛛丝——寻找安息的！

偌大的世界里，没有我们的立脚地！
我们是挨饿的麒麟——不践生物的！
我们是不采薇的夷齐——踯躅在首阳山下的！

偌大的世界里，没有我们的立脚地！
我们是倦飞的燕子——飞在田野里的！
我们是沙漠里的船——负重难行的！

偌大的世界里，没有我们的立脚地！
我们是长途底旅客——无人体贴的！
我们是峡谷里的流水——悠然逝去的！①

　　这是一首对旧中国黑暗现实的控诉诗，1921 年 6 月 1 日上午 11 时写于浙江省立第一师范学校。在旧中国，普通民众根本没有生存之所，衣食无所出。他们就像"水里的浮萍""飘零的蛛丝""挨饿的麒麟"等一样，无法掌握自己的命运，只能任这个社会宰割。这是对黑暗社会的强烈声讨。

　　与此相联系的是，魏金枝诗歌还有一个重要的内容，就是对国民精神的关注和批判。在一定意义上说，民众的精神麻木，也是造成社会黑暗的一个重要原因。在诗人看来，唤醒民众是十分重要的。这表现了一种众人皆醉我独醒的忧国忧民的愁绪，也显示了"五四"知识分子居高临下的启蒙心态。在当时的新文学创作中，对于唤醒国民精神的母题，小说创作中表现得很充分，但在新诗中则很少见。魏金枝诗歌表现了这一点，具有突出的现实意义。

　　他在《开除和放火》② 一诗中就表现了自己唤醒民众的决心：

我们仍要接着放那真理的火，

---

① 金枝：《赠义璋》，《民国日报·觉悟》1921 年 7 月 5 日。
② 原载 1922 年 3 月 13 日《民国日报·觉悟》。

> 把反进化的邪说攻破。
> 我们仍要接着放那自由的火，
> 把害死人的制度焚过。
> 我们仍要接着放那平等的火，
> 把重叠的阶级烧堕。
> 我们仍要接着放些正义的火，
> 把灭绝人道的强权催挫。
> 我们更要大放博爱的火，
> 把冰天雪窖的人们救活。

显然，倡导民主、平等、自由、进步，提倡正义和博爱，反对强权和阶级剥削，反对封建专制制度，反对愚昧迷信，对国民进行思想启蒙，唤醒国民精神，是魏金枝创作的重要主旨。所以，他在诗歌中最后写道：

> 呵！最可爱的光明火，
> 红光何等灿烂啊！
> 光到处何等愉快啊！
> 大家赶快起来，
> 接二连三地放着，
> 待到"祥光普照"时，
> 就好携手同游乐园呵！

显然，其思想启蒙的立场是多么坚定！[1] 这种思想取向在他的诗歌创作中一直强劲地显现着。《不怕死的人》[2]是魏金枝 1922 年 10 月在浙江孝丰县校任教时所写的一首诗，其启蒙立场表现得别具一格：

> 如果，恤金加多，
> 恐怕矿里天天要发现死尸了！

---

① 参见刘家思《新发现的几篇魏金枝作品考论》，《中国现代文学研究丛刊》2013 年第 9 期。

② 载 1922 年 11 月 19 日《民国日报·觉悟》。

呵！呵！
不然，矿里天天要发现死尸了！

不怕死的人，
谁敢用这笔血腥的恤金呵！

谁敢用这笔血腥的恤金呵！
现在又这样的把生命在抛掷了！

设使多得一点同情呵？
不怕死的人哟！

完了，完了；
除出把生命去赠给挥泪而承受恤金的人。

趁着还有赠品的时候！
趁着还有挥泪而受赠的人！

颠簸在千里送鹅毛的路上，
我急得要哭了！

不得把头颅也这样的在一处抛掷呵！
我急得下泪了。

恤金是资本家笼络工人的手段，沾满着工人的血腥。资本家增加一点恤金，工人们就得用生命去换取。诗人批判人们贪图眼前小利的国民性弱点，告诫工人们千万莫要为了眼前这点小利而为资本家卖命。不是对中国人的国民劣根性有着透彻的把握，对中国工人的悲惨遭遇有深刻的理解：他们遭受资本家的愚弄却不自觉，他们被奴役而不知苦，是不会有如此急迫的表现的。这首诗既揭露了资本家变尽手法榨取工人血汗的罪恶，又批判了工人自身的劣根性，是唤醒国民性的独特表现。在新诗史上是很难得的。

总之，魏金枝的诗歌显示了为人生的强烈的现实主义取向。魏金枝说："自民十一以后，我就先后离开杭州许多次，跑了许多地方，也受了好多次的磨难，真是奔命不暇，再无心写诗，甚至连看看别人诗作的兴趣，也一扫而光。"① 的确，魏金枝从此以后的诗歌创作就很少了。由此可见，文学是生活的反映，是主体情感的表现和心迹的流露，但文学同时也是一种精神的奢侈品。当人们生活没有保障的时候，文学就会失去其基本的生存依据。只有当创作者勉强能够生存，却又比上不足，比下略好，生活没有大忧患时，谈文学、谈创作才有了可能性。

从艺术上看，魏金枝的诗歌显示了比较鲜明的风格特征。它是自由的新诗，是沉郁的新诗，是真率的新诗。不雕琢，不伪饰，无顾忌，无束缚，自然清新，质朴诚挚。正是这样，他的诗歌也具有较强的艺术感染力。

第一，形式自由。白话新诗创作初期，为了突破古典诗歌的束缚，自由体应时而兴。胡适最早提出"诗体的大解放"，"不但五七言诗体，并且推翻词调曲谱的种种束缚；不拘格律，不拘平仄，不拘长短，有什么题目，做什么诗，诗该怎样做，就怎样做"。② 胡适的理论主张推动了现代白话新诗向散文化方向发展，自然有其偏颇所在。刘大白则从诗歌本体出发，深化了对这个问题的研究。他改变了以往对诗歌本体的研究"一般都限于对诗歌押韵和平仄的探讨"，他"将律声分为'内容的'与'外形的'两种，认为外形律不是决定性因素，'因为使诗篇成功它本身的美丽的，不是增加上去的外形的律声，而是它本身固有的内容的律声。'"③ 显然，他的主张突出了诗歌内容固有的律声，而形成诗歌的美感，这就为新诗形式上的自由提供了切实的理论指导。因此，自由体新诗成为一种时尚。魏金枝和许多同时代的诗人一样，以白话自由体来展现新诗的特质，突破旧体诗的韵律束缚，从而使他的诗歌形成了独特的品质。他说："押韵固然是构成诗的特点之一，但诗的最主要的构成部分，却不是诗韵，而是诗意。所以无韵诗还是诗，散文诗也还是诗。"④ 所以，魏金枝的诗歌，

① 魏金枝：《杭州一师时代的朱自清先生》，《文讯》1948年第2期。
② 胡适：《谈新诗》，《胡适文存》第一辑，黄山书社1996年版，第123、126—127页。
③ 刘家思：《刘大白评传》，中国社会科学出版社2013年版，第422页。
④ 魏金枝：《诗韵和诗意》，《上海文学》1961年第3期。

自由诗《病中作》发表在 1920 年 9 月 12 日《觉悟》上

形式上是不拘一格的，十分自由，显示了灵活多样景致。一是诗句长短不一。一首诗中，往往短句三五个字，长句 10 至 20 个字，十分自由。二是诗形也不很匀称。在分节上，基本上不讲究匀称和均衡，而是不拘一格的。三是不讲韵律。魏金枝的诗歌，不讲平仄对仗，很少押韵。除了《想》《病中作》等少数几首诗押了并不严格的韵之外，其余的都没有押韵。因此，他的诗歌在形式上完全与旧体格律诗不同，真正实现了诗体大解放。在白话新诗初创时期，显示了突出的革新意义。

　　魏金枝的诗歌形式是非常自由的，无疑有时显出了散文化的不足，但是我们并不会感到他的诗歌散乱，而是能够比较顺畅地感到它内在的节奏。有的研究者指出："他是真正用民族语言写诗的，所以，虽然他的诗散文化的倾向很严重，但人们还能根据习惯，读出它们的节奏来。这比当时不少人故意用欧化的句式，生硬地制造出来的某些节奏，为更多的读者所能接受。"① 这种评价是比较准确的。但是，我们还要指出的是，魏金枝的诗歌并非形式自由就完全摒弃押韵。他自然很清楚，韵律的存在能够

---

① 魏德平、杨敏生：《论魏金枝早期的诗歌创作》，《浙江学刊》1982 年第 4 期。

让诗歌具有音乐性，增强表现力，能够给人以听觉上的美感。所以，**魏金枝**的诗歌有时也是押韵的。请看诗歌《死》[①] 的第一节：

> 死神举着他无情的鞭，
> 　恶狠狠地立在我底前面；
> 我长跪到现在了，
> 　伊没有给我一点悯怜；
> 我知道了！
> 　他只为将死的使命给我，
> 　使我长跪于他底面前；
> 我那能活活地跪着出丑，
> 　恨不得拿我底生命给他，
> 　立刻死在他底前面。

显然，在这首诗中，魏金枝是注意了韵律的。在这一段诗中，"鞭""面""怜""前""面"押韵，一韵到底。魏金枝说："假使已主张用韵，而且诗里已经用了韵，那就应该遵照一定的规格一直用到底，可不要随心所欲地或用或不用。同时，也要严谨一些，不要将那些随便哪句都可以用上的'哩''啦'那些字作为韵脚。"[②] 从诗的开始到结尾皆用一种韵，一气呵成，气韵连贯，加强了诗歌的节奏感，自然也强化了诗歌的审美效果。

在新诗中押韵，自然无须像古典诗那样严格。鲁迅指出："新诗首先要有节调，押大致相近的韵，给大家容易记，又顺口，唱的出来。"[③] 魏金枝的诗歌创作往往是依情感的爆发而落笔成章，情到浓处随即抒发，自然而成。因此，在押韵这一点上，显然是并不刻意求之，既不会为押韵而押韵，也不会为求押韵而损害诗意。他说："譬如有这么一句诗，如其用了韵，就会妨碍诗意，那么，在利害相衡之下，自然宁可牺牲诗韵而不至

---

① 原载 1921 年 5 月 20 日《民国日报·觉悟》。

② 魏金枝：《诗韵与诗意》，《上海文学》1961 年第 3 期。

③ 鲁迅：《341101 致窦隐夫》，《鲁迅全集》第 12 卷，人民文学出版社 1981 年版，第 556 页。

损害诗意。不过,即使在这样的情形之下,挽救的办法,也不是绝对没有的。例如诗篇不长,而这一句诗又非常重要,那么,是不是可以以这句诗的韵脚为主,而换去其他不甚重要的句子的韵呢?我看,为了诗的完整,我们应该这样做,而且可以做得通的。假如诗篇相当长,而且分了节,那就可以设法换韵,使得诗韵和诗意两全其美。前人创造诗中换韵的方法,大抵就是为了解决这种困难,我们当然可以好好地利用一下。"① 因此,魏金枝的诗歌,即使押韵,其方式也较为自由,不仅不局限在偶句押韵,而且押韵的字也有重合,有时还不止押一个韵,而是交叉使用韵律。请看:

就是我即刻死了,
　断不要把我底消息告诉伊;
伊为我丢开苦痛活在世上,
　伊觉得没有怨望;
伊为我缠绵的新心意,
　伊以为我虽在千里外也和伊一样;
就是伊将来死了,
　总以为我还是好好地活在世上;
若要把这个消息告诉伊,
　伊将永远地没有希望!

这是魏金枝的诗歌《死》的第三节,这里不似前面所提及的一韵到底,也不是中途换韵,而是使用了交叉押韵的方式。这交叉押韵到方式,就是两个韵脚交叉出现。在这一段中,"上""望""样""上""望"成韵,"伊""意""伊"又成韵。两个韵脚不是前后相承的关系,而是交叉存在的关系。诗人所用的韵字有重合,即"上""望""伊"反复使用。这使得诗歌的韵律变得丰富,读起来朗朗上口。这种方式,恰恰显示了他创作上的自由状态。

　　第二,真率诚挚。魏金枝是嵊县人,嵊县人的憨直在他身上也很鲜明

---

① 魏金枝:《诗韵与诗意》,《上海文学》1961 年第 3 期。

地表现出来了。王西彦说他"是浙东人所谓一根肚肠通到底的人物"[1]，"他刚正不阿，嫉恶如仇"[2]。他讲话说事总是直来直去，绝不含糊，似是而非。对于爱憎亲仇、喜怒哀乐，从不吞吞吐吐，模棱两可。他总是本色做人，真情待人，诚恳处事，一切虚伪做作都与他不适应。这种个性特征，也决定了他的诗歌的艺术特征。例如他在《罗幕》中这样写到："振得我底脉弦凄急了！刺得我底心儿呜咽了！伊不知道我立在伊微薄的幕外，伊没有停止了伊底哭泣。"在《不爱了》中这样写道："多情人终于被人欺负了！终于被无情的多情欺负了！从今后我要诅咒多情，更要诅咒天下底多情人了！"在《家居》中写道："在母亲的爱里照着，我还是天国里的王。"在《饿狗》中这样批评和哀悯"一切病的弱的诗人"："呵！饿狗！你刺伤了我的心，我为你流泪过哟！因为你也是吠病了的诗人，无力抵抗的诗人！"这些诗，都是非常直率的表现，虽然有些直白，但很自然、很质朴，显示了诚挚的情感基调，从而保持了诗歌应有的艺术力量。

　　在他的笔下，即使是运用了一定艺术技巧，也还是比较质朴畅白的。如前所述，《赠义璋》这首诗对黑暗的不平等的社会进行了强烈的批判，反映了底层民众的悲惨命运，显然是用了一定技巧的作品。首先是用了反复和排比；其次是比喻。正是这种比喻，使诗歌的主旨显得格外鲜明。如果说反复和排比强调了诗人的意旨，那么比喻则使之表现得更加浅近畅白。在这里，诗人用了"倦飞的燕子""沙漠里的船""长途的旅客""夹谷里的流水"等一系列非常独特的比喻，反复描写当时贫苦出身的知识青年的社会处境，强烈地表现了自己的主观感受，既新鲜生动，又畅达明白。而且，正是这种艺术技巧的运用，更加凸显了他诚挚的艺术取向。

　　第三，意境沉郁。意象与意境，是诗歌不可或缺的两个元素。在早期白话诗歌创作中，通常"作诗如作文"，不太注重意境的创造，因此不少人的诗歌总是感染力不足。魏金枝的诗歌虽然浅白，但是不失意境，具有一定的艺术感染力。魏金枝说："我认为，诗，首先应当有诗意，有诗的意境，可以咀嚼，可以吟味。固然，一切文学形式的作品，都应该有诗意，这就是文学的美学原则。但是别的文学形式虽然没有诗意，还不失为一篇作品，至少还是记实写照的东西，诗而没有诗味，那就会索然无味，

---

① 王西彦：《向死者告慰：记魏金枝》，《新文学史料》1979 年第 2 期。

② 赵自：《师表永存——悼念魏金枝先生》，《上海文学》1979 年第 4 期。

只是一种议论而已。"①

　　综观魏金枝的诗歌,绝大多数都是沉郁的。不管是对现实黑暗的揭露,对国民性弱点的批评,还是对光明的期待,对理想心志的表现,对友情的讴歌等,情感都非常沉重,情绪非常忧郁,心理非常窒闷。请看《不爱了(三)》②:

> 我们寻了多少的证据,
> 才证明"女子无才便是德"的谬误;
> 而今我们底同志自己却将自己
> 证明"女子无才便是德"的不谬误了;
> 那么罢了,那讲些什么!
>
> 那也罢了,那讲些什么爱情:
> 多费了人们日夜的相思,
> 更多费了纸头笔墨和邮差的气力;
> 这都是聪明的结果,
> 我从今后要诅咒一切"艺术的艺术",
> 更诅咒以艺术为艺术的"艺术家"了。
>
> 爱已沉没在制度里了,
> 制度怎地不尽量将爱情关死了?
> 爱从制度里呼救的悲声,
> 将我的心儿刺伤了,真不如将爱情绝灭了;
> 那也完了,用不上再去相思了。
>
> 爱的对象消灭了,"永不爱了"
> 从前想从爱情上建条夫妇的名义,
> 而今从友谊上更退到不如路人的地位;
> 毕竟不爱了,毕竟自由了,

---

① 魏金枝:《写诗随谈》,《文艺随谈》,新文艺出版社 1957 年版,第 73 页。
② 原载 1921 年 7 月 6 日《民国日报·觉悟》。

　　但不怕太炎凉吗。

　　这是一首回忆自己的妻子的忆旧诗。通常，对于爱妻的回忆和怀念，人们总是会情不自禁地表现出自己深挚的情感和浓烈的情绪，溢于言表地传达出自己难以克制的悲伤，但魏金枝在这里不同，他对妻子的深爱表现得十分沉郁。虽然充满悲痛，但是还非常克制；虽然充满怨恨，但是非常理性。全诗营造了欲哭无泪、欲恨不能、欲唤无声的悲痛饮泣的悲剧情境，给人以深深的感染。

　　应该说，魏金枝诗歌这种沉郁悲愤的风格，是当时诗人所面对的黑暗的现实和所处的困厄的人生境地所促成的。我们知道，魏金枝的人生是不幸的人生，贫寒的出身，使他从小就饱受苦难。结婚之后，妻子与母亲等家人又不和，造成了他左右为难的处境。因此，他怎能痛快地表现自己的情感与情绪?! 正是这样，他的诗歌意境总是沉郁的。

　　当然，也偶尔能见到一两首意境比较明快的诗歌，但即使是这种诗歌，其情感思绪也仍然是比较抑郁阻隔的。《沉醉》① 是他写得比较轻灵明快的一首爱情诗，但这首诗中仍包含着一层愁绪和幽怨。请看：

　　　　伊从梦魂中用清脆的声音叫唤我的小名，
　　　　　我立即清醒了，
　　　　那时伊便去了，
　　　　　小鸟唱些歌儿给我听，
　　　　我底工作没有完毕，
　　　　　太阳的影子从屋顶飞过去了，
　　　　伊求温柔的东风带些恳求的话来，
　　　　　要我休息，
　　　　现在夜色朦胧了，
　　　　　我闭起眼睛对伊默颂，
　　　　伊从黑暗中伸过手来和我接握，
　　　　　露出微微的笑容，
　　　　伊唱着快愉的催眠歌儿，

────────────

① 载 1921 年 4 月 22 日《民国日报·觉悟》。

　　和山间的松风波动一样，
我毕竟沉醉了，
　　我的魂儿分飞了。

　　从表面看，诗中表达了热恋者特有的喜悦和无限的柔情。但是这种情景却不是实境，而是一种梦境，当事人醒来时，自然不免产生一种难以抹去的惆怅和忧伤，陷入一种浓烈的相思之苦中。正是这样，这首诗不仅不像应修人描写自己收到爱人的来信时那么激动，更不像郭沫若描写自己收到恋人来信时那么兴奋，也不像刘大白的《邮吻》写得那么由衷地欢心。为什么呢？因为他们都触及了爱情客观实在的东西，他们高兴的心情有所依附，而魏金枝则只是一场梦想。想完之后不免有一种沉重的失落。因此，其明朗的背后，仍然是一份抑郁和忧愁，一份沉重。

　　魏金枝的诗歌创作显示了较强的白话文运用能力、较丰富的艺术想象力和驾驭艺术形象的能力，表现了较为鲜明的创作特色，具有较强的艺术感染力。自然，这种艺术特色的形成，一方面与他的人生状况和时代情势有关；另一方面与他的性格和文学修养也有关，更重要的是与他为人生而艺术的创作思想有关。应该说，魏金枝早期将自己的大部分精力放在诗歌创作上，热衷于各种诗歌活动，并一度想以湖畔诗社的名义出版《过客》新诗集。无疑，魏金枝在推进新诗和新文学的创建上做出了自己的贡献。以往学术界论述他的文学创作时，大多只谈及他的小说，无视其诗歌创作，未免是一大缺憾。当然，直到20世纪40年代，还是有一些人关心他的新诗创作，想把他以前在《觉悟》上登载的诗篇收成集子，可是遭到了魏金枝反对。为什么呢？他说："这并不是我有悔于少作，却因为我还不肯自认为已经快到要死的地步。"[1] 实际上，这是魏金枝在创作上要不断超越自我的一种突出表现。

　　"五四"时期是一个青春浪漫的历史时期，魏金枝充满着青春激情，以一个时代的弄潮儿形象出现在一师，以新诗开始了他的文学生涯，徜徉在浪漫的诗国之中。但是，1921年之后，他的创作就发展了，不仅仅是诗歌了，而1922年之后，其创作色彩就愈加丰富了。

---

　　① 魏金枝：《我与觉悟》，《自由谈》1947年第1卷第2期。

第三章

辗转沪杭的革命者
（1922.9—1933.8）

　　1922 年夏天，浙江省立第一师范学校准许魏金枝毕业，发给毕业文凭。从此，魏金枝结束了学生时代，从学校真正地走向了社会。如果说 1920 年初夏他祖父逝世后，魏金枝因家庭矛盾而退学回家，经同族堂兄魏颂唐的介绍，到湖北汉阳县政府做书记员，是走向了社会的话，但他只干了两个月就回浙一师复学了，只能说是社会见习；如果说 1922 年春夏之交在热诚小学任教开始了他教学生涯第一站的话，也只能说是相当于教育实习。这都只是羽翼未丰时的人生尝试。如今师范学校毕业了，具备了搏击人生的条件，走向社会有了基础，因此他不断追求，虽然备尝艰辛，但不断进取，取得了不凡的人生业绩。他说："'五四'以后，我曾经搞过一下文学，写过一些小诗歌和短文，大概是 1926 年光景，我还把所写的小诗，收成一个集子，交给当时的民国书店（开在当时上海的老西门民国路上），预备印行问世。但从那时候起，我就参加上海总工会工作，不但把这个集子忘怀，而且也不再写过什么作品。"① 这就是说，他这时期还是延续着"五四"激进的人生姿态，在革命的道路行进。

一　参加任社

　　魏金枝从浙江一师毕业之后，就到孝丰县县立小学教书。虽然人离开了浙江一师，但是他的志趣和行动，还是紧密地和浙江一师的一些老师和同学联系在一起。1922 年 11 月，浙江一师原先的一群进步的老师和同学组织成立"任社"，魏金枝就参加了这个革命组织。

---

　　① 　魏金枝：《左联杂忆》，《文学评论》1960 年第 2 期。

　　"任社"主要是由刘大白组织成立的,此外还有他的学生宣中华、徐白民,沈玄庐也参与了策划筹办。这是一个革命组织,成立于 1922 年 11 月。① 在中共建党初期,浙江"一些革命者除直接参加党、团组织外,另又组织起一些名目繁多的革命团体,这些革命团体大多与党、团组织互相联系,有的就是党团组织的门面招牌","任社""就是这样的组织"②。他们在萧山坎山创办了革命刊物《责任》,编辑部设在继志小学,发行部则设在杭州皮市巷 3 号刘大白的寓居。他们在《责任》问世之前,就在《民国日报·觉悟》报刊上做广告《责任:在这个世界出世的周刊》,我们从这个广告的内容即可看出宗旨:

　　　　共同生命开口说"人的发现",个性开口说"自我实现";总合一切我的"人",各个做"人"的事,无论谁都有人和己底责任。本社同人,基于这广大愉快的意义,出一种小小的周刊,就取名"责任",于十一年十一月廿七日出版。

　　　　这份周刊,完全由任社社员担任,可说是星期评论底后身,也可说是这世界的产儿。希望世间一切我,负责任的读着,负责任的批评着!③

　　可见,这份同人刊物,承传的是《星期评论》的办刊精神,致力于宣传"五四"新文化。而它的宗旨有两个:一是关注自我的主体性;二是倡导"人"的责任。刘大白在《责任》第 1 期的发刊词《责任底发见》中指出:"劳动是责任,生存也是责任,两重责任,为人人都应该负担,不是哪个人该负担劳动的责任,哪个人该负责生存的责任。"显然,这既有对社会不公平的批判,也有唤醒民众觉悟的启蒙目的。其办刊宗旨,正是刘大白对于人的理解的体现。

　　1922 年 11 月 27 日,《责任》出版第 1 期,刘大白除了以"任社同人"的名义写了发刊辞《责任底发见》外,还发表署名杂文《责任》。这

---

　　① 参见刘家思《刘大白评传》,中国社会科学出版社 2013 年版,第 202—206 页。

　　② 中共萧山市委党史研究室编:《沈玄庐其人》,成都科技大学出版社 1994 年版,第 81—82 页。

　　③ 任社同人广告:《责任:在这个世界出世的周刊》,《民国日报·觉悟》1922 年 11 月 24 日。

两篇文章，可以说是"任社"的宣言。他在《责任底发见》中，将广告词的思想加以了扩展："人各依自己底能力，负担人己间的责任，一种是生产工作，一种是生产品消费；生产工作，便是劳动，生产品消费，便是生存。有工作才得生存，要生存必须劳动，劳动是责任，生存也是责任。这两种责任，为人人都该负担，不是哪个人该负担劳动责任，哪个人该负担生存责任。"并指出："我们不主张把工作为责任减轻，主张把不工作的加上工作底责任；一面我们不主张把生活状态复古，主张依社会的生产而得到社会的生活。"他号召："人们啊！大家一齐把世界揹上肩头，挑去腐败的遗骸，抚养新生的生命。"显然，它给人们指出了革命的责任。在杂文《责任》中，刘大白以更加鲜明的态度和犀利的笔锋揭露和批判黑暗势力："吃着人们工作出来的饭，穿着人们工作出来的衣，住着人们工作出来的房子，却安坐着一点也没有工作去供给人们，这种人在现社会制度下面多得紧啊！"他向社会宣告："为生活故，要各尽所能"，"各取所需"。反对"不劳而获"，反对以私有制为基础的社会制度，提倡社会革命，鼓励人们为此而奋斗：

> 我们知道现社会不平的苦痛，都因为有许多人陷在现社会制度里面安坐着享受别人底工作而不尽做人的责任的缘故。我们要改造现社会，拯拔这些不负责任的人们，不得不尽我们应尽的责任。我们各凭自己底能力，各尽自己底责任，我们更希望一切人们，都能各凭自己底能力各尽自己底责任！别使人类当中只有一部分人在那里精疲力尽地独负责任啊！大家起来，大家各负这付责任的担子吧！

在这里，鼓励人们起来革命的意图十分明显。其目的，就是要消灭社会的不平等。由此可见，《责任》周刊是一个革命刊物是确定的。正是这样，1923年3月，反动当局查封了《责任》周刊。

《责任》周刊共出15期，发表文章和诗词114篇。这是一个铅印的周刊，每周星期一出版，每期版面为8开，正反四版。从该刊发表的文章作者来看，任社的成员除了前面的组织者还有杨之华、魏金枝、唐公宪、金佛庄、王贯三、钱义璋、叔侯、廷璠、伯一等。

魏金枝在孝丰县小学教书，也许是因为教学工作比较忙，这时候的诗歌创作不多，他在《责任》上发表的文章也很少，至今只看到他1923年

发表《初雪》的《责任》第 8 期第四版

1 月 8 日在《责任》第 7 期上发表的新诗《上兰亭》，1 月 15 日在《责任》第 8 期上发表的新诗《初雪》。他在《初雪》中写道：

啊！飞雪了！
十月里飞雪了，
十月里就飞雪了，
十月的江南也会飞雪了！

啊！十月里飞雪了！
总算羞红我们底脸了，
总算最早羞红我们底脸了，
总算最早羞红我们无产者底脸了！

啊！飞雪了！
风一刮就飞雪了，
天一阴就飞雪了，
空气也冻得要冰了！

啊！忽然地飞雪了！
不得不预备棉袍了！
不能不怀念缝衣的人了，
不可再忽视那南来的寒潮了！

啊！飞雪了！
婆婆娑娑地飞雪了，
快快乐乐地飞雪了，
毫不介意而残酷地飞雪了！

啊！泰然地飞雪了！
要冻煞屹于山头的雀了，
要侮弄委任命运的人了，
要淘汰尽四山没耐性的草木了！

这首诗写于 1922 年 11 月 15 日，全诗以强烈的主观情绪赋予自然物象"雪"以象征隐喻意义，对反动统治者肆意妄为、压迫和残害底层民众予以了批判，也显示了一种革命的情绪。因此，这首诗与《责任》的宗旨是一致的。

二　流浪与革命

魏金枝 1923 年初因学校欠薪而辞职，就到杭州闸口统捐局工作。1924 年 9 月，又离开了闸口统捐局，来到了上海民国女子中学教书。从此，他就一度在沪杭之间辗转，虽然"常在失业与半失业状态中"①，但此时正式走向了革命道路。

上海是现代中国思想文化革命和政治革命的前沿，一大批先进的知识分子和革命者聚集在上海。魏金枝走进了上海，使他的社会接触面更广了，这就为他的人生转折埋下了伏笔。

———————————

① 魏金枝：《魏金枝短篇小说选集·后记》，人民文学出版社 1954 年版。

　　他来上海民国好中学是由他在浙江一师求学时期的学长潘天寿介绍的。潘天寿（1897—1971），浙江省宁海县人，早年名天授，字大颐、阿寿，号雷婆头峰寿者等，是中国现代著名的中国画艺术家、美术教育家。他自小自学书画篆刻，1915 年进浙江省立第一师范学校读书，得到经亨颐、李叔同指导。1922 年任教于浙江孝丰县高小，与魏金枝是同事；1923 年任教于上海民国女子工校，兼任上海美专中国画系国画习作课和理论课教师。1924 年，任上海美专教授。因为他先期到了上海，魏金枝与之联系，被他举荐到上海民国女子中学任国文教员。上海民国女子中学是绍籍人士邵力子主办的。邵力子是《民国日报》的主编。魏金枝 1920年起就在《民国日报·觉悟》副刊上发表诗文，又是浙江学生运动的积极分子，邵力子对他早有了解，对他来任教国文自然是满意的。然而，当时学校的经济比较困难，同样经常欠薪，使魏金枝生活没有保障。因此，他任教了一个学期后，就在 1925 年的年初辞去了民国女子中学的教职，回到了嵊县家乡。

　　魏金枝来到上海后，仍然做着他要成为一个诗人的梦。他有 5 年的诗歌创作历程，他在《民国日报·觉悟》副刊上"投稿最多的就是诗"。他之所以写诗，"最主要的根源"，"在于不愿和当时的的恶势力同流合污"。在他的诗歌中，他将对于黑暗社会的不满和怨愤表现出来了，传达了反抗黑暗现实的时代声音，"是一种社会正气的表现"。[①] 诗歌不仅是魏金枝最熟悉的文体，也是他的理想的表达。因此，1924 年 12 月，他和谢旦如一起加入了湖畔诗社。他不仅继续写诗，而且还将自己的诗歌编辑成《过客》，想以湖畔诗社的名义出版，但终因经费问题而搁浅。后来又交给上海书店出版，但因为"四一二"政变，诗稿在上海书店遗失了。从此，他就转移了自己的创作重心。

　　在沪期间，他积极参加了上海通信图书馆共进会的工作。上海通信图书馆最初是 1921 年由应修人发起，一些具有新思想的青年组织成立的读书会。后因成员和书籍迅速增加，就建成了对公众开放的图书馆，由图书馆共进会负责管理。共进会是不计报酬的纯自愿服务组织，向全国各地读者提供图书借阅服务。恽代英、杨贤江、郭沫若、郑振铎、钱俊瑞、叶圣陶、郁达夫、楼适夷、汪静之、李俨、许元启等都自愿加入这个组织，开

----

　　① 魏金枝：《写诗随谈》，《文艺随谈》，新文艺出版社 1957 年版，第 71 页。

展义务服务。魏金枝是湖畔诗社成员，当应修人发起成立这个组织时，他积极响应，参加了共进会的工作，也与杨贤江这些先进分子有了交往。

　　1925年4月初，为了生计，魏金枝由魏颂唐介绍到浙江省杭县留下镇（今属杭州市西湖区）茶捐局任职。7月，留下茶捐局停办，魏金枝又失业了，只好又回到嵊县黄泽镇白泥坎村。1926年年初，魏金枝听同学说，冯玉祥抱有爱国、救国的决心，又肯收留知识青年，就由嵊县动身去西北，想去参加冯玉祥的部队，投身革命。当时，杭州已成立了国民党浙江省党部，致力于国民革命运动。中国国民党浙江省党部是1924年开始筹建的，宣中华参与筹建，当选为常务委员。正是因为宣中华的原因，许多浙一师的同学积极响应。宣中华在一师风潮中担任杭州学生联合会理事长，魏金枝也是积极分子，二人很熟悉。魏金枝经过杭州时，中国国民党浙江省党部，正广泛吸纳青年知识分子，他得知这一消息，便与一些一师的同学集体加入国民党。但他在杭州只作了短暂逗留就北上了。

　　1926年3月，魏金枝到了上海。他遇见了以前在浙江印刷公司工人互助会工作的共产党员徐梅坤。他和徐梅坤说明试图北上投靠冯玉祥参加革命，徐梅坤劝说他留在上海从事革命工作，并介绍他到商务印书馆工会工作。不久，魏金枝就和杨贤江等人一起创办了商务印书馆工人子弟小学，由资方提供了2000元资金，按照完全小学制办学，开初有学生174人，教员5人，魏金枝任教务主任兼国文教员。当时，商务印书馆聚集了很多先进的知识分子，商务印书馆也成为中国共产党一个重要的据点。在这里，魏金枝由徐梅坤介绍加入中国共产党，和茅盾、杨贤江等人列为同一党小组参加活动。7月，魏金枝调上海市总工会任秘书。9月，中共上海区委特别委员会决定，魏金枝任上海市总工会宣传部干事。从此，他参与编辑刊物，写通讯报道，也时常到基层工会了解情况，帮助工作，为上海的工人运动做出了自己的贡献。

　　然而，到12月，魏金枝患伤寒病。他在上海住院治疗略有好转后即回家乡休养。魏金枝回乡后，带病与钱耕莘、钱高榍以及在宁波的共产党员应香木、裘月潮等人开展革命活动，宣传马克思主义和共产党纲领。1927年的年初，北伐战争势如破竹，迅速向北推进，挺进浙江。当时，国民革命军第26军义勇队司令官、浙江宁波警备队统带张伯岐试图收编王良运的土匪部队为义勇队。2月，国民党左派张本芝、华伦初也回嵊筹建国民党临时县党部，确定拥护"联俄、联共、扶助农工"三大政策和反帝反封建的政治纲领，并提出实行"二五"减租运动。这与张伯岐的行动方向是一致的。这时，魏金枝的伤寒病稍愈，就和华伦初、张本芝、应怀训等去调停乡团与王良运部队的关系，并与赵履强、许锡兰一起，策动王运良的队伍起义，并入义勇队，响应北伐。3月，北伐军占领杭州后，魏金枝赴杭州任浙江省国民通讯社社长。"四一二"大屠杀后，魏金枝被国民党浙江省政府通缉，受共产党组织的指示，到钱塘江沿江一带联络浙一师进步同学，开展革命活动。因为国民党搜查很严，魏金枝无法行动，就在一个古庙里躲藏了一个多月，从此和党组织失去了联系。当他潜回杭州，就再也找不到党组织了。这时，嵊县的反动势力很猖獗，魏金枝根本不能回家。因为，在"四一二"大屠杀爆发的前一天，嵊县的地方反动武装就袭击了嵊县国民党县党部，制造了震惊全县的"四一一"惨案，负责人张本芝、华伦初被枪杀，党部领导成员应怀训、裘月潮、商荫庄、钱希乃等人遭到通缉。当时，魏金枝因先期到了杭州，否则其生死如何都很难说。因此，魏金枝只能在杭州隐蔽了几个月。9月，在魏颂唐的帮助之下，他化名魏尼庸，到浙江省湖州统捐局西门分局任稽征员。[①]1928年夏，又是在魏颂唐的安排下，他回到杭州，进魏颂唐办的财务人员养成所工作，负责校刊的编辑和印刷事务，直到1930年春。这样，生活才安定下来，但他还是喜欢文学，没有放弃创作。

三 加入左联

1930年3月20日，魏金枝从杭州到了上海，想从事创作。如前所述，与大多数革命作家一样，魏金枝"在大革命失败后，曾被指名通缉过"。他"在浙江生活，常常要隐名埋姓，很是困难"，于是就来到上海，希望以此获得一种平安稳定的生活，在人生事业上获得更好的发展。但在鲁迅的指导下，还是先到了镇江。1930年5月，魏金枝从镇江统捐局回到上海，就和柔石同住景云里23号。[②]

---

① 此处另有一说，即魏德平、杨敏生在《魏金枝与杭州》一文中所说的："因遭浙江当局的通缉，隐名进入魏颂唐任校长的浙江财务人员养成所，为专修科赋税班的学生。"但从该文所用的"隐名"二字看，他们对当时魏金枝的真实情形并没有弄清楚，值得质疑。

② 柔石1931年1月在上海被捕，同年2月7日与殷夫、欧阳立安等23位同志同被国民党反动派秘密杀害。遗著有《柔石选集》。

柔石（1902—1931），左联五烈
士之一。原名赵平福，后改名平复，
化名少雄，浙江宁海人。1917 年夏
毕业于正学小学，1917 年秋入台州
浙江省立第六中学，1918—1923 年
就读于浙江省立第一师范学校，毕
业后在慈溪县（今慈城）普迪小学
教书，创作小说《疯人》。1925 年
春，在北京大学旁听，常去听鲁迅
的课。年底，应友人聘请，任镇海
中学教员；后来，又任教务主任；
创作了长篇《旧时代之死》，并筹办
宁海中学。1927 年春，任宁海中学
教员，不久任宁海县教育局局长。5
月初，宁海中学师生参加宁海亭旁

左联时期的柔石

农民起义失败，宁海中学被解散，柔石出走上海，便和鲁迅先生熟识。冬
天，任《语丝》编辑，并与鲁迅先生同办"朝花社"。1930 年初，参与
发起自由运动大同盟。1930 年 3 月，中国左翼作家联盟成立，任执行委
员、编辑部主任。5 月，参加全国苏维埃区域代表大会。

魏金枝与柔石是浙江省立第一师范的同学，柔石低魏金枝一级，他们
在校时同为晨光社社员。但从 1922 年夏天魏金枝在浙江省立第一师范毕
业离开杭州后，他们一直没有相见。直到 1929 年秋季，魏金枝和柔石在
杭州才见面。他们先是"因为刊物的关系"联系上了，魏金枝"知道柔
石还和鲁迅先生一同搞文学工作，因此就写些短文，投寄给《莽原》《语
丝》等刊物"。① 而后，柔石和冯铿等人到杭州来玩，魏金枝正好在杭州，
他们才再次见面了。从此，魏金枝和柔石就建立起了亲密的联系。他一来
到上海，就在柔石这里寄居。

20 世纪 30 年代前期，闸北景云里 28 号可以说是左翼作家的一个中心
据点，许多进步的革命作家都住在这里。这是鲁迅先生曾经住过的，户口
还注明是周豫材，所用的保姆，也是鲁迅先生家用过的。当时景云里周围

① 魏金枝：《"左联"杂忆》，《文学评论》1960 年第 2 期。

左联机关刊物《萌芽》月刊创刊号

住着许多文化人，有些人在商务印书馆做事，而大多数人则是被反革命浪潮打散而又集合在这里的。柔石住在二楼，楼下是柔石的一个同乡王育和住的，魏金枝则住在三楼。柔石待他很好，亲如兄弟。魏金枝说："柔石有一个习惯，每逢出门，都要到我房里来转一次，告诉我到哪里去，甚至给鲁迅先生买点什么，也要交代一声。"① 其实，这不只是一个习惯问题，而是对魏金枝的充分信任。

在这里，柔石介绍魏金枝加入了"左联"。早在 1928 年 1 月，后期创造社和太阳社的一些作家就倡导革命文学，掀起了革命文学运动。到 1930 年，左翼文艺运动就影响了整个文坛。3 月 2 日，就成立了中国左翼作家联盟，简称"左联"。魏金枝"没有赶上参加'左联'的成立大会"，② 但柔石立即介绍他加入"左联"。魏金枝为什么要加入"左联"呢？他自己说得很清楚："不甘于向敌人投降，就只有跟着党走的一条道路，别的道路是没有的。"③ 从此，他便真正进入了左翼文学的阵营，与张天翼一起，成为左翼前期新人。

魏金枝来到上海，得到了鲁迅的关心和指导。首先是在工作上得到帮助。魏金枝到上海后一时没有合适的工作，生活也成问题。当时，鲁迅正在主编"左联"的机关刊物《萌芽》月刊，柔石是编辑，鲁迅就安排他帮助编辑稿件。《萌芽》月刊 1930 年 1 月 5 日创刊，由上海光华书局发行，着重刊载无产阶级的文艺理论和文学作品，总共只出 5 期。从第 3 期起作为"左联"的机关刊物出版。第 3 期为"三月纪念号"，刊载了纪念马克思、恩格斯和巴黎公社的文章；第 5 期为"五月各节纪念号"，纪念"五一"和"五卅"，随即被国民党查禁，改出《新地》，也只出 1 期。魏

---

① 魏金枝：《和柔石相处的一段时光》，《文艺月报》1957 年第 3 期。

② 魏金枝：《"左联"杂忆》，《文学评论》1960 年第 2 期。

③ 同上。

金枝到这里，主要是"做些整理稿件的工作"，"弄好稿件以后，就送给鲁迅先生最后决定"，而当时"稿件不多，大多是特约盟员们自己写的"。① 柔石把《萌芽》月刊每月 30 元的编辑费全给了魏金枝，他才得以维持生活。这种编辑工作，提高了魏金枝的审美水平，推动了他的创作。其次是在创作上得到了鲁迅的直接指导。魏金枝在《萌芽》上发表了小说《奶妈》，反响非常好。魏金枝和柔石到鲁迅家里去时，鲁迅听到这个

1930 年的鲁迅

消息就要他"多写几篇"，并认真地指导他要"写得实在些"，就会更好。② 而且，鲁迅要他将心思花在写好文章上，不要放在题目上，告诉他

---

① 魏金枝：《"左联"杂忆》，《文学评论》1960 年第 2 期。

② 魏金枝：《有关鲁迅先生的几件旧事》，《中国青年》1956 年第 20 期。

"文章的好坏，和题目的好坏，关系并不大"。① 这显示了鲁迅对魏金枝的希望。自然，鲁迅的指导，也极大地鼓励了魏金枝。

从此，魏金枝就将鲁迅当作自己的老师，经常和鲁迅联系。他说："除开和柔石时常见面外，有时就和柔石、雪峰他们，到鲁迅先生那里去坐一阵。这时，大小古今，无所不谈。"② 1930 年 9 月 17 日，"左联"的一些同志为庆祝鲁迅五十岁寿辰，在荷兰餐馆举行酒会，魏金枝和柔石、冯雪峰一起出席了这次酒会。魏金枝说：

> 鲁迅先生诞生五十周年纪念会，我也是参加者之一。这次集会，除开"左联"的一些成员外，还有史沫特莱。史沫特莱是个瘦瘦的中年妇人，衣着朴素，很会讲话，和鲁迅先生很谈得来。地址是在现在重庆南路和南昌路角上的一家荷兰菜馆里。这地方和当时的法国公园贴近，四面都是树木，南边有一块小草地，摆着一些藤椅藤茶桌，备顾客冷饮之用。房子在北头，是座小巧的洋房。那是一个暑热稍退的黄昏，先在草地上喝了一阵茶，再漫谈一阵，才用晚餐。每人出一块钱，吃的是西菜。这块地方，现在早已划入复兴公园范围之内，可能就是解放前作为动物园的那个地方。③

正在筹备这次活动时，国民党中央委员会对"左联"发出了通缉，使庆祝活动笼罩着前所未有的恐怖气氛。因此，组织和出席这次活动都是冒着生命危险的。还好史沫特莱帮助找到了荷兰菜馆这个安全的地方。史沫特莱当时是作为德国《法兰克福日报》驻中国的特派记者，她得知"左联"要为鲁迅举行五十岁寿辰纪念会急于寻觅会所时，就想到了她所熟悉的这家小型菜馆"SULABAYA"（苏拉巴雅）。这是由荷兰人经营的西菜馆，地处法租界吕班路西端，离繁华的霞飞路尚远，客人稀少，十分清幽，可避人耳目，而老板又不谙华语，这就更加安全。尤其是它有一个小花园，不仅使活动空间增大，而且从花园门口就可以看到远处整条街上的动静，有利于安全监视。活动当天，"左联"也在街上精心布置了岗

① 魏金枝：《有关鲁迅先生的几件旧事》，《中国青年》1956 年第 20 期。
② 魏金枝：《和柔石相处的一段时光》，《文艺月报》1957 年第 3 期。
③ 魏金枝：《"左联"杂忆》，《文学评论》1960 年第 2 期。

哨。因此，整个活动安全有序，十分成功。魏金枝参加这次活动，无疑增长了见识。

魏金枝参加"左联"不久，就出席了 5 月 29 日"左联"在南京路华安大厦（即今南京西路 104 号华侨饭店）3 楼召开的第二次盟员大会。魏金枝说：

> 我还记得，在一九三〇年上半年，在现在的南京路金门饭店二楼或三楼，"左联"曾经在那里开过一次较为盛大的会。那时，这里叫做华安保险公司，在南京路上是座著名大厦。为什么能在这里开会？开的什么会？我都记不起来了，只记得田汉同志曾在会上讲话。田汉同志那时穿的是挺直的西装，在我们之间，算是比较特殊的了，所以至今印象还在。

因为紧张的政治环境，此次会议是以"南国社请客"的名义召开的。因此，南国社的领导人田汉做了发言，所以其穿着也就格外正规。这次大会到会盟员 50 余人，鲁迅和茅盾均出席了。其主要议题是动员盟员参加第二天的"五卅"纪念示威和总结"左联"3 个月来的工作。柔石、胡也频做了苏维埃区域代表大会精神的初步汇报。"左联"部分机构分别向大会汇报了自己的工作。上海"五卅筹备会"代表也列席大会，报告该会筹建经过及今年纪念"五卅"的重大意义，还传达了两个重要信息：一是"五卅"这天，中国工农群众要举行援助印度革命的活动；二是有消息说，改组派想雇用流氓在"五卅"纪念日造成流血事件，破坏"五卅"纪念，提醒大家加倍警惕。刚刚成立 10 天的"社联"也派代表也列席了这次大会，汇报了他们的工作。中华艺术大学护校委员会代表也向大会做了报告，决定在"五卅"那天自动启封，要求"左联"配合与声援。盟员们一致议决：全体盟员一致参加"五卅"示威。主持人的结论是："'左联'工作没有建立起来，她还不是一个坚固的而且坚决的斗争团体"。会议还通过了"左联"改组及干部改选的提案。鲁迅发表了即席讲话。① 这次会议使刚刚加入不久的

---

① 参见姚辛《左联史》，光明日报出版社 2006 年版，第 17—18 页。

茅盾觉得"左联""更像个政党"①。这是魏金枝第一次参加"左联"的大型活动，他对这些内容没有记清，可见他当时对政治并不是那么专心。

此外，魏金枝也参加了"左联"组织的一些反帝反封建的政治活动。1930年5月，他不仅参加了纪念"五卅"运动的集会活动，还参与了散发政治传单以及游行宣传活动。他说：

> 我还记得，那时游行和发传单的事情是常有的，有时分散去发传单，有时一面游行，一面散发。开头，常常有人被捕，后来就改为飞行集会。那就是先把人们分散在指定地点的四周，装作行人或顾客；一声令下，便集中起来，喊口号，发传单，等到巡捕赶来，则又装作行人或顾客而各自走散。

应该说，这是一个亲历者的记忆，尽管不具体，但没有亲自参加是不可能叙述得如此细致和真切的。

在20世纪30年代，左翼文学成为文艺运动的主流。"左联"成立时，发布了《左联理论纲领和行动纲领》，明确表示："我们的艺术是反对封建阶级的，反对资产阶级的，又反对'失掉社会地位'的小资产阶级的倾向。我们不能不援助而且从事无产阶级艺术的产生。"当时，不管是"左联"成员还是进步的民主作家，甚至就是民族主义作家也受到左翼文艺思潮的影响。因此，"左联"成员的聚集地闸北景云里就成为全国进步作家旅沪的据点。在这里，魏金枝见到了不少南来北往的作家。他见到久别的朱自清先生后，就被朱自清的精神人格深深地感染着。他后来这样说：

> 我最后看见他的一次，大抵已经民十八九年了。那时我偶而在闸北景云里闲住，那里正住着叶圣陶先生和雪峰等。那年朱先生正好从北平南来，顺便来看叶圣陶先生，因此我和雪峰、柔石等，也就看见了他。但他，也还是诚诚恳恳的待人，规规矩矩的说话，一点没有改变他初上讲台时的老样。所有的不同，就是他也吸吸卷烟了。

① 茅盾：《"左联"前期》，《我走过的道路》（上），人民文学出版社1981年版，第441页。

　　说起卷烟，象我们这些浪荡子，凡是中等以下的烟，大抵所有牌子，都得尝它一尝的，象朱先生那样烟道里初出茅庐，而又新到上海的人真可说得小巫之见大巫。可是他在一谈开头，便从长衫袋里摸出一包俄国烟来，大大的加以吹嘘介绍，仔细的说出买处价钱，以及附属于这烟的一切好处。而其实，这是镶了嘴子的半截头烟，在瘾小的人，大抵颇为合式，烟瘾一大，那么它的那个嘴子，便只会是我们毫不实用的累赘。然而他就是这样的实心，就是吃烟小事，也非得"善与人同"一番不可。①

　　朱自清的主体心性和人文精神给了魏金枝深刻的印象和深深的影响。他实心地做人，"诚诚恳恳的待人，规规矩矩的说话"，"善与人同"，多少年来都没有改变，成为一种与众不同的人格精神和魅力，感染着魏金枝。这也成为魏金枝一生为人处世的基本准则。

　　魏金枝得到了柔石和鲁迅的关爱和帮助，但他也以一颗赤诚之心对待着他们。在"左联"中，他有不少同学故友。浙江一师的同学就有柔石、冯雪峰、潘漠华等人。此外，还有湖畔诗社的应修人。但魏金枝和鲁迅、柔石走得最近，他们有着深厚的感情。"左联"本身是一个政治性很强的组织。参加"左联"，显然扩大了社会交往的范围，增长了见识，增强了政治意识。但在国民党专制统治下，自然也多了一份危险性。1930 年 9 月 10 日，国民党中央委员会发出了取缔"左联"、社联等革命组织的公函，要"缉拿其主谋分子，归案究办，以惩反动，而杜乱源"。后来，随着左翼文艺运动的蓬勃开展，国民党对左翼文艺人士的打击就更加肆无忌惮。1931 年 1 月 17 日，柔石等 23 人在西藏路远东饭店开一个党的会议时全部被国民党逮捕。魏金枝看到柔石没有回来，就到处打探其消息。三天后，他得到柔石被捕的消息，便立即去告诉了鲁迅。

　　魏金枝是从王育和处得到消息的。他曾说："王育和是个洋行里的职员，当然不会有什么关联，我则深信柔石决不会泄露出鲁迅先生的住址和我们的住址，因此我还是坚决不搬家，只将一些刺目的书籍搬开，等着事情的变化。"② 魏金枝对王育和的回忆是不准确的。王育和是柔石的同乡，

---

①　魏金枝：《杭州一师时代的朱自清先生》，《文讯》1948 年第 9 卷第 3 期。

②　魏金枝：《和柔石相处的一段时光》，《文艺月报》1957 年第 3 期。

是明日书店的股东。1928 年王育和与许杰等人于上海大连湾路（今大连路）开办了这个书店，后迁福州路。1930 年间，他邀柔石为该店办一刊物，柔石便向鲁迅约稿，鲁迅为之作《做古文和做好人的秘诀》（《二心集》）。1931 年 1 月，该店计划出版鲁迅译著。10 日，书店邀鲁迅至都益处菜馆夜饭未成，托柔石询问鲁迅版税办法。16 日，鲁迅参照与北新书局所订合同抄录一份，交柔石去转交该书店。17 日，柔石被捕，警察在其衣袋内搜出鲁迅与明日书店的印书合同，就押至该店辨认。书店遂将消息通知王育和，王育和告诉魏金枝，魏金枝便将柔石被捕的消息转告鲁迅。鲁迅在《为了忘却的记念》中也曾述及这一经过。①鲁迅得到这个消息后，为着谨慎起见，当夜就搬了家。而魏金枝与王育和却没有走。这不仅是对柔石的一种充分的信任，也是对他的关切和担心。因为，他们一旦都搬走了，如果柔石有信息传出来，信息的传送就会被阻隔。而且，搬走后打听消息也不方便。应该说，他是冒着生命危险留在这里的。这显示了他对友情的珍重，反映了嵊县土匪讲义气的精神性格对他的影响。

　　魏金枝参加"左联"，不仅扩大了交往范围，增长了见识，也使他对现代文坛内部构成的派系状况有了更加深刻的认识。"左联"是 20 世纪 30 年代文坛的核心，将进步文艺界壁垒分明的不同派别统一起来了，这使魏金枝认识到无产阶级革命文学的号召力和凝聚力。同时，"左联"成员的构成，也使他对新文学阵营的派系隐隐约约地有了更深的感觉。后来，他回忆"左联"时的表述显示了这一点：

　　　　在"左联"的盟员中，究竟有哪些人，我已经不能一一记清了。凭我现在的忆念，只觉得在创造社、太阳社这个系统中，参加的人最多。围绕在鲁迅先生周围的人，参加的人也不少。接受党的领导，从事团结工作的，也多是这两方面的人。至于文学研究会方面，除开茅盾先生以外，那些作为文学研究会台柱的人，参加的却是很少。但这只是指 1930 年的情况而言，以后的情况是有所改变的，就是不属于这三方面的人参加的也更多一些了。但也仍然可以这样说，在盟员之中，除了像鲁迅先生那样的中年人以外，其他大抵都是二三十岁的青年，30 出外的恐怕也不多。有次和彭康同志说起，他就说，他那时

---

① 《鲁迅大辞典》编委会：《鲁迅大辞典》，人民文学出版社 2009 年版，第 663 页。

的年龄，就没有超过 20 岁。而另一个特点呢，在盟员之中，留日学生也不在少数，而别国的留学生，却可以说一个也没有。从当时的情况说来，日本文学界的革命，对我国的文学革命，也的确起过很大的作用。①

这里显示了魏金枝对"左联"组织构成的一个基本认识。所以他说："在当时看起来，这样壁垒分明的各流派，能够集会在一个以无产阶级文学为口号的鲜明旗帜下，似乎是非常奇特的。"其原因，一是那时国民党反动派是"共同敌人"；二是中国共产党"在那时做了许多团结、教育的工作"。所以，"左联"就成了一个政治性很强的组织。他说："国民党反动派是并不问你属于什么文学流派的，只要你不和他们一同走，他们就要镇压你。而且，这里集合的也大多是参加过党的活动的人。"这即是他加入"左联"对"左联"的政党性的认识。因此，他觉得"左联"的成立，而且打出"无产阶级文学"这样鲜明的旗帜来，是有它一定的历史条件的。这既是"左联"这个组织的先进性所在，但也是作为一个文艺组织的局限性所在。也许正是"左联"这种组织特性，既团结了一些人，也排斥了一些人；既使它具有很强的时代意义，又使它不自觉地打上了历史的局限性。因此，"左联"内部充满着矛盾，而在日寇入侵，国内主要矛盾由阶级矛盾演变成民族矛盾时，随着抗战呼声大起，"左翼"文艺运动也就完成了它的历史使命。

魏金枝是比较晚才进入左联的。他亲历了"左联"的一些社会活动，编辑《萌芽》月刊，但他毕竟时间很短，柔石牺牲不久他就离开了上海，对于"左联"内部的复杂关系以及比较狭隘的政治倾向，他有了一些感觉，但直接经历的事情不多，而且当时是左翼文学的前期，刚刚形成统一组织，内部的矛盾还没有大面积地暴露出来，所以他说："对于'左联'的活动，虽然也参加过几次，但知道的确乎很少。"②

四　二次入狱

柔石牺牲以后，鲁迅也暂时避开，而《萌芽》月刊也已经停刊，魏

---

① 魏金枝：《"左联"杂忆》，《文学评论》1960 年第 2 期。

② 同上。

五月花剧社旧址

金枝失去了依傍。这时，他的同族堂兄魏颂唐在杭州生病，其亲属来信要他去杭州照料。于是，魏金枝就于 1931 年 4 月离沪到了杭州。5 月，他由魏颂唐推荐，到杭州财务学校任秘书。这时，"五月花剧社"在杭州成立，开展话剧演出活动，排演了一批宣传抗日的剧目，以唤醒民众的抗日意识。1932 年 7 月，国民党查封"五月花剧社"。魏金枝回杭州时，受阳翰笙的委托，在"五月花剧社"演剧时竭力予以帮助。因此，当国民党查封该剧社时，魏金枝受到牵连，再次被捕入狱，被拘押了数月。

"五月花剧社"是由上海到杭州演出的集美歌舞剧社改组而成的进步剧社，是中国左翼剧团联盟下属的一个进步戏剧团体。1932 年春，上海集美歌舞剧社到杭州演出，当他们演完了田汉创作的话剧《名优之死》之后，因为经济无法维持了，就决定解散。这时。田汉在杭州的弟弟田洪来商议，希望演话剧的人留下，他去上海找人，在杭州组织成立一个专演话剧的新剧社。因此，舒绣文、刘郁民、魏鹤龄、桂公创、赵一山、李也非等 6 个人留下来了。不久，田洪从上海找来了刘保罗、辛汉文、农卓、易杰等"剧联"成员。于是，他们就成立了一个新剧社。社址就设在胡庆余堂鹿场（现南山路 222 号）对面沿湖的绿杨新村里。因为该剧社是在 5 月成立的，他们就叫"五月花剧社"。自然，"五月花剧社"的成立受到了中国左翼戏剧家联盟的领导人田汉的大力支持。

"五月花剧社"成立后，就积极开展话剧演出活动。他们演出的第一个戏是田汉先生写的《一致》。这是一个广场戏，表现的主题是群众反对专制君主。他们在西湖边的一个广场上演出，获得了很好的效果。接着，他们又在杭州民众教育馆演戏，除了田汉的独幕剧《乱钟》之外，还有《战友》《S，O，S》和《居住二楼的人》等戏。"这些戏都充满了抗日情绪，观众大多数是杭州的学生和知识青年，每次演出，抗日口号，台上台下喊成一片，看戏的观众非常兴奋"，因此许多学校来请他们去学校演出。当时，一般学校当局都不允许去演，"但是有些学校学生力量很强，经过斗争"，能去演出，不仅这些学校的学生观看了演出，受到影响，而且"附近别的学校的学生也哄去看，因此杭州的所有学生几乎都受到了演出宣传的教育，都卷进了抗日的热潮。"① 他们先后到"浙江大学文理学院、之江大学、第二女中、助产学校、惠兴女中"② 等一些学校公演。因为他们影响太大了，国民党浙江省党部为了"绥靖"杭州的抗日热潮，就去和剧社谈判，他们每月给剧社 80 元的津贴，但要演他们的戏，第一个就是《合作之初》。剧团在他们审查排演时就照他们提供的原剧本排演，但后来在正式演出时则是按照剧社改过的剧本演的，这使国民党大为愤怒。

值得注意的是，随着无产阶级文艺运动的开展，国民党当局加紧了对文艺工作的审查，在对红军实施军事围剿的同时，也开展了对进步文艺工作的文化围剿，试图实施思想控制。从 1929 年起，国民党当局相继颁布了《宣传品审查条例》《国民政府的出版法》《危害民国紧急治罪法》等法规，以限制和取缔进步文化运动。他们指派军警、特务查禁进步书刊，查封进步文艺团体。"五月花剧社"的这种"阳奉阴违"的演出，自然就被国民党浙江省党部当局列为要剿灭的对象。他们不仅不给津贴了，而且不让他们在民众教育馆演戏了，还增派不少特务来。

1932 年 7 月，"五月花剧社"克服重重困难，排练田汉先生新创作的多幕剧《洪水》。这是一个描写某乡村遭遇水灾，而统治者置人民死活于不顾，日本帝国主义又趁火打劫的惨剧。显然，该剧对国民党和日本帝国主义都予以了揭露和鞭笞，表达了人民的呼声与要求，向民众发出了"大家再不起来救自己，中国就要沉到水底下去啦"的呐喊。这就引起了国民党的恐惧。当他们准备到青年会的礼堂演出时，国民党反动派终于来围剿了。舒绣文后来回忆了当时抓人的情形：

那正是七八月间最热的时候。快黄昏了，我们在后台门外的一棵

① 舒绣文：《五月花剧社》，《中国话剧运动五十年史料集》第 1 集，中国戏剧出版社 1958 年版，第 179 页。

② 蒋中崎：《从"南国社"到"五月花剧社"——左翼剧联在杭的几次重要演出》，《戏文》2007 年第 3 期。

大树底下吃晚饭，突然有一群挂着盒子枪的警察和宪兵包围了我们。他们指名要捉刘保罗、农卓、田洪等人。那时保罗是我们的导演，农卓是做宣传工作的（后来我知道他们两人都是共产党员，还有辛汉文也是），田洪搞舞台设计和装置，他也是负责一些组织工作，他们是我们剧社的骨干。刘保罗、农卓当场被捕。这时做总务工作的桂公创也在场，他站起来，说他是剧社的总负责人，有事可以带他去，请把其余的人留下，以免影响演出。宪兵不答应，一定要带刘保罗和农卓走，并追问田洪在哪里。桂公创自告奋勇，坚持请留下别人让自己去，结果宪兵把他也带去了。①

舒绣文说，正在他们吵吵闹闹的时候，她端着饭碗，慢慢地蹭开，溜到舞台的旁边，通知正在布景的田洪离开了。随即他们就查封了剧团，当局在大门口贴了红字大标题的布告，说剧社人有共产党嫌疑，所以把剧社封了，把负责人捉走了。于是，"五月花剧社"被迫暂时解散。

但是，国民党当局并没有因查封了剧社而结束搜捕行动。他们不仅搜捕剧社的领导人，而且还搜捕参与戏剧演出的共产党员。当时，剧社因为经济困难，没有多少人员，许多事情都是一些热心人帮忙做的。舒绣文回忆当时的情景说：

> 我们演员和工作人员并不多，但是一到演戏，不知从哪里来了许多人，他们给我们帮忙，……我们完全是一个活在群众里的剧团。（记得那时欧阳山尊就常来帮助演出，白天他在工厂作工）②

魏金枝就是经常来这里帮忙的一个人。魏金枝因为在"左联"总部工作了近两年，与阳翰笙是上下级关系。阳翰笙不仅是"左联"的领导人，而且是"文总"的领导人。魏金枝是"左联"成员，组织上希望他回到杭州后还为无产阶级文艺运动做些贡献。"五月花剧社"是左翼文艺运动中新成立的社团，需要很多人帮忙，所以魏金枝就按照阳翰笙的嘱咐

---

① 舒绣文：《五月花剧社》，《中国话剧运动五十年史料集》第1集，中国戏剧出版社1958年版，第181页。

② 同上书，第179页。

前来帮忙。

其实，一般人帮帮忙也就算了，而魏金枝不同，大革命失败后，他在杭州就是被通缉的，后因在这里无法生活才逃到上海去参加"左联"的。这时他回到杭州，积极帮助"五月花剧社"，自然格外引人注意。因此，国民党当局在逮捕了剧社几个领导人后，又逮捕了魏金枝。当时，他是被浙江省保安处长俞济时直接指挥的"谍报组"逮捕的。这样，魏金枝又一次入狱。直到10月，才通过亲朋好友打通关节，由堂兄魏颂唐出面，交保释放。

五　穷困潦倒

魏金枝在杭州出狱后，先后在杭州西湖南屏山前、汪庄附近的白云庵和弥陀山下的弥陀寺小住。其间，他开始修改他的中篇小说《白旗手》。应该说，这次受牵连入狱，对魏金枝的心理打击是比较大的。最直接的就是他失业了，陷入了前所未有的穷困潦倒之中。

1933年6月、7月间，他在致杜衡的书信中，解释没有给朋友回信的原因时有这样一段文字：

> 由杭转来两函及迳寄之书一并收到。实以近为生活所累，终日劳形案牍之间，夜饭以后，即有睡意，凡有函件均以搁置了事，此其一。二则去秋以还，眼见各种世故，心益灰冷，作书无非颓唐悲恻之语，作文亦当如之，故不愿他人分忧分悲，因而杜绝凡百。[1]

可见，从1932年秋天以来，魏金枝的心情发生了重大转变：他对世事已经心灰意冷，精神萎靡，情绪悲伤，情感凄恻。如此伤痛，使他自我封闭起来，"杜绝凡百"，就是回信也都不写，怕自己的忧悲影响别人。显然，这种情绪的极其低落和思想的非常郁闷，是"去秋以还"遭遇到"各种世故"的结果。然而，1932年秋天以来在他身上发生的就是被捕入狱这件事情。这次入狱是魏金枝人生中的又一次挫折，对他的精神刺激自

---

① 魏金枝：《魏金枝致杜衡》，刘衍文、艾以主编《现代作家书信集珍》，汉语大词典出版社1999年版，第400页。

然会不小。

然而，为什么会产生这么大的影响，使他陷入如此严重的精神危机呢？因为这次入狱激起了魏金枝对自身的生命追求和价值取向产生了忧虑和矛盾。他在这封信中说："既不能随俗变化以求一己之享乐，又不能奋发有为以与捷足者争先，所谓左右为人难也。"也就是说，这次事件使他重新认识了自己的悲剧性。他有自己的追求和坚守，但又不能把握自己。这种矛盾强劲地主导着他，自然是非常痛苦的。这恰恰是一个无望无助的青年知识分子悲惨处境的典型反映。

魏金枝急于摆脱这种现状。但是，要摆脱困苦潦倒，首先必须要找到工作。1933 年春天，魏金枝又由堂兄魏颂唐介绍到湖北省财政厅去谋事。但他到武汉谋职时的遭际，加重了他的精神痛苦。他在小说《骗子》的开头这样写："那次，正为了失业，承亲戚的情，给我介绍到沿长江的一个地方机关里去搞个小差使，于是，我就趁轮船离开上海。不知怎么一弄，竟在船上碰着一个熟人。那是个水路班里的戏子，不但是同乡，而且还在书塾里一同念过书。不知怎么一来，他后来竟成为出色的名角，艺名叫做七盏灯。"这里叙述的就是这次去武汉的情形。自然，小说叙述的不是全部真实，经过他虚构了。小说中的七盏灯当然不是他的同学，是他虚构的一个人物。因为七盏灯实有其人，叫毛韵珂，1885 生，1941 年去世，是一名京剧旦角演员。他比魏金枝大 15 岁，怎么会一道在书塾里读书呢？而且，如果是同过书塾，而他学戏就不是京剧，而应该是越剧，因为流行于越地的戏剧就是越剧。应该说，只是创作灵感使他将自己去武汉谋职的事情作为他构思小说的一个兴会而已。魏金枝在自述中曾经说过，他 18 岁以前生活在农村，"因此，在一个很长的时期内，我就靠着这样的一个来源，从事我的创作活动。我就常常以一个或几个所熟悉的模特儿为骨干，编造或改造一套故事来写小说。"[1] 可见，他的小说多是以自己的人生和见闻为素材而构思的。这里的描写就是这一次人生经历的隐晦记载。

可是，魏金枝到了武汉，等了几个月，也没有给他安排工作。他处于极度的穷困潦倒之中。他说："半年以来，日在穷境中，除衣食之烦恼外，并有各种无谓之新恨与旧愁。"他所说的"新恨与旧愁"是指什么，我们现在还不清楚，有待以后深入考证。直到 6 月，他才由朋友俞侠风等

---

[1]   魏金枝：《谈谈失败的经验》，《编余丛谈》，作家出版社 1963 年版，第 136 页。

推荐到长江水警局任校对，后又"委为缮校主任"，但这份工作十分辛苦，"终日劳形案牍之间，夜饭以后，即有睡意"，而且工资低，"月薪40元耳。以汉地物价之高，遂日日手中无钱，欲归亦难"。应该说，这种状态的确"实以近为生活所累"。① 而且，当时武汉的风气之坏，也是使其产生精神危机的重要原因。他说："至于此间亡国气象更重，烟店林立，生意之兴隆为各业所不及，而嫖赌之处所亦触目皆是，游惰如此，中国安得不亡？而天然景色，则自抵此以来，未见燕子，亦未见杨柳。如此风尘，如此景象，真如古人所云'若使忧能伤人则此于不复永年矣！'"② 尤其是在长江水警局任校对后，"他从水警局的一些秘密文件中发现此水警局参与了贩卖鸦片的活动，所谓水警，实际上是鸦片护送队。"③ 魏金枝一向忧国忧民，面对这样的社会风气，他自然非常愤怒，但又无能为力，这不免加重了他的忧伤。因为他不愿意同流合污，所以当他在7月份挣够旅费后便立即回到杭州。

魏金枝回到杭州以后，又失业了。他住在西湖边上的夕照寺，他天天写信求助，可是一封一封的信石沉大海，渐渐地对求助一事懈怠起来，就开始写文章，搞创作，以维持生计。他说：

> 又一年夏间，天老爷规定我要失业，便叫我在西子湖边夕照寺里做了50天的寓公。也就听了50天的知了声。一做寓公，似乎社会便从我身边退了开去，而且日离日远。虽然每天在提笔写信，源源不绝地发去讨救，可是发出的很多，寄回来的确很少，这好比痴和尚撞木钟，再三再四不响，便也渐渐地懈怠起来。可是生活不容许我懈怠，无奈之余，只好来写点文章换钱。④

魏金枝向哪里写信呢？这里虽然没有明说，但实际上是做了交代。他说："一做寓公，似乎社会便从我身边退了开去，而且日离日远。"这里

---

① 魏金枝：《魏金枝致杜衡》，刘衍文、艾以主编《现代作家书信集珍》，汉语大词典出版社1999年版，第400页。

② 同上。

③ 张惠达：《魏金枝致杜衡·读信人寄语》，刘衍文、艾以主编《现代作家书信集珍》，汉语大词典出版社1999年版，第401页。

④ 魏金枝：《听知了声》，《青年界》1936年第1期。

的"社会"是有所指的。实际上，他是向上海的一班朋友写信的，甚至是在向"左联"的同志们求助的。因为，对于魏金枝而言，这时他能够依靠的社会关系，除了魏颂唐之外，就是上海的一班朋友，而主要的又是"左联"这个社会群体中的一些同志。然而，一封一封的信寄出去，可是收到回信的确寥寥无几。这使他觉得"左联"这个战斗的社会群体、社会组织，对他越来越疏远了。

可能还与下面一件事情有关。魏金枝的《奶妈》出版以后，反响不错，现代书局要重版，他想预先支取《奶妈》再版的版税作为生活费。他在去武汉之前，就向施蛰存提出了这件事，想请他转达，可是施蛰存的态度使他失望。他说：

在未去杭以先，本有复度文字生活之计划，当时蛰存来信委写文稿，因有告我以《奶妈》再版者，即托蛰存代向书局接洽可否先付再版版税，以支生活，以为作文时之粮食，无如蛰存竟支吾了事，一如"王顾左右而言他"，因此不能不复为冯妇，远来汉皋谋衣食之资。①

显然，对于穷困潦倒、处于极贫中的魏金枝来说，施蛰存的态度，不仅使他对生活很失望，而且对人性与友谊也失望了。穷莫攀亲，世态炎凉，哪有人愿意对穷苦者示好和关心呢！应该说，施蛰存的态度刺伤了魏金枝的心。

六　小说成名

这一时期，魏金枝步入社会之后，受生活激浪的冲击，成了一个疲于奔波和不断追求的社会流浪者，浪漫的诗情渐渐萎缩，代之而起的是能够更广泛深入地反映生活的小说创作。魏金枝说："民十以后，我的写作兴趣，即由诗歌而移到小说方面，而同时也颇不满于自己的雕虫篆刻。"②

---

① 魏金枝：《魏金枝致杜衡》，刘衍文、艾以主编《现代作家书信集珍》，汉语大词典出版社1999年版，第400页。

② 魏金枝：《我与觉悟》，《自由谈》1947年第1卷第2期。

到 1924 年，魏金枝的小说创作就占据了他整个文学创作的重心，并以小说在文坛成名，显示了不平凡的艺术才华。

魏金枝的成名小说是《七封书信的自传》，这篇小说写于 1924 年 12 月 14 日。作者用了故事之中套故事的多重叙事结构，讲述的是乡镇知识分子彬哥因为要坚持办新式学校而陷入人命案，最后越狱走向自发反抗道路的悲惨故事。这篇小说学习了鲁迅小说的技巧。开端的《引》这样写：

> 我们这位乡村的朋友，他给了我七封信以后，便不再在这世上了！现在我替他串贯起来做他的自传，自然不会使我有附骥的荣耀；可是我们从小便相处过来，知道他，了解他，并且在耿介、勇敢这点私德上，我是佩服他的；就是在交情这点上，我也应该承诺他的要求，以他的言语转告诸位读者，至于他的是非曲直，让诸位读者各自评定罢。

这种开篇的写法显然是受了鲁迅的影响，与《狂人日记》的小序异曲同工。这里显然告诉我们，小说有两个叙述人：首先是叙述人给读者讲述一个朋友的故事。他的操作方式是向读者转述朋友的故事，就是信中告诉他的故事。其次是朋友向叙述人讲述他的故事，这是他自己的故事，叙述的是他的悲剧人生，告诉人们他这样的人生之路是社会这个外力逼迫的，这就是七封信的内容。当然，"我替他串贯起来做他的自传"又得到了《阿 Q 正传》第一章的启示。由此可以看出，魏金枝是鲁迅艺术的重要传承人。当然，任何艺术家都具有自己的创造力，魏金枝在这里仅仅是受到了鲁迅创作技巧的启示，他将鲁迅的艺术内化为自己的创造力，而不是抄袭或复制鲁迅，因而也有了自己的特色。这首先就表现在叙述结构上既具有了鲁迅艺术的光圈，又有了他自己的技艺。当我们将这篇小说读完以后，便可发现，小说讲述的其实还不只是双重故事，朋友在讲述自己的故事的时候，还讲述了很多别人的故事。如祖父的故事，父亲的故事，祖母的故事，老许的故事，老陈的故事，监狱的故事等，因此构成了多重故事重叠的叙事结构。正是这种多重故事重叠的讲述方式，既使小说的叙事由复杂走向单纯，结构显得十分严谨，能够切合大众的阅读水平，又增强了读者的阅读兴趣。因为作者若有其事地向读者展示这七封信，增强了故事的真实性，扩张了小说的召唤结构，更能激起读者的阅读欲望，激发读者去关注人物命运、增强阅读的主体驱力。同时，小说又以朋友、叙述人、作者和读者的存在，而构成了不同层面的交流场域和交流指向。

《七封书信的自传》

小说有一个《附志》，既交代人物命运的结局，也在叙事上与《引》相呼应。一个北风很大的冬天的早晨，"我"（叙述人）在自己生炉火的屋里坐着，别的朋友都在收拾他们的教科书，准备回家，而他则死心塌地挨着，思考着，因之想起那位给他信、失落在人群中的朋友来："他现在不知过着那种生活呀"。正是这个时候，校役来报"有客"，是老同学 T 君，他没说几句话就正正经经说"我"（叙述人）犯罪了，"我"的生命在他手里，问"我"如何。他告诉"我"，那位朋友，即 RB，杀死了两个财神，最后自杀了。这样就形成了一个完形的多层叙事结构。这种叙事架构，在 20 年代的小说创作中除了鲁迅之外，其他人还用得不多。

尤其是在乡土文学中，这种叙述方式很少。1926 年 10 月王以仁写了 8 万字的《孤雁》，以六篇书信构成，冯沅君也于 1926 年写了《春痕》，也是书信体小说，由 50 封书信构成，都显示了书信体小说的成就，但都是简单的书信连接，不像此篇小说有自觉而严谨的谋划。由此可见，这篇小说显示了魏金枝的艺术创造力，奠定了他在 20 年代小说界的文学地位。

1928 年 5 月，魏金枝以《七封书信的自传》做书名在上海人间书店出版第一个文集，收入《七封书信的自传》《裴君遗函》《祭日致辞》《沉郁的乡思》《留下镇上的黄昏》《小狗的问题》等六篇新体短篇小说，由冯雪峰作序。这些小说都是"五卅"以前写成的，其时代背景大都是"五卅"以前一二年，其取材视域为魏金枝这时期最熟悉的生活，即学校和乡村。

这些小说无疑具有鲜明的反封建的思想指向，显示了鲜明的时代特征。作者往往通过主人公基于对外在世界的不满而产生的悲愤沉郁情绪的抒发来表现这种取向。因此，这些小说呈现出了鲜明的主观抒情性。冯雪峰给予其高度评价。他指出，"自'五卅'前后以来，劳动阶级就分明地上了武场，成为斗争的盟主，一切斗争者都必须取了这盟主的立场，因为只有如此，才是斗争的最正当的最彻底的下场。而新的斗争开始，战线也可能重新划清了"。而"这一种斗争的痕迹，即在表现不强的中国现代文艺里，也尚能寻出一些线索来。金枝的这几篇小说，我就很想说：在这里是诚挚地艺术地印着这种痕迹。它要之，是个人在封建的旧社会势力下，尤其在于中国旧社会里最占势力的家族制度的压迫之下，挣扎着，争斗着过来的痕迹，及其烦恼与疲劳的叫喊。在《七封书信的自传》这篇末后，是分明地表明与封建社会，家族制度等等斗争，必然地有一个下场的。所以这几篇小说，至少照我现在看来，恰正是表现出五卅前一年至二年之间的那时的金枝的生活经验——同时是那时的中国的进步的青年的思想的痕迹。"① 冯雪峰是站在时代革命的立场来把握这些小说的思想指向的，自然使这些小说思想蕴含走向了窄化，但冯雪峰敏锐地揭示了魏金枝这些小说潜存的革命斗争的火星，是值得充分肯定的。

应该说，这些小说的思想指向不限于这一方面。尤其值得我们肯定的是，冯雪峰并没有以革命取向统括小说的全部特质，而是充分注意审察其艺术性。他说："读者倘能取了以上的观察，则金枝的这几篇旧作，虽在三四年后的现在才出版，也还能保存它的一点意义的。但我不希望读者会因此而减少艺术味，这几篇是真实的纯粹的艺术品，它的价值也还是在'这是真实的艺术'的一点上。我不过表明金枝的小说是在什么的时代和环境里产生的。这种取'社会的见点'的观察是一种公式，即对于唯美派的文学都可适用的。"② 冯雪峰的这种把握是敏锐的、到位的。不光冯雪峰给予了充分肯定，鲁迅也给予了高度评价。1930 年 4 月，他在《我们要批评家》中说："这两年中，虽然没有极出色的创作，然而据我所见，印成本子的，……魏金枝的《七封书信的自传》，总还是优秀之作。"③

---

①　冯雪峰：《七封书信的自传·序》，《七封书信的自传》，上海人间书店 1928 年版。

②　同上。

③　鲁迅：《我们要批评家》，《鲁迅全集》第 4 卷，人民文学出版社 1981 年版，第 241 页。

　　在这里，尤其值得我们注意的是日记体小说《留下镇上的黄昏》。这是一篇成功的实实在在描写乡镇沉郁、窒闷气氛的小说。它由鲁迅编辑，发表于1926年6月25日出版的《莽原》半月刊第12期。1925年的年初，魏金枝辞职离开民国女子中学，回嵊县家乡。4月初，由魏颂唐介绍在浙江省留下镇茶捐局任职，在这里，他写下了《留下镇上的黄昏》。这篇作品在1935年被鲁迅收入《中国新文学大系·小说二集》，鲁迅在序中谈到《莽原》半月刊时，特别推出了这篇小说："其时所绍介的新作品，是描写着乡下的沉滞的氛围气的魏金枝之作：《留下镇上的黄昏》。"①小说展示了20世纪20年代中国农村集镇的沉滞的气氛，真实地反映了当时江南乡镇的人生状况，彰显了"五四"退潮以后中国社会沉郁窒闷的时代特征，也表现了作者苦闷的情绪。

　　这篇小说与前面那些小说有着相同之处：一是没有连贯的情节，没有集中笔力描写的主要人物，通篇只是描写一种气氛，展示当时的社会环境和自然环境；二是表现了主人公郁闷的情绪和忧伤的情感，表现了对于现实社会的强烈不满。小说一开始这样写：

　　　　来此古西溪边，已是梅花落后，满山杜鹃花映红的时节，心胸烦愁，天天吃活虾过去，正像活了好几个世纪般，自己觉得自己是苍老了！第一原因为着无事可做，第二原因也为着不愿去做，因之疏散放闲，行尸般踱来踱去，立起坐倒，天天过着一样刻板的生活。生命浸在污腐的潦水中，于是永古不会伸出手来，只用恶毒眼睛，向四周以残酷的了望，寻求人吃的老虎般，在找些弱者来消遣我的爪牙。今天重读下面这点记录，不觉自己也寒悚起来了！

　　也就是说，小说假托的叙述人（人物）的一页乡镇日记，描绘了"生命浸在污腐的潦水中"的乡镇生活。但这恰恰是叙述人自己的主观感受。他的日记，实际上就是抒发他"心胸烦愁"的主观表达。因此这个文本是一个双重文本：一是乡镇生活状况的记录；二是"我"记录这种生活情状的目的和我对着这种生活情景的态度。这种主观态度就是体现在

———————————

　　① 鲁迅：《〈中国新文学大系〉小说二集序》，《鲁迅全集》第6卷《且介亭杂文二集》，人民文学出版社1981年版，第250页。

这一段话语中。在这段叙事与抒情高度结合的话语中，表现的是叙述人对这种沉闷无聊生活的不满，实际上是对当时社会的一种批判。

《七封书信的自传》应该说是魏金枝的成名作。这些小说，没有什么曲折动人的故事情节，也不重视人物性格的刻画，或者着重表现社会环境与自然环境，或者重在抒发主人公的情绪情感，或者侧重叙述一个事件，或者是几个事件片段的连缀，不是一种线性的时间线直线串联的，实际上是一篇篇散文化的抒情小说。这种体式，正是鲁迅在《狂人日记》等一些作品中开创的。由此可以看出，鲁迅对魏金枝的影响有多大。1931年，上海湖风书局出版同名小说集《七封书信的自传》。这个集子收入《七封书信的自传》《沉郁的乡思》《校役老刘》《野火》《自由在垃圾桶里》等5篇。他们在广告中称：

> 作者是中国最成功的一个农民作家，以忧郁的含泪的文笔，写出了古旧的农村在衰老，在灭亡，在跨进历史的坟墓里去。这情调，凡是作者的无论哪一篇创作里都是弥漫着的，本书里每一页、每一行，都可以看到转了在大时代巨轮下的小人物们的阴影在爬行，在匍匐，是献给"古老的支那"的一个最美丽的墓志铭。

应该说这个评价是基本准确的。作为一个出身贫苦农民的作家，魏金枝无疑是十分成功的。他的这些小说多取材于教育界和知识分子，描写农村生活和农民的较少，但也多系乡镇学校，成功地描写了生活在社会最底层的民众，反映了乡村封建落后的气氛，《校役老刘》就是这方面的代表。这是一个中篇小说，共26节，有四万多字，描写的是发生在教育界的一个悲剧故事。它以浙江省立第一师范学校为背景，将发生在该校的一师风潮巧妙地予以艺术提炼，融入故事情节之中，形成一种富于艺术张力的架构。小说通过对一个在师范学校从事杂役的乡下人老刘的艺术描写，展现了社会转型时期国人的思想与精神现状，对底层人物的不幸人生寄予了深切的同情，对他们的精神弱点予以了冷静的批判，对他们的可贵的精神品质予以了充分赞扬，对社会的黑暗、丑恶和不平等予以了深刻的揭露和鞭挞。

《野火》1930年9月18日创作完成于上海闸北，后来发表于《青年界》1931 年第 2 期，杨义称赞这是魏金枝小说创作"艺术上的翘楚"。①
1931 年 8 月，湖风书局出版另一本《七封书信的自传》时，也收录了这
篇小说。小说描写了"我"（惠林）因为妻子被高利贷者炳生阿太老活尸
压迫得没有办法，忍无可忍，最后放一把火烧掉了炳生阿太老活尸的大房
子，清除了村中一大祸患。显然，这是适应无产阶级革命文学的时代潮流
而写的。在一个下雪的冬天，快过年的时候，天气很冷，在外工作的小职
员"我"（惠林）回来过年，这时他的妻子已经生了第二个孩子，他回来
后夫妻之间自然有了短暂的欢乐，可很快就被炳生阿太老活尸打破了。从
此，"我"发现妻子经常到老活尸处去打淘，连准备过年，买东西，做新
衣的工夫都没有，"有时简直似乎忘记了家，忘记了我和孩子的哺乳，连
放在锅里的菜也忘记了它会焦烂似的，尽在炳生阿太的房里咕哝"。炳生
阿太老活尸在年轻时轧了个有钱的男人，后来又给乡间的浪子们牵线吃甜
头，由此"我"怀疑妻有问题，觉得"我"们的爱情破灭了，情绪非常
抑郁。于是，"我"带着彬儿到野外发散闷气，一道放火烧荒，"我"从
火光中获得生命的喜悦。可是十二月二十六了，什么都不预备，"我"要
她把钱还我，我要自己上街去买。后来"我"才得知，妻担保别人向老
活尸借了 120 块钱的高利贷，人家没有按时还钱，老活尸就向妻要账，已
经还了利息 100 多块，"我"回来后老活尸又频频要债，逼得"我"和老
活尸冲突，一家在年关时走投无路。因为老活尸像鬼魂一样频频摸进
"我"家里逼债，"我"的大儿子彬儿因受了惊吓而病。在这时，为儿子
的病，为妻，为我们全个家族，"我"又不得不向老活尸哀求。可是彬儿
的小眼睛惊奇而凶狠地注视着，问"我"："爸爸，你也和老活尸走在一
道了么？"这使"我"忿恨，几次都要向老活尸冲去。最后，彬儿不治而
死，"我"只好将妻子带走了。两个月后，老活尸也死了。应该说，这篇
小说，是中国版的《威尼斯商人》。显然，小说真实地反映了有钱人——
金融资本家对社会底层的贫困民众的无情压迫，表现了在黑暗的时代底层
人的苦难人生与屈辱命运。它显示了左翼文学的基本特征。当时，有论者
指出："野火则比较是真切而深刻的作品，描写靠放高利贷剥削生活的炳

---

① 杨义：《中国现代小说史》（中），人民出版社 1998 年版，第 316 页。

生阿太老活尸，如活现着一个可怕的鬼域，他深入我们脑中，永远不能忘却。"[1]

在魏金枝的左翼小说创作中，《奶妈》的影响很大。这是 1929 年 10 月创作的描写女革命者的短篇小说，1930 年 1 月 1 日发表在《萌芽》月刊创刊号上。小说问世以后，产生了强烈的社会反响，"外面的舆论相当好"[2]。小说描写了一个女共产党员为革命舍弃亲生儿子到一个教师家里当保姆从事革命工作，最后英勇牺牲的故事。住在这个小客栈里的，差不多都是些没有职业的客人，他们没有纪律地、颓败地生活。住得时间最长、资格最老的，是中学老师鹏飞先生。一年前，他带着儿子住进这里的18 号房间里。一天，鹏飞先生突然有一个女客来访，引起了所有住客的关注，鹏飞先生对她并不欢迎，简直是还有些嫌恶。她看了一下鹏飞先生的孩子就走了。她一走，住客们马上闯进鹏飞先生的房里，有的说这女人是他的弃妇，也有的说是情妇，各人有各人的理由，

现代书局出版的《奶妈》

将鹏飞先生气得脸上铁青，满肚子涨着要发的火，他将手重重地拍在桌上，只得将她的身份仔细告诉房客们。原来，这个女客是他家两年前为孩子请的一个奶妈。但是，她的种种不良表现，使鹏飞先生非常厌恶，瞧不起她。住客们听了他的话后都说她是蛇蝎，并表示她以后再来时要侮辱她。于是，住客们过着他们照旧的生活，有时候也想起那可恶的女人，以及那女人的一切薄行，不免望她再来，可以侮辱她。但她终于没

①　梁新桥：《带着浓厚的自然主义气味的农民作家魏金枝——作家批评之一》，《现代出版界》1932 年第 6 期。

②　魏金枝：《有关鲁迅先生的几件旧事》，《中国青年》1956 年第 20 期。

有来。后来他们又听到有人在帐房里问："十八号鹏飞先生在么？"立刻竖起耳朵来留心这新鲜的消息。可来的却是两个着了司法制服的人。一会儿，鹏飞先生就抱着孩子被押走了。住客们惊呆了很久之后，以为他是犯了和他所说的那男子的同样案件了！他们想到和他的关系，在这种什么都可以算是犯罪的世界，全客栈里都立刻不安起来，而那些常到鹏飞先生房间里去坐去闲谈的人，是更非有个办法不可的。两个钟头以后，鹏飞先生抱着他的孩子安然地回来了。鹏飞先生告诉他们，原来那女人是个共产党，"她被捕了，明朝就要执行，她要求法官要看看我的孩子，也见见我。这样我便被带了去，在法庭上见了她来了！"她自己也有过一个孩子，为了工作的便利，夫妻两人将孩子送给育婴堂，以后一直没有看见过那孩子。也是为做地下工作的便利，她来到了当教师的鹏飞先生家里当了奶妈。最后，她将孩子递还给鹏飞先生，要他好好地去养着，"让他们长起来！"住客们沉没在这个奇特而有悲剧性的故事中，一边在心里幻想那女人的形态；一边在耳朵里却响起了那女人的"让他们长起来"的话，凝视着鹏飞先生所抱着的孩子，想在他身上看出一些奇异的东西来。小说描写革命故事，歌颂革命烈士，并没有去描写革命烈士们在硝烟弥漫的战场上的英勇奋斗，也没有描写他们在刑庭上大义凛然的正面斗争，而是以避实就虚的描写来显示她伟大而崇高的精神。

革命文学从 1928 年倡导以来，在上海文坛蔚然成风。作家们总是不遗余力地要在作品中直接去宣传革命，鼓动革命，描写革命者悲壮的人生。通常都是采取正面描写的方式，常常流于概念化、公式化的套路之中，甚至有不少作品沦为标语口号式的政治宣传品。当时最流行的是一种"革命＋恋爱"的创作模式，要么写革命被爱情所拖累，要么写爱情受到革命的阻碍，要么写革命与爱情齐进，爱情在革命中升华。这样的革命浪漫蒂克的故事，给人的感觉总是虚假的，不真实的。"《奶妈》则是与众不同的佳构，既摆脱了这种流行的浪漫套路，也革除了革命文学中将文学降格成纯粹政治宣传品的弊端，避免了公式化、概念化和标语口号式的流弊。"[1] 应该说，这篇小说，是革命文学潮流中诞生的真正的艺术精品，是值得我们高度关注的。1930 年 11 月 10 日，魏金枝将《颤悚》《父子》

---

① 刘家思、刘璨：《左翼文学中的"另类"风景——魏金枝短篇小说〈奶妈〉的文本解读》，《绍兴文理学院学报》2015 年第 2 期。

《桃色的乡村》《奶妈》《学不会的人》等五篇小说编成一个小说集，取名仍为《奶妈》，由上海联合书店出版。1932 年 10 月 20 日，上海现代书店又重版。这些小说真正展示了左翼文学界的创作实绩，显示了他在左翼文学中应有的地位。因此，他常常被称为是一个左翼作家。

1933 年 9 月，魏金枝到上海麦伦中学任国文教员后，就着手编辑中短篇小说集《白旗手》。10 月，该小说集由现代书局出版，内收小说 4 篇：中篇《白旗手》《前哨兵》《我们狗和人》《报复》，另加 1 篇《自序》，约 14 万字，魏金枝在小说自序中说："近一年以来，我已绝对没有写作小说，所以收在这里的，全是一年或二年三年以前的作品，甚至像《白旗手》的初稿，乃是十八年的秋间所写成，而后来才二次改作了的。因为近来穷得厉害。只好收集了来换钱用。"也就是说，这些作品的初稿是都是 1932 年 9 月之前写好的。

《白旗手》是一部中篇小说，5 万多字，是作者经过两次修改以后的一个完整版本。第一次修改的，1933 年 8 月起连载在《东方杂志》第 16—17 期。小说的故事是娓娓道来的，引人入胜，显示了作者叙述故事的能力和水平。勤务随招兵委员老李到天上镇招兵，驻扎在镇末梢上的白塔寺里，这是第十次，以前九次都驻扎在这里。农民乌狗家住在隔壁，老李和他婆娘发生了关系，生的女孩快周岁了。他们招过几百人，老李因此发了几批财，而勤务一次都没有，心里很委曲。他尤其对老李霸占乌狗婆娘十分不满，看到乌狗那种软弱相，心里有些不服气，也为他打抱不平。因此，他不仅常常和老李闹矛盾，甚至怠工不做饭，几次要被发配回家，而且当面指责乌狗婆娘和老李生了小丫头。勤务鼓动乌狗行动，反抗老李。但是，乌狗说没有什么办法，随他去，而为了自己不能不种田。立夏那天，勤务既因老李在饭桌上对婆娘的挤眉弄眼而有些气，又因老李耍花招招兵而与其发生正面冲突。两人扭打起来，老李便叫樱桃抵了勤务的缺。勤务告诉乌狗说总有个日子要去寻找老冯。5 月 16 日那天，天上镇有社戏，老李上台去演讲，叫农民们应该去当兵，可心里一急，把第一次入伍的安家费五元脱口报了个实数，勤务听了后有了一个报复的机会，朝他施以冷笑，有意对人重复说："我们说的是招兵，安家费是五块！"乌狗要他多招几个。第二天吃中饭时，勤务告诉其他三人：老李到手的至少有三块钱，我们给他出力，他却赚了钱。乌狗告诉他"联合世界上的无产阶级"，"和他们打连手，你自己可以带几个人"。接着，勤务去营救为一

现代书局 1933 年版《白旗手》

个寡妇出来当兵而遭到寡邻居殴打的赶尖，而老李带着警察追来要钱，两人于是又起矛盾。老李只指望快点抓几个"豸虫"去报销，而勤务总不给他出力，并存心给老李收点臭货色碰钉子，索性烂铜烂铁都收罗，三天内就收了二三十人。其中有一个叫王国治的老兵，是老冯派过来的。乌狗知道老李这次又扣了"豸虫"们的饷，当老李和他女人躺到床上去时，乌狗在女人箱里偷了钞票和洋钿，逃到外边去寻老冯。勤务把乌狗送出去见老冯。老李身上只剩一点零用钱，含着眼泪和勤务去商量，叫勤务做留守，决意自己回家去取钱。老李一走，勤务在王治国的引导下，把失盗实情告诉了"豸虫"们，"豸虫"们慌了，白塔寺骚乱起来，于是他召集"豸虫"们在关帝前的天井里训话发动兵变。第二天他们在凌晨三点半静静地向镇上警察局开了去，所有的家伙都被拿出来，巡官和警察们统统在睡梦中被缚上。这时候正是 4 点钟的时光。很快地，他们在镇上人们尚未察觉的时光开上山里去了。

应该说，小说故事的讲述是十分细腻而绵密的，故事情节的发展与人物描写高度统一，人物的性格刻画、心理演变、思想发展与故事情节核心元素——反抗行动的生成完全一致，成为故事情节发展的内在驱力。虽然写的士兵哗变，在当时属于热门题材，但从小说整体情节来看，是描写底层民众自发式的反抗行动，展示了多种社会力量的对抗与较量、分裂与转化的过程，揭示了 20 世纪 30 年代中国农村破产，农民因走投无路而走向反抗压迫的现实。这自然也有官逼民反的政治意味，但是小说并没有反映革命英雄主义，也没有流于革命文学或左翼文学的俗套。小说人物没有崇高的革命理想，没有明确的革命目标，小说中也没有明确的无产阶级的革命组织。它将民众的破产和男女之间情仇怨恨交织在一起，表现了基于本能欲求的损害而产生的报复行动，是以复仇为基本架构的。因此，小说不是描写革命的浪漫蒂克主义的公式化作品。小说反映了 20 世纪 30 年代的时代特征，但并没有展示革命者的光辉，而只是表现人性化的一个普通故事，"里面没有错综复杂、惊心动魄的故事，只平凡的写了一个招兵委员和他的勤务以及一群招来的新兵（在这本书里是称为'豸虫们'的）的生活跟他们的心理的活动"①，有条不紊地将整个文本的故事层层推进，显示了作者缜密的构思。

　　1933 年 8 月 2 日，魏金枝创作了短篇小说《制服》，作者通过少年儿童喜欢跟人学样的性格入手，描写了一个生动的故事：

　　阿毛的父亲升了连长，因心里高兴，就寄了那套制服给儿子，阿毛便穿着到学校去。这是学生中第一套制服，引起了师生们的关注，可小阿毛冷得牙齿打架，鼻涕直往下流，他饮血结盟的兄弟铁牛看到他冷，第二天就将他父亲的新套裤偷出来，并加了一件棉背心，拿给小阿毛穿上，使小阿毛重新恢复了他的老姿势。唐菩萨来叫小阿毛到校长室去，小校长要求三结义。小阿毛为了解决困难，勉强地把头勾了一勾，计划着不和铁牛分手，也不和小校长闹别扭，两面敷衍，做一个中间人。当铁牛问他和小校长说了些什么时，小阿毛却撒谎，铁牛就不再找他玩，叫他的弟弟送来一包东西，有铅笔段、手工纸、图画纸和几本破《西游记连环画》，并写了一封信给他，说他收到衣服后哭了，被母亲骂了。小校长鼓动小阿毛去打铁牛，结果被铁牛摔倒，并且撕破了他的衣服。他们要报告校长，叫铁牛跪石子，可小阿毛不愿意，因为不是铁牛的缘故。他母亲给他补好以后，小校长说补得太坏，鼓动他写信给他父亲再做一件新的。小阿毛连写三封信去都没回音。于是，小校长便悄然地和别人玩去了，旁边的铁牛便扮扮鬼脸，叫着"阿弥陀佛"，小阿毛渐渐地孤独起来。天气热起来了，别人做起了白制服，可小阿毛还是穿着那套夹制服，大家便将他忘了。而阿牛照常和没有制服的人打淘，小校长和唐菩萨那批人也打淘，只有小阿毛是孤独的。这篇小说致力于人物心理性格的描写，克服了当时左翼文坛常见的标语口号式的空洞的概念化的缺陷，以鲜活的人物形象来形成艺术感染力。小说是一个符号，学校就是一个社会的缩影。本来在学校不存在阶级性，这个社会的构成只有老师和学生。但是即使是在这样一个群体中，阶级性也被自觉地阐释

---

　　①　苏汶：《现代评坛·白旗手》，《现代》1933 年 12 月第 4 卷第 2 期。

着。它告诉人们，在无产阶级革命斗争中，试图混淆阶级性，走中间路线，是行不通的。铁牛和小校长、唐菩萨分别属于不同的阶级，他们各自有着明确的阶级意识，自觉地分属于两个对立的阶级，并自觉不自觉地发生着冲突。显然，这篇小说具有很强的时代意义。

正是这样，《制服》这篇小说在《现代》1933 年 12 月第 4 卷第 2 期上发表后，就受到文学界的重视。1934 年，又由鲁迅、茅盾选入《草鞋脚》，可以看出鲁迅（以及茅盾）的重视。1935 年，尹庚主编"天马丛书"，《制服》列入天马书店第 25 种小说集出版，收小说 3 篇，其中《制服》是代表作。后来，它又被编入《中国新文学大系 1927—1937 第 3 集小说集 1》。可见，这篇作品当时的影响力。

1932 年 5 月 5 日，魏金枝创作了短篇小说《磨捐》，载《现代》1933 年第 4 卷第 3 期。魏金枝说："我比了在《文学》上的各篇创作，甚至连文学编者茅盾的《三人行》在内，似乎也不会坏到那里去。"[1]。这是魏金枝唯一的一篇自己确认过它的艺术价值高下的作品。众所周知，茅盾是公认的小说大家，魏金枝则只是一个左翼文学的前期新人。他自己的说法，是不是不知天高地厚的自我吹嘘呢？当我们读完了这篇小说之后，这种疑虑就打消了。

小说通过一个几乎与世隔绝的畚斗村民众为了逃避"磨捐"而组织起来抗争的充满喜剧情调的故事，在村民荒诞可笑的举动中，表现了非常严肃的社会内容。它以村名的愚昧无知、神经过敏来反映底层民众所遭受的政府沉重的苛捐杂税的压迫而产生的条件反射，暴露了国民党反动统治者肆意剥削和压榨民众的黑暗现实。学生为抗日而募捐，村民老阿培听成了"磨捐"，就想都不想，回村要大家将磨子藏起来，以避出捐。可见，当时国民党政府的苛捐杂税名目之多，令广大民众想都不要想的，什么都可以被苛捐，这就揭露了国民党统治者的罪恶。

同时，小说将故事本身置于日本发动九一八事变，侵占东三省的背景之下。九一八事变已经过了五个月，畚斗村才由老阿培在一张包香烟的旧报纸中读到这一则消息，可见国民党政府没有进行任何宣传发动。在面临亡国灭种的危机时，还不对国民开展宣传教育工作，这就暴露了国民党反动派对民众一贯实施的愚民政策。因此，这篇小说从严格意义

---

① 魏金枝：《再说卖文》，《文饭小品》1935 年第 3 期。

上说，虽然没有表现直接的阶级斗争，但实际上是指向反动政府的。显然，小说文本所包含的思想意蕴是比较丰富的，不是简单的一个分析就可以说透的。

小说文本的思想张力，来自生动形象的人物塑造。这作品描写了一个偏僻乡村一系列活生生的人物形象。在畚斗村，唯一有文化的通人是老阿培，其形象栩栩如生，感人至深。他是村民们公认的通人，实际上也孤陋寡闻，见识短浅。他开了一个杂货店，是老板，他又有一般商人的劣根性，掺假售劣，获取暴利。因为经济萧条，村民贫穷，他店里没有了生意，村民们似乎忘记了他开的这个店。因此，当他发现日寇侵占东三省的消息后，像发现了新大陆一样高兴，以为村民会到他店里来，他多少可以做一点生意。这一个血肉丰满的艺术形象丰富了中国现代文学的人物画廊。应该说，这篇小说也是左翼文学中不可忽视的重要作品。

《中国大百科全书》中有这样一段话评价20世纪30年代左翼小说的成就，对魏金枝也作了一个基本评价：

> 1930年，中国左翼作家协会的成立促进了小说创作的发展。这个时期的作品，无论在反映现实的深度、广度与艺术本身的成熟程度上都有新的进展，中长篇小说尤其获得丰收。代替"五四"以后男女平等、父子冲突、人格独立、婚姻自由等反封建题材与主题的，是城市阶级斗争与农村革命运动的描画。不少作者力图应用马克思主义文艺理论来指导创作实践，既克服"革命的浪漫蒂克"，"用小说体裁演绎政治纲领"等不正确倾向，也注意防止单纯"写身边琐事"的偏向。丁玲、张天翼、柔石、胡也频，魏金枝等给文坛带来了新鲜气息的作者，正是在这种情况下受到了重视。[①]

魏金枝不是简单地应用马克思主义文艺理论来指导创作实践，没有概念化地去反映农村革命运动，而是在马克思主义的指导下，以自己深厚的生活为基础，以自己对于中国底层民众疾苦的深刻体验为前提，以自己对

---

① 《中国大百科全书》总编辑委员会《中国文学》编辑委员会、中国大百科全书出版社编辑部编：《中国大百科全书·中国文学》Ⅰ—Ⅱ册，中国大百科全书出版社1986年版，第1072页。

底层农民思想情感的切实理解和通透为依据，将普通的人性描写与中国革命的表现统一起来，在深入的人性描写中渗透出革命的信息，显示了比较丰厚的艺术底蕴。正是这样，他的小说显示了左翼小说的人性高度和艺术力度。

第四章

麦伦中学的爱国民主战士
（1933.9—1945.8）

1933 年 9 月，魏金枝在极其困难的处境中得到了杜衡的举荐，重新来到了上海，到教会学校麦伦中学任教，既摆脱了生活的困境，也不违背不愿教小学的初衷。从此，他的生活趋于稳定。然而，这时期的民族危机日益加剧，日寇侵略东北之后，虎视我国华北、华东的大片国土。1932 年 1 月 28 日，悍然发动"一·二八"事变，进攻上海，激起了中国人民的强烈反抗。1937 年七七事变之后，又发动八一三事变，中国军民进行了积极的抗击。这种民族危机，也使魏金枝趋于稳定的生活被打乱，陷入了一种流离迁徙的磨难中。正是在这样的背景下，魏金枝此时已经摒弃了党派政治的束缚，也不再局限于一己私利，而是投入到爱国民主运动之中，为社会革命和民族解放而奔走呼号，显示了一个进步知识分子的精神品格。

一　执教麦伦中学

1933 年 9 月，魏金枝从武汉长江水警局离职返杭后，深知魏金枝困顿的杜衡就介绍他到上海麦伦中学任教，使他的生活有了基本的保障。从此，魏金枝在上海定居。虽然后因日寇入侵，他曾一度回乡避难，但离开上海并没有多长的时间。①

---

① 有的人说魏金枝"1920 年前后到上海定居"。见陈青生编《画说上海文学：百年上海文学作品巡礼》中的《浙东山乡的历史存影》，上海文艺出版社 2009 年 10 月版，第 270 页。这种说法自然是错误的。即使魏金枝 1920 年到过上海，但他从 1920 年开始在上海定居也是没有可能性的。因为魏金枝此时还是浙江一师的一名学生。

如前所述，1933 年夏天，魏金枝"从武汉踉跄归来"，生活没有着落，"躲在西湖夕照寺的一间斗室里望青天，听知了喊救命，于是无路可走，便想卖文为活。"杜衡来信说《文学》刚创办，可以推荐发表作品，表现出对他的关心。可是杜衡荐稿未成，却引发了魏金枝与鲁迅的论争，杜衡也为他的作品被退稿而鸣不平。因此杜衡在《现代》上刊发魏金枝的作品，同时又推荐他到麦伦中学任教国文。对于杜衡给予的帮助，魏金枝十分感激。如前所述，杜衡作为所谓的"第三种人"，当时正受到左翼文艺界批判，魏金枝则感恩于他，与他称兄道弟。因此，鲁迅批判他"只是唱着所是，颂着所爱，而不管所非和所憎"，但魏金枝还是赞扬杜衡的"非中之是"——"讲交友之道，而无门阀之分"，并且表示愿意追随杜衡的意愿：

> 凡人在落难时节，没有朋友，没有六亲，更无是非天道可言，能与猿鹤为伍，自然最好，否则与鹿豕为伍，也是好的。即到千万没有办法的时候，至于躺在破庙角里，而与麻疯病菌为伍，倘然我的体力，尚能为自然的抗御，因而不至毁灭以死，也比被实际上也做着骗子屠夫的所诱杀窝割，较为心愿。所以，倘然要讲是非，也该去怪追奔逐北的好汉，我等小民，不任其咎。①

生存权是人最重要的权利。生存的基本问题都解决不了，政治问题还有什么意义？饿着肚子去谈无产阶级的文艺运动，这种精神的奢侈总只是天方夜谭的神话。魏金枝自己说得好："过文字生活于我太苦，盖我无钱无饭无烟，即不能下笔。"② 当时人们视魏金枝的生存困境而不顾，而杜衡则不时关心他的生存问题，时时予以帮助，怎能不使魏金枝对他感激呢！

麦伦中学是一所教会学校。其前身为华英书院，1891 年由英国伦敦会创办。1898 年，为纪念伦敦会传教士麦都思（W. H. Medhurst）而改名为麦伦中学（英文名称为 Medhurst College）。第一任校长为英国伦敦会牧

---

① 魏金枝：《分明的是非和热烈的好恶》，《芒种》1935 年 7 月 1 日第 8 期。

② 魏金枝：《魏金枝致杜衡》，刘衍文、艾以主编《现代作家书信集珍》，汉语大词典出版社 1999 年版，第 400 页。

师包克私。当时麦伦最初的编置法，是备馆5年，正馆3年，分别等于后来的初中和高中。魏金枝说：

　　备馆的课程是，英文本的课目占七分之二，其中即为读本、文法的练习，共十二小时；汉文本的课目占七分之五，内含作文三小时，国文读本五小时，习字五小时，读经三小时，历史两小时，圣经两小时，国语（练习标准官话）一小时等，共二十五小时。正馆则一反上述的比例，英文本的科目为七分之五，汉文科目居七分之二，即十二小时。而且这种汉文科目完全移到下午授课，那就是说，将国文当为最不重要的一种功课。而教材方面，则仍旧是《四书》《左传》《史记》《唐诗》《古诗源》及《古文观止》等。其中尤以《四书》一门列为最重要的部分。因为那时的麦伦，实际上即等于一个香港大学的附属中学。一切教课，都以能和香港大学相连接为标准。甚至麦伦本身所有毕业考试，只以能否考取香港大学而定。所以，香港大学的入学考试，即为麦伦的毕业考试。因此，麦伦的科（课）程，自然极少有自由安排的余地。①

　　当时，教会学校多与国外大学有升学联系，都受国外教育的支配。因为这样，所以麦伦中学重英文轻中文的现象是非常严重的。
　　1922年，彭思（Burns）出任校长，他采取了一系列整顿校务的措施，合并中、英文两部，裁撤正馆第三、第四班，取消正馆、备馆之名义，改设高中三年、初中三年，另设初中预科，这样麦伦书院的学级编制就符合国内学制。教学课程主要有宗教、英文、国文、数学、理化、史地、天文、体育、唱歌。1927年，南京国民政府成立后，掀起了"收回教育权"运动，要求所有教会学校必须向政府立案注册，并规定只有华人才能担任校长。这一年中国的留英博士夏晋麟任校长，1928年改名私立麦伦两级中学，取消宗教课，学制与课程均照中华民国部颁标准执行。1941年日军进入租界后，改名迈伦中学。1953年改为市立，易名继光中学。麦伦中学从初创到1931年沈体兰任校长之间的30多年中，在上海并

---

① 魏金枝：《四十年来国文科概况》，《麦伦中学四十周年立校纪念刊》，1938年印制，第70页。

不闻名。其原因，一是它地处虹口区边缘地带，远离市中心，交通不便；二是规模不大，每年仅招收高、初中新生各 1 班，名额不过 40 多人，中途转学的也不少。在 1892 年至 1931 年的 30 多年中，其毕业生总数不满 150 人。制约其规模的有学费贵和不收女生两个因素。当时学费昂贵，高中 40 元，杂费 5 元，还有实验费、图书费、书籍用品费等其他费用 35 元，共计 80 元，在 20 世纪 30 年代，如此昂贵的学费不是一般家庭所能负担的；同时他们要男女分校。这就使很多学子被拒之于门外。因为影响小，名气不大，又是教会学校，且路途遥远，上下班不方便，自然是一些人不愿意去的。

1931 年，夏晋麟就任驻英使馆一等秘书，辞去校长职务，校董会聘请沈体兰担任校长。他在中国共产党人曹亮的影响下，以"培养有爱国精神与救国能力之公民"为宗旨，提出了"建设高尚思想，养成社会意识，练习集体生活，实行公众服务"的办学方针，注重学生德智体的全面发展。为此，他进行了大力改革，一方面从教学体制和行政组织入手，逐渐革除弊端，首先淡化宗教气氛，取消宗教课，而且除基督徒外，其余学生可以不参加星期日的礼拜和主日学；另一方面又强化基础设施，建科学馆和体育馆，改善办学条件，浓化学习风气；尤其是重视师资队伍建设，积极聘请一批著名的学者和社会知名人士任教。这也是魏金枝能够到麦伦中学任教的前提。

魏金枝是 20 世纪 30 年代初沈体兰校长聘请的一大批思想进步、学识渊博的教师中的一个。他与陈其德、黄九如、曹亮被称为四大元老。① 魏金枝毕业于中国名校浙江省立第一师范学校，是"左联"著名作家，他的到来受到学生的欢迎。魏金枝来到这里，一方面他兢兢业业教好国文课，努力提高学生的语文运用能力和文学鉴赏能力，培养了不少爱好文艺的青年；另一方面又积极支持学生运动，尽心指导学生的社团活动，深受学生喜爱。他曾经带领还是读高中的陈明等同学到富春江等地去游玩，在领略祖国河山之美的同时，给学生以人生指导。②

---

① 陈其德，浙江金华人，东吴大学法学士，麦伦创办时就担任总务主任，1941—1946 年代理校长职务。黄九如，湖南资兴人，毕业于日本高等师范学校，曾任麦伦中学教务主任；曹亮，河南人，主持学校教务。见中国人民政治协商会议上海市委员会文史资料工作委员会《解放前上海的学校》第 59 辑，上海人民出版社 1988 年版，第 281 页。

② 陈明：《我与丁玲五十年》，《情感读本（意志篇）》2012 年第 4 期 。

　　麦伦中学一向注重对学生进行道德教育。他们以蔡元培的题词"忠信勤勇"为校训，要求学生热爱祖国、讲求诚信、勤劳节俭、勇者不惧、无私无畏。曹亮创作了校歌，其歌词是"伟哉麦伦我校，时代之光耀，放射趁今朝，普照人类仗吾曹，年少英豪"。学校号召师生敢于站在时代的前列，肩负时代重任，树立远大的革命理想与抱负。面对国难当头的急迫现实，麦伦中学的学生在爱国主义和民主精神的教育鼓舞下，积极参加抵制日货、请愿抗日、募捐寒衣等活动。1935年，北平爆发"一二·九"运动，麦伦学生闻讯首起响应。他们联络上海各中学，组织成立"上海市等学校救国联合会"。1935年12月20日清晨，麦伦中学学生举行游行示威，高呼"打倒日本帝国主义"，提出抗日和停止内战等要求。魏金枝和进步教师积极支持这场运动，当天全校停课。

　　魏金枝在麦伦中学任教高中国文，后又任首席国文教员。他要求比较严格，但也是伯乐式的教师。通常，他"给学生的作文打分数一般只给60分，70分，不及格的人倒是没有的，80分以上的，也是绝无仅有的"，但当时他的学生郑定文写了一篇作文《先秦诸子略论》，魏金枝竟出人意外地批了95分，"把全班同学都震动了"，郑定文"受到了巨大的鼓舞"，从此，他开始相信自己大概是有点才能的，后来他喜欢上了文学，走向了文学道路。①

　　魏金枝是"五四"学生运动的积极分子，他的思想情感始终都是与学生紧密联系在一起，学生运动开展时，魏金枝总是热心支持。他"在麦伦教语文十多年，同时是学生运动的积极支持者，培养了不少爱好文艺的青年，深受学生喜爱。"② 抗战前，麦伦中学的戏剧活动开展得如火如荼，成为上海学生进步戏剧运动中的主力。当时的数学教员、著名导演吴仞之说："麦伦是上海学生戏剧活动的带头鸟。"③ 1934年，他们就成立了"白光剧社"，后来发展为"未名剧社"，吸引了一大批爱好戏剧的同学。到1937年抗战全面爆发，先后演出了《乱钟》《压迫》《一只马蜂》《江村小景》《走私》《平步青云》《酒后觉悟》《国王与乞丐》《复活》《未

---

　　① 赵自：《第二双眼睛》，上海文艺出版社1985年版，第228页。

　　② 中国人民政治协商会议上海市委员会文史资料工作委员会：《解放前上海的学校》第59辑，上海人民出版社1988年版，第281页。

　　③ 同上书，第279页。

路》《一致》《往哪儿去》《顾正红之死》《放下你的鞭子》《第五号病室》《谁是朋友》《扬子江暴风雨》《江畔》《转变》《S. O. S.》《无线电急奏》《时代的回声》《炸弹》《母亲的梦》《王三》《酸枣》《明月东升》《忍受》《最后一课》《土龙山》《毋宁死》30 多个戏剧。在这些戏剧的排演过程中，魏金枝和黄九如、茹枚和吴仞之等老师一起，给予了精心指导，

魏金枝与麦伦中学师生在一起，前排左四右二为魏金枝，
当时有人说他很像鲁迅

培育了同学的社会意识和民族精神。[1] 正是为了支持和指导学生的戏剧运动，魏金枝于 1934 年 3 月，发表了他的第一部三幕话剧《宣誓就职》，该剧对国民党官场腐败予以了辛辣的讽刺，对学生演剧起到了思想启蒙作用。

魏金枝到麦伦中学任教，不仅使他从极度的生活困境中摆脱出来，而且找到了施展才华的用武之地。在这里，魏金枝出于本职工作的需要，他出版了中学生丛书之一的《怎样写作》，发表了《论作文的材料》《所谓中心思想》《文气浅说》等一系列文章，辅导语文学习和文章写作。同时，他还于 1948 年协助主办了《现代教学》丛刊，先后刊发了《文章解

---

① 参见中共上海市委党史资料征集委员会《抗日战争时期上海学生运动史》，上海翻译出版公司 1991 年版，第 213 页。

剖》《从国文科看复古》《同义字的功用》等文章，成为该刊的主要撰稿人之一，这些文章不仅对学生进行了语文教育辅导，还批判了语文教育中落后的现象，尤其是国民党反动派在语文教育中复古的丑态。应该说，魏金枝的这些工作显示了一个语文教师的职业责任和态度，对广大语文教育工作者提供了参考。

在这里工作，魏金枝的生活安定下来了。1936 年，他又走进了婚姻殿堂。新娘柯振庭女士原是安徽省贵池县县立女子小学校长。这样，魏金枝获得了较好的生存环境和基本的创作条件，对于介绍他来这里工作的杜衡，他怎能不感恩呢！因此，1933 年之后，他与左翼文艺界渐渐地有了一些疏离，而与杜衡、施蛰存等现代派人物的联系则比较密切了。

二　发表宣言

1931 年 9 月 18 日，日本侵略者发动九一八事变，入侵东三省，国民党政府于 9 月 21 日向国联申诉解决，但日本侵略者在 1932 年 1 月又发动"一·二八"事变。1932 年 4 月，国联派出的李顿调查团到达东北，这个由英、美、法、意、德 5 国代表组成的调查团于 10 月作出《国联调查团报告书》，纵容日本的侵略行径，歪曲中国人民的反侵略斗争。1933 年春，日本关东军攻占热河，向华北进犯。1935 年 5 月，日本关东军以武力为后盾，向国民党政府提出将国民党中央军调出河北省、禁止抗日等无理要求，迫使国民党政府于 6 月 10 日与日本签订《何梅协定》，23 日又迫使中国签订了《秦（德纯）土（肥原贤二）协定》，图谋制造"华北国"，大大削弱了中国在河北和察哈尔的军事力量。10 月，日本侵略者又指使汉奸在河北省发动香河暴动，占据县城。11 月又策动汉奸开展所谓的"华北五省自治运动"，并成立所谓的"冀东防共自治政府"。但是，蒋介石不顾全国人民的反对，继续消极抗日，采取妥协投降的政策，并于 12 月指派宋哲元及老牌汉奸王揖唐、王克敏等 16 人成立"冀察政务委员会"，以满足日本关于"华北政权特殊化"的要求。华北事变的发生，使中国的民族危机空前严重。

面对日本帝国主义的步步入侵，中国共产党和中国人民高举爱国主义大旗，奋起抗战。1932 年淞沪抗战充分展示了中国人民抗日的决心和自觉性。1933 年 5 月，冯玉祥、方振武与共产党员吉鸿昌等在张家口集合国民军旧部及地方武装，成立察绥抗日同盟军，抗击进犯察哈尔的日、伪军。同年，部分国民党爱国将领在福建宣布成立抗日反蒋的"中华共和国人民革命政府"。1934年10月，中央红军从江西出发，北上抗日。1935年8月1日，中国共产党人在苏联向国内外工农军政商学各界男女同胞们发表了《为抗日救国告全体同胞书》，简称《八一宣言》。宣言深刻地分析了九一八事变后的国内恶劣的政治形势，揭露了日本帝国主义企图灭亡中国的野心，指出"我国家、我民族已处在千钧一发的生死关头"："自民国二十年'九一八'事变以来，由东三省而热河，由热河而长城要塞，由长城而'滦东非战区'，由非战区而实际占领河北、察、绥和北方各省，不到四年，差不多半壁山河，已经被日寇占领和侵袭了"，长此下去，"我五千年古国将完全变成被征服地，四万万同胞将都变成亡国奴。"因此，"抗日则生，不抗日则死，抗日救国，已成为每个同胞的神圣天职！"宣言告诫人们，"中国是我们的祖国！中国民族就是我们全体同胞"，"绝对不能""坐视国亡族灭而不起来救国自救"。宣言向全体同胞呼吁："无论各党派间在过去和现在有任何政见和利害的不同，无论各界同胞间有任何意见上或利益上的差异，无论各军队间过去和现在有任何敌对行动，大家都应当有'兄弟阋墙外御其侮'的真诚觉悟，停止内战，以便集中一切国力（人力、物力、财力、武力等）去为抗日救国的神圣事业而奋斗。"并声明："只要国民党军队停止进攻苏区行动，不管过去和现在他们与红军之间有任何旧仇宿怨，不管他们与红军之间在对内问题上有任何分歧，红军不仅立刻对之停止敌对行为，而且愿意与之亲密携手共同救国。"宣言号召全体同胞："有钱出钱，有枪的出枪，有粮出粮，有力的出力，有专门技能的供献专门技能，以便我全体同胞总动员，并用一切新旧式武器，武装起千百万民众来。共产党和苏维埃政府坚决相信：如果我们四万万同胞有统一的国防政府作领导，有统一的抗日联军作先锋，有千百万民众作后备，有无数万东方的和全世界的无产阶级和民众作声援，一定能战胜内受人民反抗、外受列强敌视的日本帝国主义！"① 这个宣言的发表，激发了全国民众的抗日斗志。

在中共《八一宣言》的影响下，1935年12月9日北平（今北京）学

---

① 王德锋、傅炳旭主编：《中国近现代史参考资料》，吉林人民出版社1993年版，第366—372页。

生5000余人在中国共产党的领导下，举行声势浩大的示威游行，高呼"停止内战、一致对外""反对华北自治""打倒日本帝国主义"等口号。国民党政府出动大批军警镇压，打伤、逮捕许多学生。次日，北平学生实行总罢课。北平学生的"一二·九"爱国运动引起了全国各地民众的响应和声援，继而推动了全国的抗日救亡运动。上海文化界人士首先响应，章乃器、王造时等人在生活书店集会，起草了《上海文化界救国运动宣言》。

　　国难日亟，东北四省沦亡之后，华北五省又在朝不保夕的危机之下了！"以土事敌，土不尽，敌不餍。"在这生死存亡间不容发的关头，负着指导社会使命的文化界，再也不能够苟且偷安，而应当立刻奋起，站在民众的面前而领导救国运动！华北教育界"最后一课"之决心，是值得赞佩的。华北青年热烈的救国运动，尤其引起我们十二万分的同情。因为华北事件的教训，我们应该进一步的觉悟！与其到了敌人刀口放在我们的项颈的时候，再下最大的决心，毋宁早日奋起，更有效的保存民族元气，争取民族解放。

　　四年余的事实告诉我们：敌人对中国的侵略，决不是少数人的盲动野心，而是帝国主义发展的必然结果——积重难返的经济恐慌和赤字财政造成了它积极侵略的大陆政策。假如到了今日还有人想用妥协、提携、亲善，甚至游说的方式，希求敌人的觉悟，那真是与虎谋皮了！

　　争取民族的解放，不单是中国人民的天经地义，而是任何被压迫民族的天经地义。敌人的压迫愈严重，中国人民对民族解放的要求，亦愈高涨。尽量的组织民众，一心一德的拿铁和血与敌人作殊死战，是中国民族的唯一出路。这样的，一个神圣战争，世界上凡是有理性的人，都会给我们以深切的同情。一切苟且因循的政策，都只会分散民族阵线，使敌人逐步的消灭我们。因此，我们主张：

　　（一）坚持领土、主权的完整，否认一切有损领土、主权的条约和协定；

　　（二）坚决反对在中国领土内以任何名义成立由外力策动的特殊行政组织；

　　（三）坚决否认以地方事件解决东北问题和华北问题——这是整

个的中国领土、主权问题；

（四）要求即日出兵讨伐冀东及东北伪组织；

（五）要求用全国的兵力、财力反抗敌人的侵略；

（六）惩办一切卖国贼并抄没其财产；

（七）要求人民结社、集会、言论、出版之自由；

（八）全国民众立刻自动组织起来，采取有效的手段，贯彻我们的救国主张。

当时，生活书店以聚餐会的名义集会，章乃器起草了这个宣言。1935年12月12日，宣言起草完后，就在上海文化界广求签名。参与签名的上海知名文化人士有马相伯、沈钧儒、邹韬奋、魏金枝等283人。这个《宣言》的发布，促成了上海各界救国会的成立。同时，他们以"上海文化界救国协会"名义，致电中央政府及北平学生会。1935年12月21日，该宣言发表在邹韬奋主编的《大众生活》第1卷第6期，显示了上海文化界对国事的深切关注以及对于主权和领土的捍卫之心，对"一二·九"爱国运动予以了坚决支持和声援。魏金枝在宣言上签名也显示了他的爱国之心。

在这个宣言上，麦伦中学的校长沈体兰和教务主任曹亮也签了名。麦伦中学是一所进步学校。校长沈体兰很早就结识了中共党员浦化人和革命作家胡也频，思想先进。九一八事件后，他积极投入抗日救亡洪流，后又聘请共产党员曹亮来校任教务主任。曹亮是"中国社会科学家联盟"的成员，又是上海救国会的发起人和领导成员之一。他们在每周一的纪念周会上向师生做国内外形势报告，揭露日本帝国主义，抨击蒋介石的不抵抗主义和反人民的内战政策，传播红军北上抗日的信息，积极宣传抗日救亡运动。沈体兰曾慷慨陈词："有我们这边的麦伦，就没有那边的日本司令部，有那边的日本司令部，就没有我们这边的麦伦。"[1] 正是如此，麦伦中学成为北平爆发"一二·九"运动后上海首先响应的学校。魏金枝不仅热心支持，而且积极投入到运动中。

随即，魏金枝积极参加了抗日组织。一是参加上海文化界救国会。上

----

① 中共上海市委党史资料征集委员会：《抗日战争时期上海学生运动史》，上海翻译出版公司1991年版，第210页。

海文化界发表救国运动宣言后，为了团结文化界更多的爱国力量，他们立即组织成立救国会。1935 年 12 月 27 日，上海文化界救国会举行成立大会，参加大会的有 300 多人，包括知名的作家、记者、导演、演员、教授、律师以及宗教界人士等。大会推举马相伯、沈钧儒、邹韬奋、陶行知、章乃器、李公朴、史良、王造时、江问渔、胡愈之等 35 人为执行委员。大会发表了《上海文化界第二次救国运动宣言》，提出"要先组织自己，用集团的力量，来负担我们时代的任务"，并提出了改变外交政策、开放民众组织、建立民族统一战线、停止内战、武装民众、释放政治犯、共赴国难等八项抗日主张，要求国民党政府切实保证民众爱国运动和新闻自由。上海文化界救国会的成立及其主张与要求，沉重地打击了对外妥协的国民党政府，对推动全国抗日救亡运动产生了巨大影响。二是参加上海各界救国联合会。1936 年 1 月 28 日，上海各界救国联合会举行成立大会。会议推举沈钧儒为主席。魏金枝参加该组织。三是参加了全国各界救国联合会（即救国会）。1936 年 5 月 31 日至 6 月 1 日，全国各界救国联合会在上海举行成立大会，出席大会的有全国 20 多个省市 60 多个抗日救国团体的代表 70 多人。大会听取了上海、南京、天津、厦门、香港、广东、广西等地救国会和平津中华民族解放先锋队的代表的报告，通过了《全国各界救国联合会成立大会宣言》《抗日救国初步政治纲领》和《全国各界救国联合会章程》。会议申明，全国各界救国联合会是一个全国统一的联合救国阵线，它以团结全国救国力量，统一救国方针，保障领土完整，图谋民族解放为宗旨。魏金枝参加这些组织，显示了他积极抗战的意志。1936 年，他从民族解放的需要出发审视文学的使命，赞成"国防文学"，参与到"两个口号"的论争，发表了《国防文学的任务等等》，指出"这是文学上的策略"。1936 年 6 月 7 日成立中国文艺家协会，他又参加了这一组织，并在宣言上签名。这自然是当时爱国知识分子的共同表现，但也显示了魏金枝强烈的爱国激情。

三　哀悼鲁迅

魏金枝与鲁迅是 1929 年相识的。在此之前，魏金枝向鲁迅编辑的刊物投稿，鲁迅将他的《留下镇上的黄昏》编辑发表在《莽原》上，但他们并不认识。魏金枝是由柔石引荐而拜见了鲁迅，从此得到了鲁迅的关心和帮助。1930年，鲁迅主编的《萌芽月刊》又发表了魏金枝的小说《奶妈》，小说立即受到社会的好评。魏金枝加入"左联"后，就在"左联"编辑《萌芽月刊》，解决了生计问题，自然有柔石、冯雪峰等人的帮助，但主要是鲁迅的安排，因为鲁迅是主编。从此，他就成为鲁迅周围几个得力的年轻作家之一，鲁迅对他非常关心，并大力提携，对他的小说《留下镇上的黄昏》和《七封书信的自传》给予了高度评价，使之成为文坛关注的左翼青年作家。因此，魏金枝对鲁迅是非常感恩的。1931年柔石被捕后，魏金枝担心鲁迅有危险，而不顾自身地危险去通知鲁迅。

1931年4月，魏金枝回到杭州后，就跟鲁迅没有联系了。魏金枝说，他在生活极其困难的时候，曾经写了好多求助信出去，可没有人理他。是否也写过信给鲁迅，不得而知。但是有一点是确定无疑的，就是当魏金枝再次来到上海后，尽管没有跟"左联"断绝联系，但他跟鲁迅就没有以往的那种亲密关系了。其中的原因是什么，至今还不清楚，张直心先生说是他回杭州后疏远的，自然是对的，但人与人之间关系的好坏，绝对不是空间的阻隔可以完全左右的。何况鲁迅与魏金枝分开的时间不长，杭州离上海也不远。显然，这是有待深入研究的一个问题。也许从这里可以发现对于"左联"研究很有价值的东西。但目前我们还无力解答这个疑问。

对于魏金枝和鲁迅的关系，人们当然不会忘记1935年他和鲁迅之间发生的一场"文人相轻"的论争。表面上看，是因为魏金枝的一篇杂文《再说卖文》引起的。为什么会这样，内层的原因至今也是一个谜。这场论争之后，他们的关系就更加疏远了。

1935年4月，魏金枝发表了杂文《再说卖文》[①]，谈到了他的小说《磨捐》被左翼文学杂志《文学》以"未便发表"这一罪名退稿的事情，因此他讥讽《文学》杂志编辑人员"向以先进自居，提拔新进为号召的，断然不会委屈我一个人"，尤其是对茅盾有一些埋怨，并激烈批评《文学》的编者，认为编辑、在商务印书馆出版的学生国学丛书之一的《庄子》是"自己撒在屋角后的一堆烂屎"，指出"眼前这个文坛是醒酲的"。对此，鲁迅于5月在《文学》第5卷第4号发表《"文人相轻"》，对魏金枝进行点名批评，表明自己的态度。5月5日，鲁迅又写了《再论"文人相轻"》发表在《文学》月刊第5卷第6号上，批评魏金枝"只是唱着所

---

① 载《文史春秋》1935年4月5日第3期。

是，颂着所爱，而不管所非和所憎"。7月1日，魏金枝基于个人恩怨意气行事，针对鲁迅的观点发表了《分明的是非和热烈的好恶》①一文，隐约地回应鲁迅的批评，于是论争正式开始。7月15日，鲁迅写了《三论"文人相轻"》对魏金枝展开了尖锐的批驳。10月，魏金枝写了一封信给鲁迅，陈述自己的观点，说明自己和杜衡等"第三种人"没有特殊关系。1935年10月24日的鲁迅日记对此事有记载："上午得魏金枝信。"这场论争结束，但从此二人的关系就更加疏远了。后来，鲁迅在编《且介亭杂文二集》时，把魏金枝的这篇文章附在他的《三论"文人相轻"》之后作"备考"。可见鲁迅对此事是很认真的。

　　1935年的年底，左翼文坛内部围绕"两个口号"展开了激烈的论争，魏金枝赞成"国防文学"的口号，显然与鲁迅不一致，这自然不能改善他们之间的关系。然而，这并没有影响魏金枝对鲁迅的忠诚和崇敬。

　　1936年，鲁迅的身体也每况愈下，8月卧病咳血，10月19日早上5点25分，鲁迅病逝于上海大陆新村9号寓所。鲁迅的逝世，是中国的重大损失，全国震悼。上海文化界为他商定了治丧委员会，处理丧事。中国文学界、文化界和思想界也为此举办了重大的祭奠活动，表达了深沉的哀悼之情。

　　对于魏金枝来说，鲁迅的逝世，使他失去了一位导师。虽然在1年前，他因《再谈卖文》与鲁迅展开了"文人相轻"的论争，受到鲁迅的批评，从此与鲁迅的关系并不像以前那么亲近，也没有什么交往，但魏金枝作为一个曾经受到鲁迅提携和帮助的青年作家，鲁迅的精神一直在影响他，心里总是对鲁迅充满着敬佩与感激之情。因此，鲁迅的逝世，使他很悲痛也忏悔自己的轻率。于是，他写了《我们年青人只有惭愧》，表示自己的悼念：

　　　　据我的记忆所及，我似乎从没看见他高声大笑过。通常，他只是皱紧他深而长的鱼尾纹，耸起胡髭，来一个微笑；或者张大嘴，把头略略向后一仰，从喉口里发出枯燥而轻淡的笑声，这就是他的大笑，高声都是说不到的。在他，大概是本不想大笑的，所以也不会把他的所谓大笑，持续到多久，就马上又用眼在考察他对面的真在大笑的

---

① 载《芒种》1935年7月1日第8期。

人。除了这件不断的考察的工作以外，他的大部分待客时间，就尽用在抽烟的动作上。抽烟，我也似乎从没见过像他那么会抽烟的人，他总一根接一根的呼着，永不晓得厌，永不晓得停止，使面对着他的人，老看见烟在他的面前飘浮，而他的看人的眼，也不住的在闪着，这会使人觉到寒栗，会使人觉到不安，会使人担心于自己的内在病的被发见。他的走路，更带着一种心急的样子，他以稳实而急速的步子，向前直冲，就是很短很短的路程，也老用那么快的步子走着，仿佛怕会走不到似的。他在 50 岁寿辰时说，他还要替社会做 10 年事，3 年以前，那时的环境逼得他无法行动，但有个朋友告诉我说，他还没有死心，他仍要支撑一下这破落的局面。对他那么严肃，精勤，勇往的人，在我们年壮未死的，只有惭愧。①

虽然这是一篇短文，但对鲁迅予以了栩栩如生的描写和表现，对鲁迅深沉真挚、勇往直前、严肃精勤、顽强搏击和绝不妥协的精神予以了独到的把握。因此，魏金枝对于自己遭遇到一点挫折就消沉的精神状态感到惭愧。实际上，这里似乎也隐隐地包含了对于一年前意气行事地与鲁迅展开论争的悔恨。虽然当时急需稿费维持生计，希望稿子能够及时刊登，退稿后使生活更加艰难，但因此而赌气，并与鲁迅论争，毕竟是不坚强的表现。因此，他觉得很惭愧。

魏金枝始终没有忘记鲁迅。1946 年 10 月，鲁迅逝世十周年，魏金枝又写了《呜呼!》② 和《鲁迅先生的青皮战术》③ 等诗文予以纪念，对鲁迅表现高度的礼赞，显示了他对鲁迅的深刻认识和独到理解，也显示了他对鲁迅的一片忠诚。《呜呼!》是《文艺春秋》杂志为纪念鲁迅先生逝世十周年而出版的专栏——"要是鲁迅先生还活着"总题下的一篇。这是一首诗歌，他这样写道：

倘使这位顽强的老人还活着，我想，至少日本人不会让他的书在

---

① 魏金枝：《我们年青人只有惭愧》，《鲁迅先生纪念集》（上册），刘运峰编，天津人民出版社 2007 年版，第 118 页。

② 载《文艺春秋》1946 年 10 月 15 日第 3 卷第 4 期。

③ 载《联合日报·晚刊》1946 年 10 月 11 日、18 日。

市上出现。

　　倘使这位顽强的老人还活着，我想，至少，在他的身后必然要跟三个黑影。

　　倘使这位顽强的老人还活着，我想，至少，又有人说他从哪里得了多少卢布。

　　倘使这位顽强的老人还活着，我想，或许，也被请到政协去做一下幌子，以示宽大。

　　倘使这位顽强的老人还活着，我想，或许，也被邀请到美国做一下稀客，不欢而归。

　　倘使这位顽强的老人还活着，我想，或许，也会慨然地说："以言取人，失之××。"

　　倘使这位顽强的老人还活着，我想，或许，也会泰然地说："小人穷斯滥矣。呜呼！"

　　全诗高度赞颂了鲁迅不向中外反动派俯首妥协、坚持不懈斗争的崇高精神。

　　在《鲁迅先生的青皮战术》中，魏金枝以一个独特的视点，对鲁迅先生坚韧地与黑暗势力做斗争的精神予以了礼赞，并对鲁迅与青皮们的区别予以了揭示。他首先指出："鲁迅先生爱过北平的青皮，这是事实；当然他所爱的只是他们的韧性。"接着，他从青皮与韧性的关系入手，对鲁迅与青皮的关系及其区别予以了分析与辨别。他说青皮们"死命地握住一个不变的原则，就是要，非要到了手不止"，否则就不放，"即使死在他们的面前，他们也还是不放"，"这就是青皮们所奉守不变的铁则"。他指出："他们的不肯放手断不是他们自己的天性，而只是社会把他们塑捏成的人性"，"在另一方面看来，他们的所以执着不放，也无非由于生命的保持。因为他们是站在生的边缘的人，再退一步，便会落到死的深渊里去，所以只能有进无退，一直向生的路上冲去"。他认为这是"铸成的复仇性"。这种铸成的复仇性，是一种被压迫者的反抗。这是压迫的一方强暴和狠毒的压力所致。"因而唯一的补救办法，也就只有青皮们的一定不变的韧性了"。针对有人指责这样的韧性缺乏建设性，他指出这是一种哄骗别人放开手来的花言巧语。他说："鲁迅先生在这些地方就已经加以诠释过，他认为韧的战斗的方法，就是要敌人不舒服，疲乏，甚而是丢下几个铜子，而让那些敌人伏在地上磕破头皮，当作狗叫，即使死了，也还预备不剩下一个小钱，让他的敌人当为自己的承继物。这就是青皮的韧性战术。"他指出："青皮们的执着不放，既是由于别人的哄吓诈骗要他们放手，则到了并无别人去哄吓诈骗的时候，也就是应该建设的时候，自然也会放开手来的。"因此，青皮战术实际上是对于黑暗社会绝不妥协的反抗。当社会驱除了黑暗，一个新的社会出现了，其内在的建设意义就出现了。因此，鲁迅的青皮战术是富于社会意义的。他最后指出：

> 自然，鲁迅先生决不是不讲建设的人，这有他的煌煌大著，以及他所孕育感召的许多文化后辈可作证明，然而这是只能作为他的爱的一面来说的，倘使说到他在憎恶方面的性格，那就实在超出于青皮之上，自然也不是青皮们单纯的满足所可比拟的。因之，在我倒并不想把"青皮"二字的污蔑从鲁迅先生身上洗去，恰恰相反，认为青皮们所受的压逼，鲁迅先生无不受过，而鲁迅先生的敏锐的感觉，和其向上的奋斗，倒是青皮所望尘莫及的，因此青皮只成为青皮，有憎恶而没有爱，而鲁迅先生则成为鲁迅先生，有甚大的爱，也有甚大的恶。

应该说，对于鲁迅韧性战斗的精神，魏金枝予以了发自内心的崇尚和歌颂，而将鲁迅这种韧性精神加以弘扬和光大，是对鲁迅最好的纪念，这也显示了魏金枝对鲁迅的忠诚。

全国解放以后，魏金枝还撰写了《青年导师鲁迅先生》[①] 等一批研究鲁迅思想和作品的文章，不断弘扬鲁迅精神，传播鲁迅文学，出席了各种纪念鲁迅的活动，这充分显示了他对鲁迅所怀有的真挚的感情。

四　逃难岁月

1937 年全面抗战爆发之后，魏金枝没有和其他一些文化界人士一样向西南转移。他坚守在上海孤岛，和一些留在孤岛的文化界人士积极开展抗日活动。他一方面积极参加麦伦中学组织的各种进步活动，和麦伦中学

---

① 载《青年报》1950 年 10 月 19 日。

校长沈体兰一起，与进步的文化界人士，积极指导读书会和团契等活动，学习和讨论《论持久战》《新民主主义论》等著作，阅读进步的文艺书报，一直持续到太平洋战争爆发为止。另一方面，他参加了"中教联"文学组，参与编辑《中学生丛书》，"在这民族解放的伟大时代中尽些应尽的责任"，"用合乎时代的，激发民族意识的材料来代替过去陈腐的教材"，"引起全国青年和青年教师无穷尽的力量来，共同为着解放民族建设中国而奋斗"。[①]

魏金枝在《中学生丛书》中撰写了一本《怎样写作》。该书共10章，依次为"圣人和坏胚""发掘和鞭辟""伟大和渺小""鉴赏和创作""长篇和短篇""开头和结尾""具体和和谐""省略和突出""圆满和缺憾""诘责和补充"。这本书不仅传播了写作知识，表明了他的文艺观，而且也是他在抗战时期为激发青年抗日热情而做出的一种努力。在上海"孤岛"时期，像这样的新型读物，还是比较少的，"不但上海的青年踊跃争购，而且，也为内地爱好文艺的青年读者所欢迎"。[②] 他在谈写作中，引导人们认识社会，认识世界，对帝国主义欺凌弱小国家进行批判，实际上是间接地谴责日寇的入侵，对民众进行爱国主义教育。他认为，在人类社会中，"小我足以造成人类的不安与残杀，已为一般所公认的事"，"没有一个人敢武断地说个人和社会没有影响。"他指出，欧洲现在"弱国的人民都在担忧被侵害，强国的人民也因相持不下而夜不安枕。这种恐慌的现象，固然不是我们的笔墨所能写得完，但追根问底，也不外各个小我自私与争夺的结果。"[③] 他认为，在抗战时期，应该调动全国各阶级各阶层的力量进行抗战，不要人为地简单地排斥可能走向抗日前线的有生力量。他说："再以我国目前的情形论，因为怵于大患当前，虽然很多的富有者，仍漠视着这一生死存亡的关键，可是不可否认地也有不知多少出身于知识阶级富裕阶级的人舍了他们的身家性命，不顾一切而冲往前线。虽然我们这次的抗战，仍是民族革命，而不是社会革命，可是一口咬定某一阶层人的革命与不革命，这就不免仍是一种命定论。"[④] 显然，魏金枝在这里张

---

① 载魏金枝《怎样写作》，上海珠林书店1939年版。

② 俞获：《"中教联"的文学活动》，上海社会科学院文学研究所编《上海〈孤岛〉文学回忆录》（上），中国社会科学出版社1984年版，第250页。

③ 魏金枝：《怎样写作》，上海珠林书店1939年版，第7页。

④ 同上书，第8—9页。

扬了中华民族全民抗战的思想，实际上是中国共产党的抗战思想的一种具体阐释。

1941 年 12 月 7 日，日本偷袭珍珠港，正式对美国开战。同时，日本侵略军也在其他地区开始消灭英美在远东的势力。于是，太平洋战争爆发。1941 年 12 月 8 日，日本侵略军占领了上海租界，整个上海都变成了沦陷区。上海沦陷，使许多人失去了最后的避难所，大大加深了中国人民的苦难。

1942 年 1 月，魏金枝因为爱人刚刚生产，女儿魏平满月不久需要照顾，又因为在上海不光生活非常艰难，而且生命也不安全，因此他就将她们母女两个送到安徽芜湖岳母家去避难，而他自己则回到家乡嵊县避难。从而，他离开了任教多年的麦伦中学。赵自在文章中记载着："下一学期，魏先生没有来上课，有人说他回乡下去了。有人说他'跑单帮'去了。那时候，物价天天涨，教书先生弃学从商的事是毫不稀奇的。'青天落白雨，教书先生无饭米'，民谣就这么唱的。"[①] 由于日寇进逼，国民党军队和土匪到处敲诈勒索，家乡人民生活非常艰难，长期以来形成的生活习俗也不得不改变。本来，嵊县乡下结婚，无论贫富，无论头婚再嫁，做新娘的总得坐一顶轿子到夫家去，这是一种面子。可使他吃惊的是，现在这样的习俗变了。无论贫富，无论头婚再嫁，新娘都已经不坐轿子了，都由媒人陪着徒步而行，直到临近夫家的村边，才由夫家接了去。这在他的心里烙下了深深的印痕。[②]

作为一个教师，回到家乡，他除了关注抗战工作外，还对国民教育问题很关注。抗战爆发后，本来就处于艰难困境中的底层农民雪上加霜，根本没有经济能力供自己的孩子去上学，反而天天把学校里的学生叫回去。尤其有件事，他印象很深：

当我三十年回家去的时候，我曾看见一个家长，手里捏了竹枝，把自己的孩子，从学校打了回去。为什么？为了孩子要到学校里读书，而家长则要他去采桑。这一个学童，是逃避苦工，还是热心向

①　赵自：《第二双眼睛》，上海文艺出版社 1985 年版，第 228—229 页。
②　参见魏金枝自述，上海社会科学院文学研究所编《中国作家自述·魏金枝》，上海教育出版社 1998 年版，第 208 页。

学，我虽不得而知，但总不是逃学的坏学生，则可断言，而这一家长
的出了学费，不叫孩子念书的苦衷，也明白可知。

魏金枝对家长的这种做法，充满着理解，因为现在的农村经济普遍贫
穷，因此，家长们虽然明知该给孩子读书，但为生计所迫，也就不得不把
孩子赶到田野里去了。因为一个农村的孩子，只要能说话，能行走，便能
或多或少地做些生产的工作，补助一点家用。这使魏金枝思考着一个问
题，就是如何能够减轻农民孩子上学的经济负担。因此，后来他写了《国
民义务教育与县附税》一文，建议政府的县附税在支出上保证乡村小学的
教育经费。

1942 年 8 月中旬，魏金枝经上海到芜湖，在中秋节和家人团聚了。
抗战时期，不管是沦陷区还是国统区，人民都生活在水深火热之中。他们
到芜湖避难，其实生活也非常困苦，也就不得不做着下一步的打算。所
以，1943 年初，迫于生活的压力，魏金枝又不得不回到上海谋职，在南
屏女子中学任教。

南屏女子中学创办于 1938 年。抗日战争全面爆发后，浙江省立杭州
女子中学解散，曾季肃、陆仰苏、姚韵漪、王元璋、王元琪、吴之微等部
分教师辗转来到上海，决心在上海办学，解决流亡来沪同学的入学问题。
几经磋商，由大家集股办学。他们租借了北京西路常德路口的振粹小学的
房子，创办了上海市私立杭州女子中学课堂，即南屏女中前身，曾季肃任
校长。1939 年沈亦云先生购买胶州路 445 号洋房一幢三层楼房作为校舍，
改名为南屏女子中学，增设高中及小学部，正式成为一所有江苏省教育厅
备案的正规中学。该校取名"南屏"，源自杭州景点"南屏晚钟"，寄寓
着师生对杭州母校的深情眷恋，又借"日暮撞钟"以明办学者晚年致力
办学的志向。南屏女中的办学宗旨是培养具有现代知识、进步思想、独立
人格和创造能力的时代女青年。他们很重视聘请名师任教，如沈亦云、夏
丏尊等都是享誉教坛的名师，都在这里任教。[1] 魏金枝是"五四"第一代
作家、诗人，著名的乡土小说家和左翼作家，他在这里任教国文，自然是
对他们莫大的支持。

---

[1] 参见中国人民政治协商会议，江苏省常熟市委员会学习和文史委员会《常熟文史》第 31
辑，2002 年 11 月印刷，第 82—83 页。

　　魏金枝回到上海，对自己任教了10年，使自己度过了生存艰难时期的麦伦中学始终充满情感。而麦伦中学也不愿意失去这样一位名师。因

魏金枝与夫人柯振庭　　摄于文革前

此，1943年下半年，魏金枝又回麦伦中学兼课。1944年，他就在麦伦中学任首席国文教员，而改为在南屏女子中学兼课。然而，当时经济崩溃，物价飞涨，市场萧条，人民生活极其困难。魏金枝尽管在两个学校任职，但还是入不敷出。

　　于是，1945年初，他为了维持一家的生计，又到之江大学兼任国文教授。之江大学（Hangchow University）是一所教会大学，是中国十三所基督教大学之一，由基督教美北长老会和美南长老会在杭州联合创办的。1937年八一三事件后，日军进逼浙江，杭州局势吃紧，之江大学不得不提前结束，师生遭散。1938年，之江大学与沪江大学、东吴大学、圣约翰大学、金陵女子大学合作，设文、商、工3个学院，在上海租界复课。这样，魏金枝的教学生涯从中学跳到了大学。这时期，因为在多个学校任职，魏金枝工作自然很紧张，但他并不懈怠，而是认真做好自己的本职工作。

　　太平洋战争爆发后，美国与日本展开正面交战，为了减轻正面作战的困难，美军对日本占领区展开打击。1945年7月，美国飞机轰炸上海的日本侵略军，但有时也损坏了民用设施，伤及了市民。如7月18日轰炸日军龙华飞机场，上海水泥厂中弹31枚，死亡15人，厂房设备被炸毁。

在这样的情势中，魏金枝又开始了逃难，他带着全家 4 口来到芜湖柯振庭的娘家避难。1945 年 8 月 15 日，日本宣布无条件投降，中国人民经过 14 年艰苦卓绝的抗战，终于取得了胜利。9 月，魏金枝带领全家返回上海，重新回麦伦中学任教，一直到全国解放。

日本帝国主义发动的侵略战争，给中国人民带来了巨大的灾难。魏金枝饱受这种苦难，是当时中国人民深受其害的反映。

五　创作国防文学

随着日本帝国主义侵华罪行的扩展，中华民族面临亡国灭种的空前危机，这种逼人的情势促使中国文坛发生了重大转变。为了抗战救国，在中国共产党的领导下，左翼文学主潮相继被国防文学和抗战文学所取代。魏金枝和其他作家一样，积极投身于国防与抗日救亡运动之中。他一方面认真搞好教学工作，一方面积极参与社会政治活动。同时，他还努力从事小说创作。虽然作品不多，但以其强烈的时代性和独特的艺术形态，显示了魏金枝小说创作的新成就。

魏金枝小说创作的一贯母题，是描写农民的苦难，这时期的主要作品有《土地》和《做肚仙的人》。《山地》通过茂才叔买下了马面山的马鼻子上的那块地后导致家破人亡的悲剧故事，深刻地描写了农民与土地的关系，对农民不幸的命运寄予着深切的同情。小说发表于《现代》1934 年第 5 卷第 1—3 期，1935 年被朱益才选入《当代小说创作选》，但仍然是充满人道主义视角，其风格与以往的创作区别不大。而鲜明地显示其发展变化的是《做肚仙的人》。这篇小说发表在《现代》1934 年第 5 卷第 5 期。1935 年，入选中国小说年选社编选的《1934 小说年选》（普及版）。小说一改以往充满同情的人道主义的主观立场，代之以冷静客观的审视，在同情的描写中侧重的是冷静的批判。小说描写了一个农民在水稻遭遇虫灾后走向装神弄鬼的歧途的悲剧故事：洪焕叔和儿子蹲在稻田里耘禾，发现一根被虫咬了的稻，他用抖擞的手劈开稻芯，发现了青虫，被咬了似的喊起来。他又蹲到别人的田里，分开稻芯看，发现也是一样的，他的手脚就酸痛而疲乏地软下来。他和儿子回去了，在家里闲荡起来，终日唉声叹气。洪焕婶有些不甘心，揩揩眼泪，采了一把白漂子，散在地上，连鸡鸭都不吃了，她绝望了，便坐在地上哭起来，洪焕叔捶她两拳头，她也不反抗。全家人哭起来。洪焕叔为了活下去，就去买了红纸，立了一个牌位，歪歪斜斜写着"王先生"，做起肚仙来了，他们忘记了稻田里的虫灾，洪焕婶整天忙着烧开水接待客人，养得胖胖的。洪焕叔就使用各种手段去做肚仙。但是，到夜里，他们总是做噩梦。客人们将钱放在洪焕叔面前的桌子上，有的说只要能见死人的面，肯饿几天肚子；有的说只要把儿子的病治好，宁可将我的性命去换。秋凉了，生病的人多了，但没钱，都不上洪焕叔的门。因为洪焕叔生意清淡，见林太婆更想儿子野猪。洪焕叔劝她不要常想着儿子，自己也快没饭吃了呢！可是见林太婆就更加动气了，同情似的坐到洪焕叔的面前，她还是要见儿子野猪一面，并偷出见林太公从祠堂里拿回来的鸡头颈做洪焕叔的工钱。见林太公气得全身发抖，挂着龙头拐杖到洪焕叔家里，拿起龙头拐杖向正在做仙的洪焕叔头上打去。小说描写不幸的农民昧着良心将自己的不幸转嫁到同样遭受灾害的人们身上，深刻地揭示和批判了农民的自私自利，与其说同情农民的悲惨命运，不如说是对农民道德缺陷与精神病态的尖锐批判。

尤其值得我们注意的是，小说揭示了中华民族在走向现代化的漫长历程中，迷信与科学的尖锐冲突。这篇小说重点表现了洪焕叔骗人的伎俩，表现了广大民众对迷信活动的深信不疑，显示了民众对于封建迷信的自觉与盲从，反映了中国农民思想上的愚昧和精神上的麻木。魏金枝的描写，不是对这种封建愚昧、麻痹精神、掠杀思想的民间宗教习俗的肯定和赞赏，而是要揭破其骗局，警醒世人。这种描写，既使作品形成了强烈的情绪氛围，又对民众进行了思想启蒙。小说最后写洪焕叔被打和见林太婆终于没有用锡箔换到钱去要洪焕叔作法事，都贯穿着一种批判的精神。

在抗日战争时期，魏金枝除了积极参加各种抗日组织和抗日活动之外，主要是以自己的笔为武器去斗争，较早地开始了国防文学的创作。当他1936年5月在上海天马书店出版小说集《制服》（收小说3篇）之后不久，他的小说《想挂朝珠的三老爷》载《光明》1936年第1卷第5期，《政治家》载《今代文艺》1936年第2期，这都是国防文学。这种艺术描写是魏金枝以往从未有过的，无疑是一种发展。

全面抗战爆发之前，已经出现过抗日小说。九一八事变爆发后，一批撤到关内的作家就开始用自己的笔去描写东北人民英勇抗战的悲壮史诗，代表作有《生死场》（萧红创作于1934年9月）、《八月的乡村》（萧军创作于1935年8月）等小说。同时，关内的一些作家也开始创作这一类作品，如葛琴的《总退却》（原载 1932 年 5 月 20 日《北斗》月刊第 2 卷第 2 期），张瓴的《骚动》（载 1933 年 6 月 1 日《文艺月报》创刊号），艾芜的《咆哮的许家屯》（载 1933 年 7 月 1 日《文学》月刊创刊号），都是描写关于"一·二八"淞沪抗战及东北义勇军抗战的作品，1934 年被鲁迅、茅盾收入短篇小说集《草鞋脚》。尔后，不管是著名的还是没名气的作家，创作这类作品的人很多，如艾龙的短篇小说《想起那个年青家伙》（1934 年 4 月下旬至 5 月 1 日连载于《山西党讯副刊》）描写九一八事变后，爱国青年刘健民因在公开场合宣传抗日受挫便深入农村，在一所两级小学当教员，在课堂上向学生宣传抗日；[1] 而田景福的《一个楼顶上的朋友》（载于《国民文学》1935 年 6 月第 2 卷第 3 号）则是描写了哲学研究生赵守信在平津危机爆发后，不仅将 500 元稿费整数捐赠义勇军买枪支，而且不回山东老家，直接奔赴关外参加义勇军去抗日。[2] 但前者侧重表现的是抗日宣传者，后者表现的是积极投入抗日的举动。

如前所述，魏金枝 1932 年 5 月 5 日创作完成、发表于《现代》1933 年第 4 卷第 3 期的短篇小说《磨捐》，就描写了抗日宣传活动，但小说主要是批判国民党不积极抗日却压迫剥削人民的罪恶行径，揭示的是受压迫受剥削的农民与国民党政府的对立。应该说，这只是一个序幕。抗战遭遇着日本侵略军和汉奸这两大敌人，但早期的作品没有去描写真正的反对汉奸的斗争。魏金枝小说《想挂朝珠的三老爷》在国防文学中则是不可多得的佳作，具有重要的文学意义。这不仅仅在于它是魏金枝"内除汉奸"的一个积极开始，更重要的是它独到深刻地表现了与汉奸做斗争这个主题。在国防文学中，表现反汉奸的作品不少，有一些作品比魏金枝的更早，如芸生的长诗《汉奸的供状》载 1932 年《文学月报》第 4 期上，沙汀写于 1932 年 6 月的《汉奸》载《法律外的航线》，但这些作品都有公式化、概念化的简单处理的缺点。而洪深于 1936 年 9 月 30 日创作的无线电播音剧本《开船锣》[3] 就是国防文学中揭露汉奸丑恶嘴脸的一篇优秀作品，但它不仅晚于《想挂朝珠的三老爷》，而且因文体本身的限制，反映生活也不如后者深广。《想挂朝珠的三老爷》完成于 1936 年 7 月 21 日，

---

① 屈毓秀、石绍勋等：《山西抗战文学史》，北岳文艺出版社 1988 年版，第 152—153 页。

② 同上书，第 154—155 页。

③ 载《电影戏剧月刊》1936 年第 1 卷第 2 期。

1954 年 8 月收入《魏金枝短篇小说选集》，改名为《三老爷》。

　　小说采取倒叙的手法，讲述了"我"在本村当小学教员的堂弟杀死了一个被称为"三老爷"的恶霸汉奸的故事。"我"一大清早，就听见"嘭嘭"的门响，拉开门一看，原来是"我"的堂弟来了。他表情有些异样，先掩了房门，然后颤抖地对"我"说："我犯了人命了，我打死了一个人。"他打死的是三老爷。三老爷，"我"是知道得很详细的，是一个老光棍，但也有些古董。因为他的大阿哥做过一任知县，他是老三，所以人们尊称他"三老爷"。他不种田也不经商，等到半夜里就去偷田里的作物。在日本人来到镇上以后，他就肆无忌惮，大肆烧杀抢掠，以致"我"的堂弟忍无可忍将其打死。这篇小说为我们揭示了一种社会动向：平常品行不端的人在抗日救国的大是大非面前最容易被日寇收买，沦为汉奸，去残害同胞。三老爷的阿哥一死，他就从寡嫂手里抢了一串朝珠，一只玉如意，还有一张皇帝御笔的图画。后来，他想把宝贝献给袁皇帝袁世凯，不巧，袁皇帝不几天就死了。张勋要宣统皇帝登基时，他也忙碌过一阵，可这一趟日子更短，又没有把"宝""献"成。从此，就做起遗民来了。他从不种田也不经商，等到半夜里就去偷田里的作物。九一八事变后，日本人来了，他十分得意，忘乎所以地叫着："哼，也有今朝这一天，天地仍旧倒反转来了，现在日本人保护了皇帝打进来了！"听说一个殷什么的要打进关来，他就改了样子，在白天里出来了，捏着画叉子，戴着红缨帽，腰上缠着黑纹带，在村里四处巡逻了。而且，不再一点一点地偷，而是一偷就偷个够，也不再是晚上去偷，而是公然在白天明目张胆地偷割人家的麦穗，并公然挑到城里去卖。因为得到日本人的扶持，他偷了村民们的作物后还把剩余的作物糟蹋掉。一天，他又到城里去了，村里的五六个人便乘机闯进他家，在大木柜里发现了三把斩马刀、一柄剑，还有一包火药、一箱油和一个大藤牌。晚饭后，他回来了，发现木柜被人撬过，为了报复，又放火烧了农民的屋子，等大家发现赶来时，他却一手捏着那藤牌，一手操着一柄烁亮的斩马刀，绕着火场乱转，见一个砍一个。

　　很显然，三老爷如此丧心病狂，是因为他投靠了日本人，做了汉奸，有恃无恐。而他之所以投敌，是因为他一向为非作歹，品行恶劣。这种人没有是非，最容易认贼作父。因此，魏金枝写这个三老爷被除掉，实际上是描写了人民被逼出来的抗日情绪和除奸行动，深刻地反映了 20 世纪 30 年代中国农村的社会现实。除掉了一个三老爷，就是除掉了一个投敌的汉奸。小说的题材则是特殊的，显示了魏金枝小说的新气息。

《政治家》是一篇短篇小说，载《今代文艺》1936年第2期，小说描写了一个政治上脚踏两只船的故事。其基本情节如下："我"对政治不感兴趣，所以"我"的朋友中在政治上运动的人也就只有一位同乡张先生。张先生则在上海和广东之间奔波着，也常到"我"的家里来喝酒谈天。他这样奔波到底有什么使命呢，"我"也不清楚。问他总是打马虎眼，转移话题，但他常常用××执行部，以及×××总部的信封写信。"我"几次写信试他，还是失败了，不但不知道他的政治使命，连他所属的机关也不清楚了。他的经济也是一个哑谜，不负责实际的政治使命，但他的经济很宽裕。一到上海来不是住东亚旅馆，就是住新亚酒店。出门总是坐汽车。因为对他不了解，就更激起了"我"试探的兴趣。今年春天，"我"急需一笔款子应付，去向他借，他答应晚上八点将"我"要借的一百五十块钱送来，可还没到七点，他就拖着手杖来了，把钱给我，还问够了么？一个月前，"我"刚好有了一笔钱可以还掉他的那笔债务，一个星期六的下午，"我"到他的旅馆去还钱，他告诉"我"，不再到广东去了，他不赞同那方面的行动。"我"还给他钱时，他要"我"帮他做一件事，他要把一笔钱放到"我"这里代他收着。"我"收了他的钱，向他要一个寄钱处，他却说要等他通知，他要再看一下时势，即使寄也不是直接寄过去，那边有一个朋友代收。"好神秘哟！""我"慨叹地说了出来，冷笑着，他拍拍"我"的肩膀，送"我"出来，辩护似的说着："生活，为生活吓！"小说通过刻画张先生这个艺术形象，向人们提出了一个重要问题：在抗战中，是像那个张先生一样，为了生活就出卖自己的良心去做汉奸呢，还是坚持自己的爱国立场，坚定不移地去抗战呢？应该说，这篇小说反映了魏金枝艺术的敏锐性。

1939年，魏金枝创作的《王太太的挣扎》[1]，也是一篇揭露批判汉奸附逆的小说。小说的故事是这样的：邻居王太太四十五六岁，本来生得不瘦，抗战一起，王先生买卖废铁，发了一点国难财，便用起娘姨，自然更加发福，据她自己说因为天天娘姨的气，所以肚子拱起来。王先生攒了钱，雇娘姨，娘姨们则在背后议论他，娘姨不但偷东西，还偷王先生，常常眉来眼去，这使王太太很生气，叫她们滚蛋。可是，后面雇来的娘姨还

---

[1] 载《鲁迅风》1939年第14期。

是反对王先生、反对王太太。这些娘姨不仅骂王先生是汉奸，还会联合邻家的娘姨一同为难她。这一来，王太太的肚子就更加凸起来了，她发誓不用娘姨。可当她去买菜时，那些被她判了死刑的娘姨们总出现在菜场，不给她好脸色看，和同伴们有意无意地说这话，什么汉奸的老婆、老母猪等，有的还故意撞她、吓她。后来家人背着她请来了娘姨，她不便反对，可是他们也说王先生的秘密。每逢她出门，邻人们都在指指点点的，一等她走近，就都放下脸，背转身，用屁股来欢迎她。孩子们还把王先生编成一首山歌，咿呀咿呀地唱。于是，王太太终于决定，还是在家里沙发上躺躺，肚子要大就随它去大；就是王先生要讨小老婆，也只得随他了。这篇小说显然还是一篇反对汉奸的小说，着力描写王先生做了汉奸之后给王太太所带来的身心影响。王先生做了汉奸之后，不仅受到邻居的鄙视，而且连家里请的娘姨也很鄙视她，这使她与娘姨们矛盾频发，屡屡换人，却屡屡不如意。小说用一种幽默揶揄的喜剧笔调，透过琐碎的叙述和描写塑造了一个住在上海弄堂里的小市民形象，具有较强的艺术感染力。其细腻的笔调，强化了喜剧性的意味，增强了讽刺效果，也成为这篇小说一个鲜明的艺术特色。

　　与这种描写除奸抗日不同的是《羞明》①。这篇小说描写和歌颂了父女两个前赴后继奋勇抗日的英雄故事。1942 年春天，上海沦陷后，"我"回到故乡避难，日本鬼子也立马跟到了。于是游击队、义勇军和自卫团等就汹涌而起。大概是中元日的前几天的晚饭过后，隔江"哒哒"地响起了机枪，我们的"同志"拔脚爬上了后山，我们也跟着爬上后山。一个月清风轻的晚上，"我"看见一个同志，坐在一块坟墓的墓碑上，用手掌搁在眼上，专心致志地在看。这是一个秃顶的斯文的老人，穿着灰军服，"我"问他是害了眼吧，他说是一种病，叫羞明。"我"说为什么要这样呢？他说是在练习，就像小孩子学走路，他说不但学走路，还学做人。他说："我厌恶我那良心。它害了我的眼睛，还害了我的女儿。"于是，他讲起他如何误会女儿，自己的眼睛如何变瞎的。他详细地忆述了女儿小凤为了抗日如何去应付那些保长、警察，如何与青年学生一起组织抗日活动，自己如何误会、气愤，以至关在黑暗中不出来，直到最后女儿被日本鬼子抓走，自己受到殴打醒来才弄清是怎么一回事，可这时眼睛已经坏

---

① 1945 年 3 月 22 日创作，1946 年收入魏金枝自己主编的《新生篇》。

了。但他说女儿给了他一种力量，一种勇气，他感到骄傲，所以开始了练习。夜深了，那群同志要转移了，这位害眼的同志，也就只和"我"握了握手，慌慌张张地预备走路，"我"甚至连问问他怎样加入军队的机会也没有，只得在他背后喊道："练习练习吓！同志！"显然，这篇小说歌颂了抗日英雄，展示了中国人民前赴后继的抗日斗志，也表现了抗战必胜的坚定信念。这不光在魏金枝的创作中具有重要意义，就是在抗战后期文学中也具有不可忽视的价值。

在早期抗战文学中，魏金枝用自己的笔去揭露批判汉奸的丑恶嘴脸，讴歌抗日英雄，不仅体现了强烈的社会责任和爱国情感，而且表现了比较独到的文学眼光，自然也反映了魏金枝小说一贯的审美特征。

六　散文追忆

从前面的文字中，我们可以看出，魏金枝以前不是以写诗为主就是以小说创作为主。但是，我们不能忽视他的散文创作。魏金枝的散文创作开始于"五四"时期。1920 年发表的《经济与生活》《可痛的都市生活》，1922 年发表的《工人的借鉴》以及《旧社会底文明》和最初关于男女恋爱论争的文章，都是散文。这时期以议论性散文为主，艺术散文较少。总体来说，他在"五四"时期的散文只是一个揭幕，直到 20 世纪 30 年代中期，才有意识地花精力去写一些散文，显示了魏金枝创作的新动向，值得我们去关注。

魏金枝的散文主要有两类：一是《再说卖文》《分明的是非和热烈的好恶》① 等议论性散文。在左翼文艺运动中，《鲁迅风》杂文兴起，魏金枝和陈望道、郑振铎、王统照、许广平等一起，给予了热情支持。这一类散文前面已经涉及了，毋须赘言。二是艺术性散文，以记叙散文为主。例如《过磅》②《潮海老伯那一辈》③《故乡风光》《色相种种》④，以及《"的笃戏"小史》等。这一类散文值得探讨。

---

① 载《芒种》1935 年第 8 期。

② 载《第一线》1935 年第 1 期。

③ 载《文艺画报》1935 年第 1 卷第 3 期。参见刘家思《新发现的魏金枝几篇诗文考论》，《中国现代文学研究丛刊》2013 年第 9 期。

④ 载《第一线》1935 年第 1 卷第 4 期。

整体看来，这些散文具有很深的自身记忆和故乡情结，主要取材于作者自己或所熟悉的故乡生活，通常以记叙作者自己的生命历程中的所见所闻为主，或回忆自己的过往生活，或记述故乡的人事，或忆念自己的亲人，充满着浓郁的乡土气息，显示了朴实的艺术风格，艺术成就较高。《潮海老伯那一辈》是回忆故乡生活的一个代表，这里回忆和缅怀了潮海老伯的英雄和侠义行为，又回忆了自己少年时代的生活，也描写了故乡的演戏风俗和淳朴热情的民风。对有着英雄情怀和举动的潮海老伯充满敬仰，对他的上吊自杀也充满着感叹。《故乡风光》叙述的是故乡经济萧条，民众穷困的现实景象，对腐朽的社会予以了批判。《"的笃戏"小史》是对越剧初创时期在其故乡演出的回忆与探讨。应该说，在思想上，这些作品融注了作者对故乡民众艰苦生活的同情。

这些作品对故乡淳朴的民风、民众崇高的人格、坚忍的人生态度和乐观主义精神予以了礼赞。魏金枝总是在一种生动的描写中予以表现。请看：

> 那时节，我大抵已经有五六岁光景，虽然帝国主义者已经进攻到中国来，然而从我们儿童的眼光看来，乡村还是完好的。只等秋作一收，麦子下了种，继此而来的都是快乐的日子了：做年糕呀，打糖呀，磨豆腐里线呀，其余一空闲，就是农人们喷黄烟，晒太阳，又对着太阳打喷嚏的日子。然而顶主要还是请班子做几夜戏，那才是真真的好消遣。倘使有兴往各村的戏台下去走走，那末只要你有一副能咀嚼的牙齿，和藏得下油腻的胃，再加上一双能走路的脚，一个藏黄烟的烟荷包，然后跟着戏班子，一村一村的跑过去，吃过去就是了。当你跑到戏台下，一碰到这村子里的熟人，那主人是断不会放过你的。就没熟人，那也无须着急，只要去跟在大群被拉的客人后，包你可以寻到一个好客的主家。既找到了主人，主人自然会客客气气的拿出满桌的菜蔬来供奉你，那甜甜的新酒，总是"崩东""崩东"地从酒缸里添出来。这么的吃得既醉又饱，于是主人会照例泡出出了气的茶叶茶，又拿出一只黄烟蓝，由你自己去盛一点烟，然后又向客人们道歉，请客人仍旧宿到他们家里去。这时候，一盏灯笼已经点好，于是又开始去看个人的戏。

　　这是《潮海老伯那一辈》中的一段描写，展现了浙东乡村晚清末年时的景象。虽然村民们遭受到了封建统治阶级和帝国主义的双重压迫，但是还是坚忍地生活着。秋收后，麦子播种了，大家就过着快乐的日子：做年糕、打糖、磨豆腐里线、请班子做几夜戏，这种浙东农民的秋冬生活洋溢着快乐的气氛，将那种生活的艰辛与疾苦赶得远远的，显示了乐观主义的态度。正是这种乐观主义精神和坚忍的生活姿态，因此这里的民风清淳，人际交往非常热情友好，四处如家。显然，这种优美的人生形态，充分显示了浙东乡村世界中人性至真至纯，人情至浓至深，与沈从文笔下的湘西世界中的人情世道相比，也并不会逊色。

　　这些散文，在思想上还有重要的一个方面，就是对世俗人生日常生活的价值取向进行思索与追问，从而使作品的思想意义得到了拓展，甚至染上了人生哲学的底色。正是这一点，使魏金枝的散文常常有一些议论的色彩。《色相种种》表现得很鲜明的，应该说是毋需赘言的。

　　魏金枝的散文，无论是记人叙事，还是议论描写，都很真率、深挚，充满情感，具有强烈的艺术感染力。从《再说卖文》到《潮海老伯那一辈》，还有《故乡风光》都显示了这种特点。他往往融情于景，事由境发，以物寄情，不仅境界自然清新，诗意浓郁，还在质朴的叙事之中创造诗情画意，具有很强的审美价值。

第五章

上海文坛的老作家
（1945. 9—1949. 10）

1945 年 9 月，魏金枝再次回麦伦中学任教，直到全国解放。本来，日本帝国主义无条件投降了，民族解放战争获得了最后的胜利，中国人民应该从此摆脱战争的灾难，国家应该恢复重建，民族应该谋求复兴。但是，当人民有了短暂的欢歌笑语，刚刚对生活重新燃起了希望之火的时候，苦难的中国又遭受了一次重大的劫难。国民党反动派出于一党独裁的政治利益，发动了第三次国内战争，疯狂地对共产党所领导的根据地进攻，破坏了国家来之不易的和平和安宁局面。在这样一个黑暗与光明搏斗的时期，魏金枝站在要和平、要民主的行列，用自己的笔对国民党反动派进行了积极的斗争。

一　编辑文学书刊

1945 年日寇投降之后，上海进步文艺工作者立即组织起来开展进步文艺运动。12 月 17 日，上海成立了中华全国文艺协会上海分会，魏金枝参加了这次会议。从此，他参加了该协会组织的一系列活动，自觉地融入到民主斗争中去。抗战时期，上海沦陷，一些刊物大多都是由汉奸把持的。抗战胜利后，进步文艺界积极开展反对汉奸、肃清附逆文人影响的活动，建立文艺阵地、出版文学书刊就成为一个非常急迫的任务。魏金枝此时在任教之余，积极投入到书刊的编辑之中，为进步文艺运动开创阵地，培养人才。

1946 年 1 月，魏金枝主编了综合性纯文学刊物《文坛》月报。这是抗战胜利后上海较早创办的进步刊物。据丁景唐口述，是由他出面争取原先出版《小说月报》的联华广告图书公司的总经理陆守伦的结果。他和王楚良、林淡秋商量，邀请老作家魏金枝当主编，陆守伦做发行人，由丁景唐具体负责编辑、组稿、校对、印刷甚至设计、广告等事。他说："这个刊物得到文委部门诸同志的支持，较好地贯彻了党领导的文化统一战线的方针。"①

　　为了办好这个刊物，他们向社会广泛征稿。陆守伦在《创刊辞》中提出："为一切爱好文艺、从事文艺工作者而服务，当然不分宗派，不分门户，也不问作者本来有无地位，唯当以其作品能否补益于人类及国家为前提"。显然，他们在社会上广泛组稿的目的有三方面：一是主张纯文艺，突破了政治束缚；二是要发现人才，培养青年作者；三是"从作品中看出作者的思想倾向，给党组织输送新鲜血液"②。因此，在《文坛》月报上发表作品的，既有上海本地的

1946 年 1 月，魏金枝主编的综合性
纯文学刊物《文坛月报》

作家夏丏尊（评论《读〈清明前后〉》）、戈宝权（《罗曼·罗兰的生活与思想》）、刘大杰（散文《忆李劼人》）、林淡秋（小说《伤兵母亲》）、函雨（即王元化，小说《舅爷爷》）、袁水拍（论文《为人民的与人民所爱的诗》）、方晓白（即满涛，小说《生产的故事》）和董秋斯（《关于〈士敏士〉》）等；也有大后方的作家艾芜（长篇小说《落花时节》、散文《聪明的皇帝》）、沙汀（小说《访问》）、路翎（小说《人权》《俏皮的女人》《幸福的人》）、胡风（论文《答文艺问题上的若干质疑》）和舒芜（散文《买墨小记》）等；还有解放区的作家刘白羽（小说《发亮了的土壤》、散文《从〈荷兰之家庭〉想起》）、周而复（小说《地道》）、杨朔（小说《风暴》）、胡征（诗《好日子》）以及张水华、荒煤、杨文、姚时晓（合写的话剧剧本《粮食》）等。从发表的情况来看，他们偏重创作，

---

　　① 丁景唐口述，朱守芬整理：《我的文艺编辑生涯（1938—1946 年）》（下），《档案与历史》2003 年第 4 期。

　　② 同上。

以小说为主，散文次之，其次是诗歌、戏剧。作为主编，魏金枝自己发表了小说《苏秦之死》《关不住了》《死灰》。编辑丁英（丁景唐）发表了散文《灯》和诗歌《欢迎的期待》等作品。这些作品，虽有历史题材，但以现实题材为主，既反映了抗战胜利后国统区各阶层人民有增无减的痛苦和不幸，又反映了人民群众对和平民主的呼唤，还表现了敌后游击区新人的成长。

　　魏金枝尤其重视推出文学新人和反映抗战与解放区生活的作品。《文坛》月报不仅发表了很多文学新人的作品，而且十分重视推出这些新人。如第 3 期发表了萧蔓若的小说《冷老师的倔强》、项伊的报告文学《大年夜》。魏金枝在《编后》中这样指出："这期有新人萧蔓若的《冷老师的倔强》，报告方面有新人项伊的《大年夜》，均值得一读。萧君的风格，颇似沙汀先生，而项伊君的风格，亦活泼爽利。努力写作，将来都会有前途的。"这既是推出文学新人，让读者去了解和重视他们，也是对这些新作者的鼓励。魏金枝自己的经历告诉他，一个文学新人是期望得到别人的提携的，这正是他以己推人的举措。当时得到他帮助的徐开垒后来回忆说："那时，他在上海麦伦中学教国文，在学校里很有威信，这不仅是因为他早年写的小说，曾被鲁迅先生编入《中国新文学大系》的小说集子中，还由于他是多年执教的老教师，富有教育经验；上课教书和批改作文，都能讲得出一些道理来。大概 1946 年秋天，我曾为一篇文章去请教过他，我发觉他对鲁迅小说的理解是很深刻的。"[1] 这正体现了魏金枝对文学新人的关心。

　　同时，对于反映抗战和解放区生活的作品，魏金枝也非常重视。《文坛》月报不仅刊登了刘白羽、林淡秋描写敌后游击区新人成长历程的小说、严文井的散文，还发表了张水华、荒煤、杨文、姚时晓合写的反映游击区人心所向的话剧五幕剧《粮食》的序幕和第一幕。"这些作品给上海沉闷的文坛带来了清新的空气、战斗的气氛和奋斗的勇气"[2]，魏金枝充分肯定这样的精神取向，并加以推荐。他在第 3 期的《编后》中特地对

---

　　① 徐开垒：《滴尽了油的板鸭——回忆魏金枝》，后收入《圣者的脚印》，浙江文艺出版社 1984 年版，第 109 页。

　　② 丁景唐口述，朱守芬整理：《我的文艺编辑生涯（1938—1946 年）》（下），《档案与历史》2003 年第 4 期。

该期发表的《粮食》加以推介："《粮食》一剧，在北方颇为风行，取材风格，多和此时此地，有点异样，特为介绍，以广眼界。"由此我们可以看出魏金枝的编辑取向。

本来，1946 年 1 月 10 日，由张群、周恩来、马歇尔主持的三人军事委员会达成了停战协议，政治协商会议在重庆开幕，通过了《和平建国纲领》等议案，给中国的民主政治带来了曙光。可是，1946 年 3 月，国民党政府在美帝国主义的支持下，撕毁政协决议，发动全面内战。在这种形势下，上海不少刊物先后停刊，《文坛》月报也遭夭折了，《粮食》一剧自然没有登完。

此外，1946 年 4 月，魏金枝主编了《现实文艺丛刊》第一辑《新生篇》。该书 1946 年 5 月 10 日由上海中国文化投资公司出版发行。据王元化称，《现实文艺丛刊》是他与林淡秋、冯雪峰、满涛合办的。全书收《恐惧及其他》（雪峰）、《范纯瑕老师》（沙汀）、《羞明》（魏金枝）、《残雪》（萧岱）、《残废人手记》（函雨）、《夫妇》（晓白）、《新生篇》（林淡秋）等几篇作品。除雪峰写的《恐惧及其他》是杂感外，其余均为短篇小说。这些作家，几乎都是以前在《文坛》月报上发表过作品的。不知何故，《现实文艺丛刊》就只出这一辑。

魏金枝 1946 年 4 月主编的
《现实文艺丛刊》第一辑《新生篇》

1948 年，魏金枝还协助主办《现代教学丛刊》。这是由现代教育社编辑，俞心愈出版，上海华华书店发行，1948 年在上海创刊的专业教学期刊，叶圣陶、蔡尚思、江问渔、周予同等著名教育文化界人士领衔撰稿。在该刊第三辑的"读者、作者、编者"栏中，编者说："'现代教学丛刊'是一份穷刊物，由几个兴趣相投的教育工作者共同凑了钱来办的"，"希望我们的读者，来帮助我们，假如认为本刊值得一读，则请为我们多多推销介绍"。可见，这是一本自费出版的杂志。魏金枝给予了力所能及的支持与协助。他是该刊的主要撰稿人之一，先后刊发了《文章解剖》《从国文科看复古》《同义字的功用》等文章。

二　倡导暴露与讽刺

由于日寇长达 14 年的入侵，中华民族遭受到全面蹂躏和损害，河山满目狼藉，社会一片疮痍，经济崩溃萧条，民族生存和发展的现实根基被全面摧垮。抗战胜利后，国家重建，民族复兴，经济恢复，社会发展，迫切需要一个和平的良好的社会环境。同时，日寇入侵收买了大量的汉奸，肃清这种流毒，也是一个重要的任务。然而，抗战胜利后，国民党反动派不是想方设法重建国家，复兴民族，而是要打内战；出于专制政治的目的，在肃清汉奸逆流中也玩弄手段。于是，一片阴霾又笼罩在中华大地上。在这种黑暗的现实面前，揭露国民党反动派的阴谋，批判社会的丑恶现象，就成为进步作家应该担负起的社会责任。

魏金枝积极倡导广大文艺工作者自觉地挑起时代赋予的责任。他不仅指出了创作是每个文艺工作者的主要任务，而且指出文艺离不开生活，"而生活又必须有其向上和斗争的性格，才能在文艺作品中，反映出作品的灵活的健康性"，从事写作不是一种消遣。他说："我们的所以必须具着这一忠实于文艺工作的基本要求，打个比方来说，也就是用以解剖的刀，用以烛照的灯，用以分析的化学药品，只用以解剖烛照分析围在我们周遭的现实生活，于是捡取了这许多现实生活中的若干点线或场面，作为写作的题材，而其实也就是我们文艺工作者生活意志的表现，却并不是运用我们矫揉造作的某种空泛的概念。"① 因此，他主张文学创作要暴露。他说：

　　暴露别人的隐私，原不是一种美德，然最怕别人予以暴露的，却也就是做了不可告人之事的人。因之我以为，倘这不愿出之于一种羞惭的心理作用，而且具有悔改之意，则大可不必予以暴露，因为这样既可予人以自新之路，而为自己也长了忠厚之气。不然，则那些不愿别人予以暴露的人，正准备着在别人不知不觉中，永远的做下不可告人之事，则我的忠厚，反而作为恶人恶德的遮掩物，就等于自作

---

① 魏金枝：《文谊的主要工作》，上海文艺青年联谊会编印《文艺学习》1946 年第 2 期。

自受。

其实，由于准备悔改，而不愿别人予以暴露的，这样的人是很少的。即使有，他也应具有一种大无畏的精神，——以往种种，譬如昨日死，而创造一个崭新的今日。所以孔子有云，知耻近乎勇。勇气越大，改之也就越加起劲，不然，逡巡畏怯，也未见得便会回头。为了这个理由，则别人的暴露，反是一种强有力的压力，可以使那些逡巡畏怯的人，因为无处可以隐遁，不得不显露了原形之后，因而改换面目。这样，在我而言既可化私德为公德，在人而言，也可在社会压力之下，大家走上完善之路，还有什么不是可言。

然而那些不愿别人揭开丑恶的人，却是这样之多，有的正是那些做下丑恶的人，正是出门不肯识货，满想把自己责任，推出不管；有的便把那些作恶的人，放在一边，只劝多嘴多舌的，默尔而息，好像这样，就可以成全别人的私德，而为作恶的人，开一条自新之路。其实，倘使这只出于一种天真的观念，则作恶的人，自会躲在他的身后好笑，因为他们正为这类愚笨的（堂）吉诃德，做他们的遮掩。不然而出之于有意呢，则自然是帮凶。无非由于一种兔死狐悲的心理作用，唯恐别人的暴露，由甲而乙，由乙而己，不得不事先布置一下，以免自身遭殃，于是而假其名曰维持风化，实则只为自己打算而已。[1]

魏金枝不仅提出，别人的暴露，是一种强有力的压力，可以使逡巡畏惧之人，因无处可以隐遁而显露原形，改换面目，既可化私德为公德，也可在社会压力之下，大家走上完善之路。在他看来，在一个专制黑暗的时代，文学必须担当起揭露的责任。他的《文章曲直——论孔老夫子和司马迁》通过论述孔夫子和司马迁运用曲笔的写作方式，不仅指出他们"正为我们活在专制时代下的文人，闯开一条狭隘曲折的后门，可以稍稍记取一点点当时所不能发泄的牢骚"，而且指出"再也是不能再曲的了。再曲下去，恐怕还是应该不写的妙。"在他看来，在一个黑暗专制的时代，如果只是习惯于用曲笔，那就不如不写。实际上，这是对文学界不敢直接揭露批判黑暗的现实而进行的批判。

暴露与讽刺如一对孪生兄妹，是紧密联系在一起的。魏金枝也充分地

---

①　魏金枝：《谈暴露》，《海风》1946年第22期。

认识到了这一点。他主张文学要进行讽刺。他论述了讽刺的特征和必要性：

> 讽字从言，刺字从刀，连弄一气，就是说其言为刀。于是父兄教其子弟，不说"莫道人之短"，便以为"沙砾之伤，甚于矛戟"，叫子弟们莫要嘴快。既伤忠厚，又积怨毒。而在历史上面，也多有因为口语小过，犯了杀身之祸的，可见父兄们的劝诫子弟，自有其理由。
>
> 不过，要断绝讽刺的来源，应从两方面来说，讽刺别人，固非美德，然而顶要紧的，还在于被讽刺者自己，不造作可以使人讽刺的事实。进而言之，倘使造作了矛盾丑恶的事实，而至值得别人加以讽刺，则讽刺者虽然似欠忠厚，但为着矫正矛盾，或者祛除丑恶，于人与社会，似乎都有其必要。断不能因为畏罪远祸，默尔而息。因为这样，便要造成一种只扫门前雪恶习，而结果仍不免于连自身也仍遭其殃。以故，为了捍卫自身，讽刺也自有其必要。
>
> 所以拿比方来说，讽刺只是一面镜子。这镜子，他可以使我们看见自己脸上的真相。至于你脸上的丑恶，那是你自己的事，根本和他无关。断不能因为他告诉了你脸上的丑恶，便摔破镜子。而摔破了镜子，你脸上的丑恶，也仍然存在，别人仍可以用两只眼睛，看见你脸上的丑恶，到了这时，若要别人也不说你脸上的丑恶也不看见，除非把天下人的眼睛，完全擦瞎。然而即使完全擦瞎了，丑恶也仍然在你的脸（上），而这被容忍的丑恶，倘使他会开口说话，也定会跨在你脸上，发出讽刺："这个可笑的呆子。"
>
> 然而人们之于丑恶，却完全取了这样的态度：我不要他，也不要别人来指出他。自然，这时的丑恶，也笑得更起劲，因为他已因此而存在，自且存在得更有把握了。①

在魏金枝看来，讽刺虽似欠忠厚，但为了矫正矛盾，祛除丑恶，必须进行讽刺，不能因为畏罪远祸，对于那些社会中的丑恶默尔而息。讽刺是一面镜子，可以显露丑恶的真相。一个人本身是丑恶的，并不因为没有别

---

① 魏金枝：《讽刺是一面镜子》，《海风》1946 年第 21 期。"这个可笑的呆子"前面的冒号，原文为感叹号。

人的讽刺就不存在。即使文学家不讽刺，只要有了丑恶，别人还是会看到他的丑恶的。因此，一旦产生了可以使人讽刺的事实，文学家就必须拿起讽刺这面照妖镜，使其暴露原形。这样对人对己，以至对社会，都有好处。

20世纪40年代，文学要不要暴露，要不要讽刺，文学应该如何发展，虽然曾经在中国文坛曾经发生过论争，但暴露和讽刺成为一种主要的文学潮流。魏金枝不仅提出了理论主张，还先后在《时代日报》的副刊《星空》《新生》上发表了大量的杂文，揭露了国民党当局发动内战，包庇汉奸，镇压民主运动的罪恶，也批评了社会上种种丑恶现象，产生了强烈的社会反响。后来结集为《时代的回声》出版。他说："从1946年到1948年这十足的两年里，上海有个以苏商名义出版的时代日报，时代日报上有个文艺性的副刊。我和这个日报的编辑同志有些渊源，他们叫我为这个副刊写些短小的杂文。我不但奉命而行，而且有始有终地写了两年，直到这个日报被逼停刊为止。虽然每篇最长不过一两千字，最短的只有五六百字，但日积月累以后，居然写了十多万字。"①《时代日报》1945年8月16日创刊于上海，初名《新生活报》，9月1日起改名《时代日报》，姜椿芳担任总编辑，编辑部有林淡秋、陈冰夷、叶水夫、许磊然、满涛、陆诒等，多为中共地下党员或进步文化人士，但为减少国民党新闻检查机关的干扰，以苏联商人匣开莫为发行人。他们采取综合改写、来函照登、把重要新闻插入简讯中等多种编辑手段，向读者宣示抗战胜利后中国共产党的主张，及时报道工人、学生运动和解放战争的进展情况，揭露美帝国主义和国民党蒋介石相勾结以维护其反动统治的罪行。该报设置了多种副刊和专栏。1948年6月3日，被国民党当局以"歪曲军情""鼓动学潮""扰乱金融"等罪名查封。魏金枝在这里发表的一系列的杂文，是20世纪40年代讽刺文学创作潮流中的重要收获，呼应着抗战以后国统区文学的主潮，对于当时的暴露与讽刺文学的发展，起了重要的推动作用。

三　启迪儿童

魏金枝的主要工作是从事中学语文教育。这份工作使他对儿童的成长

---

① 魏金枝：《自序》，《时代的回声》，新文艺出版社1957年版，第1页。

教育十分关注。儿童文学是少年儿童接受教育的一种重要的途径，尤其是在上海这个大城市的教育工作中，儿童文学尤其受青少年的青睐。这使魏金枝对儿童文学创作非常重视，他从 20 世纪 40 年代起，就开始了儿童文学的创作。这时期，他创作了《家庭乐园：卡通画片的秘密》《狮子的尾巴》等作品，从此成为我国重要的儿童文学作家。

《卡通画片的秘密》是一篇科普散文。他在简述了放电影之前加映的各种卡通片的各种形式之后，就说："小朋友们！我且把这种'卡通画片'的原理，解释给你听。这是一件有趣而复杂的工作。你一定高兴着要知道这个秘密的。"于是，他就告诉小朋友：

　　这种"卡通画片"是无数张画片组成的，短短七八百尺的胶片，映出时候也差不多十分钟左右，在你觉得好像很快就完了，其实，卡通制作的人们，已经要画了一万张以上的图画，现在画那有声音的卡通画片，总要超过两万张图画了。

　　你在影片上看见一个卡通画片里的人物举一举手这个动作，卡通作者已经为此而给画了十张左右的图画了。小朋友们！你们看见过做影片的胶片没有？那是长而狭的一条胶片，那胶片上有一格一格的小影片，连续地在放映机上放出来时，便成为了一种动的影片。这卡通画片便是要把每一个小格影片画一张图画，这一张图画与下一张图画只相差一些，一张图画一张图画接下去，便成为动的了。比如要画一个人举起手来，第一张便画一个人举起手来，第二张画得举得高一些，第三张画得举得再高一些，第四张再高一些，第五张更高一些……画了十多张手便举起来了。这样一张一张地撮在胶片上而在影片放映机上放出来时，便好像活动起来！

　　小朋友们！当你们懂得了上面的解释之后，你们一定还要提出一个问题！"那么，说话的声音从什么地方发出来的呢？"

　　小朋友！这声音是画成了画片以后，再由人在旁边配音配上去的。画卡通的人们在画的时候便计算了音乐一节拍要多少张图画。依了这种计数便把卡通人物的动作合上了音乐的节拍，画说话的动作也是这样，先计算了说话的时间及画片数目，再画成而撮成了影片，然后配上声音去，配声音的时候，一面在银幕上映演着那已经完成的无声的影片，一面在收音机前，许多人都看着银幕上的动作，而说话的说话，奏音乐的便奏音乐，收音完毕后，便是一部卡通完成了。

在这简短的篇幅里，作者用简练而与儿童的思维十分贴近的语言、口气和节奏，系统而全面地介绍了"卡通画片"的制作过程，使儿童对卡通片创作有完整清晰的了解。

《狮子的尾巴》①是魏金枝儿童文学中的名篇。这篇寓言1946年4月1日发表于《少年世界》。南蛮献给夜郎国一只狮子。这是第一只到夜郎国的狮子。以前，夜郎国人没有见过狮子，从狮子进入夜郎国的那一天起，沿路人山人海，挤着去看狮子。当时有一个画家，想画下狮子的真容，但因为南蛮是把狮子关在笼子里送来的，笼子三面钉着板，只有一面留着木栅，可以看到狮子，夜郎人看着狮子，狮子也看着夜郎人，但人们看不到狮子的尾巴。画家远远地看了几天，看清了狮子的面貌，但还是没有看到狮子的尾巴。过几天，狮子送进王宫，仍被囚在笼子里，面对着木栅。王宫里的太监开始也想看清狮子的尾巴是什么样子，但因为不敢走近去挑动狮子，久而久之就忘了这事，狮子也永远是这么个架势，直到死，还是以这么个架势埋在土里。所以，王宫里谁都不知道狮子的尾巴是什么样子。画家还是留心狮子的尾巴，有一天碰到一个太监，就高兴地向他打听起狮子的尾巴。太监支支吾吾半天说不清楚，涨红着脸，画家以为他卖关子，就请他吃饭，要他说出狮子尾巴的形象来。太监就说，狮子的相貌就和一般人叫的狮子狗的形象一样。画家信以为真，跑回家去，把画上的狮子画上了一个扫帚般的尾巴，而这尾巴，又和狮子狗的尾巴一样，笔直地竖在屁股上。这就是现今旧式画上狮子的形象。其实，狮子的尾巴，只像大鼓的鼓槌，在长瘦的尾端，有着球样的一团毛，和画上画的完全不同。

这个寓言故事，深刻地告诉儿童朋友两个道理：一是道听途说是极容易犯错误的，进而告诉少年儿童，事情必须是自己耳闻目睹、亲身经历的，才可相信，以讹传讹是人们常犯的错误。二是急功近利，往往容易受骗上当。如果急功近利，就容易盲从不实之词，往往会犯下贻笑大方的错误。显然，这个寓言故事具有很强的教育意义。同时，这故事还传播了文化知识。

---

① 魏金枝：《狮子的尾巴》，《少年世界》1946年第1卷第1期。

对儿童的关爱和教育，使后来魏金枝的创作发生了很大的变化：不仅创作儿童文学作品，而且一些成人小说也带有儿童的特征了。

四　咏物抒怀

抗战胜利后，中国本来应该恢复以往的正态和平静，但国民党的独裁和专制统治，使中国人民还是处于黑暗之中，人民并没有摆脱苦难的生活，这使魏金枝产生了很多感触，使他的散文还呈现了新的风景：写景咏物、记事抒情以及揭示人生哲理。虽然数量不多，但艺术成就较高。主要作品有《人生的启示》《关不住了》《种树》《笋炒肉》以及《客气》《野猪》《养鸡》等作品。综合起来看，这些散文从思想内容上主要包括如下几个方面。

一是反映抗战胜利后，在国民党反动派独裁统治下民不聊生的情景。经过日寇的蹂躏，中国人民遭受了巨大的创伤。抗战胜利后，本来正需要休养生息的时候，可是腐败的国民党又发动内战，肆意抽丁，税捐多如牛毛，广大民众生活在水深火热、饥寒交迫之中。魏金枝的散文就深刻地揭露了这种现实。这在《笋炒肉》《客气》《野猪》和《死灰》等作品中有了惊人的描写。1949 年发表的《笋炒肉》，以作者家乡的隐语"吃笋炒肉"为题，是因为当年新四军三五支队在江南的时候，在春末夏初里常吃笋炒肉，因此之故，凡是投入三五支队的，便叫作"吃笋炒肉"。在老百姓看来，够得上吃笋炒肉，便有人生无上的幸福，原含不胜艳羡的意味在内。"说起笋炒肉，在先前，原不是怎么难得的东西。因为，笋到处都有，肉也不怎么难得。"可是，新四军走以后，在国民党的黑暗统治下，吃笋炒肉就成为一种享受了。他说："然而在如今，笋炒肉已经成为人人艳羡的名菜了。那理由也是很简单的，因为不但买不起肉，甚至连竹林也剩得不多，野生的更不必说了。既没有了竹，又那（哪）来的笋？既吃不起笋，又那（哪）买得起肉？又何况被逼得填不满肚子，安不得身体，在饥寒流离的情形下，吃白米饭而佐以笋炒肉，哪会不吃得津津有味。而那些吃不着笋炒肉的，又那（哪）不流下馋涎来？"因此，文章最后说："我们是要笋炒肉的，还我们的笋炒肉来吧？"这实际上是对于黑暗统治带给人民苦难生活的一种强烈的批判。《笋炒肉》也可谓小品文，篇幅短小，文笔流畅，论古道今，娓娓道来，由小及大。文章的风格清新自然，脍炙人口，可以与现代文学史上那些散文大家的作品媲美，不由得让我们想起周作人、林语堂及汪曾祺的小品文。在魏金枝的散文创作中，《笋炒肉》是不可多得的。

《客气》刊于《文艺春秋》1948年第2期。写"我"回家，因为顺路，去看一下多年未见的老友——一个村校的校长，趁便到他那里去吃中饭，可是不仅饭菜迟迟没做好，而且连开水也很久才弄出来。他不知道这里已经赤贫如洗，根本就没有招待客人吃饭的能力。为了度过灾荒，全村形成了不准留客吃饭的公约。因此，"我"来到村校后，使老同学很尴尬，尽管他很热情。最后，这位老同学绞尽脑汁，撒谎说县督学来了，违反村里因年荒世乱而不准留客吃饭的公约，招待"我"吃了中饭。吃完饭后，"我"告别他赶路，在村边看到了不准留客的公约，"我"才明白

《文艺春秋》1948年第2期

这顿饭不仅差而且来得慢的缘由了，心里感到很自责。显然，作者在这里深刻地反映了农村的穷苦，对黑暗的现实予以了强烈的批判，对苦难的民众寄予了深切的同情。

《野猪》则是一篇具有象征和隐喻意义的散文。作者过新年无事可做，便坐在案头边发呆，偶然看见一个破蚊烟袋，上面画着一只野猪，踏在烟晕上，尽力向前奔跑，这使他想起了真的野猪。野猪总是躲着人，它们通常总是躲在深林里，密不通风的草窝里，或是岩洞里，不大走到人迹常到的地方来闲散，不敢伤害人类。可是人类却并不就此放过它们，一到秋末冬初，樵夫们就把一切山原，由浅入深地挨次采伐过去，凡是可以作为燃料的柴草，凡是可以作为野猪们的隐蔽物，无不砍个精光使它们无处藏身，而一些多闲的农民们，为了取乐，又常向它们进攻，去围歼和追捕，以致这种安分的野兽受伤后不管一切，横冲直撞地向前乱闯，凶猛残忍地咬你，给予无可挽救的致命伤。我们的祖母还经常告诉我们，有个远房的亲戚，他是一个有名的业余猎户，每到冬季，他总是邀了村民，成群

结队地去猎取野猪，有一天，一只受伤的野猪直冲到他身边，用嘴咬去他手上的铳，再一口咬穿了他的肚子，于是那有名的猎手，就立刻昏死在野猪的面前了。显然，在宇宙自然中，野猪是弱者，是受压迫的底层的象征。因此，面对野猪充满危险的生存境地，文章最后写道："野猪虽然是一种愚蠢的动物，而我却特别的同情它。"这显示了对于弱肉强食的黑暗现实的强烈批判。显然，这一类散文，是以作者的想象为基础的。

二是描写家庭琐细的生活感触，揭示人生哲理的作品。主要有《人生的启示》《关不住了》《养鸡》《种树》等。这些作品都是取材于家庭日常的生活琐事，写自己的日常生活的，反映了作者人生的多个侧面。虽然写的是一些闲杂之事，但闲而不适，闲而不宁，闲而不静，而且杂而不乱，杂而不浅，杂而不滥，而是韵味悠长，寄托幽深，闲而有味，杂而有韵，是难得的优秀之作。因此，这些作品与周作人等人的闲适小品有着鲜明的区别。在周作人的闲适小品中，作者似乎置身于事外，是一个典型的看客，因此有一种淡漠的平静和怡然自得之态，极其享受。而在魏金枝这些散文中，作者直接置身于事件之中，具有很浓的主观情绪，有着强烈的寄托，揭示了深刻的人生哲理，显现了一个人文主义者的胸怀与情致。

《人生的启示》是写作者在夏天带着自己的大孩子到静安寺一带去散步时面临的情景，与自己听到的故事相似。一个和尚把一个小孩养在山里，把忽然来的一个女人说成是会吃人的老虎，但这孩子说他虽相信老虎会吃人，可是他也很想念老虎，他觉得老虎很有可爱之处。作者出门之前，总和孩子"约法三章"不许吵着买东西吃，而且为表示决绝起见，还把袋里的票子取出，先断了孩子买零食的念头。可是，孩子走到卖水果的摊贩前，虽不说要买，却把脚步放慢了。这就呈现了两个方面的意蕴：第一，自己的愿望与结果是矛盾的；第二，任何束缚都不可能扼杀或制止人类爱好自由和自主的愿望。正是这样，这篇作品具有很强的艺术感染力。

《关不住了》是通过描写自己的女儿渐渐长大，试图冲破母亲的管束，来表现对人生的思考的。大概是四五月里，天气已经日渐温暖，一切"虫豸"们，照例开始从角落里伸出头来；"我"那较大的一个女孩，也并不例外，整天只想向里弄里跑。然后不是自己哭着回来，就是要妻子去找，所以耽误了妻子的家务。于是妻子便发火，责打之后，还向二楼、三楼打招呼，不要卖情把她放出门去，以为从此以后便可天下太平，一劳永逸了。可是，别人不再肯把她卖放，而她也不预备求人卖放，却是准备"自力更生"，一等到没有人，她便试拉后门的把手，自己打开一条通路来。有一次，妻子看见她自己艰难地在拉后门的把手，试图自己出去但怎么也拉不开，于是她以后就总立在门边，看着别人拉开后门的方法，到底一旦融会贯通，便拉开门，一声不响地跑了。妻推想到将来，担心再过上若干年，两个辛苦养大了的女孩，都会跑个精光，仍是我们夫妻精光的两个，因此着实地惆怅了若干天。有一天，"我"在鲁迅先生《娜拉走后怎样》那篇文章里给她找着了医治这惆怅的药了：现在压迫子女的，有时也就是十年前的家庭革命者。文章最后写道："人在折磨她自己，人也在教养他自己，恩怨是很难在这复杂的交错中，分辨出来的。"这正是这篇散文的思想意蕴，富于审美价值。

《养鸡》写"我"的一个跑单帮的同乡，送来一只下蛋的母鸡。于是，"我们"家里又多了一个生命。多一个生命，不但除去家里的一分落寞，还多了一个生产者。而这生产者，又总是每天给"我们"以鼓励，每天下一个蛋。蛋虽然并不大，却总是按日出货，使"我们"日常有蛋可吃，这使"我们"兴奋了，于是每人运动脑筋，分头给它去找食物。好在那时正是初秋，菜蔬日渐多了，丢在门外的菜叶也逐日增多。"我"那小梯，也自告奋勇，每天手捏火钳，列门外去拾撷叶。她娘呢，也沿家去问，可有不吃的户口粉，用廉价买进来，拌了菜叶，作为日常的饲料。这是一种很适当的孩子的玩意儿，这可使孩子习勤，可使孩子不吵，更可培养孩子们对于动物的同情。然而正如俗语所说，"好景不常"，这位生产者的生产率，到底渐渐地衰迟下来了。起先是间日，后来便隔三四日，方下一次蛋，再后，且一直停止着，不再下蛋了。不仅这样，它还厌食，还把小梯的手啄伤了。"我"说"杀了吧！"可小梯不肯，说"它还会生蛋的。"这时，米价又渐渐高涨了，米价一涨，一切杂粮，甚至菜价也跟着上涨，于是菜皮之类，也渐见减少，整日的找寻，还不够母鸡一日之粮。"我"整月的收入，在学期的开头，本来可有一石米，然而一月两月的过去，一到冬初，便只够买两斗或三斗的米，倘不是预先买上一点，便只够一个人的食粮。"我们"到底不能不考虑到，杀了这一只不能生产的母鸡，借以解除我们自己的生活威胁了。可小梯宁愿自己少吃，也要养这只鸡，而且每天偷偷地从米袋里掏了米，送给母鸡吃。于是，"我们"趁她不在家，将母鸡杀了。她回来后发现母鸡不见了就倒在天井里大声哭起来。她一连哭喊着："我要原一只母鸡，我要原一只。""我"真要向上帝讨救了："上帝，你饶饶吧！"显然，这篇散文，一方面表现了一种善良的童心，融注了很深的忏悔情绪，也表现了生活的被迫与无奈。

而《种树》也是一篇描写家庭日常闲事的作品。这篇散文发表于《文章》1946年第3期"散文小品特辑"，1982年被中国社会科学院文学研究所现代文学研究室编入《中国现代文学创作选集·中国现代散文选1918—1949》第二卷（人民文学出版社1982年8月版），是一篇优秀的叙事散文。屋前的小天井里种着三株冬青，一株杜鹃，两丛竹。当"我们"初住来时，对于这几样点缀品，也曾产生过一些兴趣。譬如在月夜，可有些树木的影子，参差地映到房里来。而晴和的日子，也有些小鸟，在树上啁啾。尤其是大热天，孩子们也可躲在树下玩儿，晒不着太阳。但久而久之，产生了厌倦之感。一是使房子的光线太差。二是树木挡住了太阳，挡住了晾竿，不得不爬到三楼阳台上去晒晾。三是生蚊子。一个霉天吧，"我"像落汤鸡似的逃回了家，抹了身，躺在藤椅上休息，一滴尿布上的水滴滴在身上，"我"另换了一个座位，第二个水滴又马上滴在额上了。于是"我"下了决心，顺手拿了把菜刀，也不声响，开门出去，对准了大一点的一株冬青，狠命地砍了几刀。因为刀不锋利，太太怕"我"会砍断自己的脚，连忙把刀夺了去。秋季大霖雨，潮湿闷热，室内不得不晾满了尿布，而水滴也照常滴沥个满室，于是重新记起那几棵门外的花木。哪知天遂人愿，一夜大风，竟把那顶大的一株冬青连根拔了起来，就让它枯死了。接着两株冬青、两丛竹、一株杜鹃，因为淹了水，也都枯死了。当"我"假日动手砍去已死的树骸，发觉一株法国梧桐交叉着冬青的枝丫，靠着墙和阶沿，于是将它留着，心想它可以舒畅地生活了，但它仍很难把它的枝干自由地伸展开来，过了整个一年，仍是原样高，原样大。砍去了树木，自然是多得了些光明，也有晒晾的地方了，然而也没有鸟声可听、月影可看，而且也增加了热度，没了树木，也并没增加多少便利。一天，"我"看见左边的那方泥地上，笔直地插着两三块劈开的柴爿，插了好多天。有一天晚饭的时候，"我"又忽然看见木片被拔去了，换上三根鹅毛，而且仍是插在原一地位上。原来，是自己的孩子插上去的，而柴爿也是她插上去的，她想让它长出树来，因为它不长，而且长了也会给砍去的，所以就种鹅毛了，让它笔直地长上去，长得天那般高，那时就砍不着它了。于是，"我"不想辜负她那天真的幻想，当植树节来临的当口，去买几株最容易长大的杨柳，将砍去的树木，重新补种起来。文章构思十分精巧，略写"种树"，详写"种树"的前因，情节曲折有致，具有很强的审美诱惑力。而孩子种柴爿和鹅毛，真是匠心独运，富于想象力，增强了作品的感染力，也深化了主题。

这时期，魏金枝的散文还值得注意的一个方面，就是描写亲历的事件，表现思想发展与认识历程。这个取向在《赶麂》中得到了很好的体现。《赶麂》是作者对自己亲身参加围猎麂子的回忆。一个冬天，作者在四明山脚的亲戚家做客，一天午后，在收获过后光光的田野上，突然窜来一头山麂，于是几乎全村庄的男女老少一起哄了出去。有的追击，有的便只是"啊呵呵"地张威作势。而"我"，也就夹在其中，拼命向前赶去。可是约莫赶了十来里路以后，这个素来忠厚而莽撞的野兽，却未如"我们"预料那样，为"我们"所轻易捕捉，却转进一个深峭的大山谷里去了，其余的人早已返回了。只剩下五六个壮丁，还是紧紧地随在山麂的身后。"我"也就不甘示弱，跟着进入了山谷。不知追了多少路，也不知追了多少时光，只觉得这个山谷很深，转一弯，又转一弯，仿佛无底似的，最后山麂跑不动了，被活捉了，但"我们"追的人也精疲力竭了，而且天也黑了，大家恐惧得很，轮流扛着山麂，走了一段路，山麂喘过气来了，它叫着，他们怕它引来老虎，就将它打死了扛着，摸着黑前行，他们在山岩上爬，先锋掉下山谷里，好不容易将他救起，大家只好将山麂丢掉。后来因为家属们拎了灯笼来接，才从这个大山谷里走出来了。这篇散文写得惊心动魄、含蓄深沉、耐人寻味，文字非常优美，是一篇优秀的散文。不仅在表现围猎题材的作品中非常突出，就是在叙事散文中也具有独特的价值。

纵观魏金枝这时期的散文，构思精巧而韵味深厚，文风淳朴却平易生动，显示了鲜明的艺术特色。虽然数量不多，但艺术成就是较高的。

五　小说讽喻

这时期，全国人民呼唤和平、争取民主，成为强大的时代潮流。因为国民党将一党的利益置于国家与人民的利益之上，将一党专政视为至高利益，无视社会事业百废待兴、国家亟待重建的艰巨任务，无视民众盼望过上和平幸福生活的心愿。因此，进步文艺运动呼应着这种潮流，自觉地进行着战斗。这样，在国统区，讽刺与暴露小说兴起，成为 20 世纪 40 年代文学创作的一个重要的潮流。但是，国民党为了维护其专制独裁，到处实行白色恐怖。在这样的日子中，"一不小心，便有'子弹从鼻梁上穿过'的危险"，迫切需要讲究"说话的艺术"。① 否则，就会很危险。这迫使魏金枝既自觉地投入讽刺与暴露的时代潮流之中，但又不得不讲究技巧。这时期，他坚持一贯的现实主义的艺术路向，创作了《坟亲》《将死的人》《蜓蚰》《报复》《骗子》等一批小说，对腐败和横暴的国民党统治者进行暴露和讽刺，也对俗世人生予以讽喻和批判。

　　通过描写底层民众的悲惨人生和不幸命运，进而对黑暗社会进行暴露和讽刺，是一个最重要的主题。在这里，《坟亲》是突出的典型。这是一篇著名的中篇小说，创作于 1946 年 10 月，连载于《文艺春秋》1946 年第 5 期和第 6 期。1954 年收入《魏金枝短篇小说选》时，除了做了一些文字上的修改之外，还删除或修改了一些段落。小说讲述的是一个四十余年的故事，描写了旧社会中最悲惨的一类人——坟亲的苦难命运。主人公阿乜比"我"大两三岁，从小就跟着老坟亲给"我们"看坟墓，管理山场事务。后来，老坟亲死了，祖母把他收下来看牛。在祖母的关照和保护下，父亲待他也不薄，但他不愿多麻烦"我们"。几年后，阿乜大了一些，默默地另找雇主了。一个大热天，阿乜来看戏，告诉"我"在别人家并不好。以后，凡是"我"家有什么婚丧喜庆，他一准赶来帮忙。"我"15 岁时，祖母去世后，阿乜来了，母亲照祖母的遗嘱，跟他说了他的婚事。阿乜二十五六岁时，正值大旱闹灾荒，母亲给他择配了堂兄家一个茁壮粗大的逃荒女人。可结婚一年以后，阿乜夫妇反目了，因为"我"的本家们都到山上种地来了，就把这里当作堂子，他只好认命。五年后，母亲有病，"我"跑回家去了，又爬上山去找阿乜，他们夫妻不吵闹了，阿乜说那也没有什么趣味了，这使"我"很惊异。后来，县里沦陷以后，土匪、游击队都上山了，把阿乜的女人打死了。他整天惧怕兵匪，唯一怀恋的是"我"的祖母。他睡在她的坟堂上，就能梦见这个"好人"。又过了五六年，父亲去世，"我"回家了，好不容易找到他，他已成山间的鬼影，躲在坟堂间，但还盼望世道太平。听到"我"说会太平，他高兴地说："我能够过这个冬的。"因为他还藏着一点番薯。小说描写的阿乜从

---

　　① 魏金枝：《自序》，《时代的回声》，新文艺出版社 1957 年版，第 1 页。

辛亥革命时期开始到抗战结束 40 多年间悲惨的人生历程，完全"可以作为老中国下层儿女浸透血泪的民国生活史来读"，① 深刻地揭示了造成底层民众苦难的深层原因。阿乜很早就失去了母亲，从小就跟着苦难的老坟亲给人看坟，管理山场，父子二人相依为命，家境十分贫寒，生活十分凄苦。由于老坟亲体质羸弱的遗传，使阿乜的体质也有了先天的病态，加上只能依靠一点山货生活，营养不良，身体自然发育不健全，身子自然弱小。并且，他从小就在山场中生活，不利于小孩的成长，所以一直瘦小乏力，脚踝先天病变，身体畸形。这就给阿乜的人生先天性地打下了悲惨的底色。而之所以会这样，就是因为社会不平等。如果阿乜出身不是这么贫贱，连正常的生存空间都没有，而是一个殷实或者是富庶之家，他也不至于身体发育不良，更不会出现了病变也还黯然无知。小说"既充分显示了底层民众的善良朴实忠厚的优良品质，显示了他们无力自保、无援无助、任人宰割的卑怯状态，更揭示了黑暗社会不平等的罪恶以及国民党反动统治对底层民众的损害，而且谴责了战争的罪恶。"② 作者"把对乡间父老兄弟的深挚感情，和着人间的血和泪，渗透于字里行间"③。

《将死的人》发表在《水准》1947 年第 1 期。1954 年收入《魏金枝短篇小说选集》时改名为《不想死的人》。小说写一个叫敲瘪锁的保民，因被运送军粮的保队部从山腰上一脚踢下山来，伤势不轻，不能下地，保长老爷就叫保丁王长胜照顾他。到第三天，王长胜就不耐烦了。第四天王长胜去为他预备棺材。这时，他醒了。他记起了那天交军粮的经过：他被保长派作运粮的夫子，他很高兴。在牛头山上，他的麻袋漏了，他拔茅草去堵漏洞，塌在后面，却被一个保队部说他偷谷，就被他一脚踢下山来。后来，他被牛头山下的人救起来。他觉得好人还是多，就兴奋了，嘲笑自己愚蠢。他想到了他的牛軏坵，心想一定要种出五担谷来，应该自己省点，报答那两个好人。可是他想起他的牛軏，他就急了，别人都在耕耘，而他自己却躺在床上，他忍着痛坐了起来，吃了炒粉，在床的那头弄到了一根扁担，用扁担做支持，他就起床了。他走到一棵大树下坐着，面向着

① 杨义：《中国现代小说史》（中），人民出版社 1998 年版，第 308 页。

② 刘家思、周桂华、周宜楠：《论魏金枝四十年代小说代表作〈坟亲〉》，《四川职业技术学院学报》2013 年第 2 期。

③ 杨义：《中国现代小说史》（中），人民文学出版社 1998 年版，第 309 页。

田野，闭眼深思着："过几天，我就会下田的。"当他醒来，午鸡叫了，耕作的人也陆续回家了。他打了一个喷嚏，准备回家。正在他吃力地支起身来时，他看见三个人走过来，前面两个人扛了一口白皮棺材，后面一个就是保里的王长胜。王长胜要抬夫走了，抱住他往棺材里塞。他以为他只是要将他甩在地上，打几拳，踢几脚，就不反抗地给他抱了起来，直到将他抱在棺材边，才知道王长胜要谋杀他，他才喊救命，用力反抗，两人转滚在地上。他将王长胜压在下面，问他为什么要害他？王长胜说棺材都买来了，难道自己睏？王长胜告诉他，保长要他死；他多活几年，无非多给保长挣点家私，多交点捐。他呆了半天，觉得无路可走。显然，这篇小说通过对勤劳、善良的敲瘪锁悲惨一生的描写，直接展示基层统治者要将一个人活活逼死的暴行，深刻地批判了国民党反动统治的罪恶，揭示了统治者阴暗险恶的心理，将人性之恶作了极致的表现。

《报复》与上述描写底层民众的不幸人生，进而对现实社会进行批判不同，它直接描写统治阶级的腐朽人生，以幽默谐谑的笔调来对黑暗社会的罪恶进行批判，对世俗人生予以讽喻。小说发表于《文讯》1948 年 11 月第 5 期。小说通过一对相差 20 多岁的小地主兄弟中秋节去离家四五里的街上买东西的经过的描写，讽刺批判了地主阶级不劳而获、只会享受的腐朽品性。哥哥省吃俭用，他恨他好吃的弟弟，甚至恨母亲不早一点分家，使他勤俭度日，而不受弟弟的拖累。弟弟很好吃，他觉得这不是他的罪过，而是哥哥害的。他们这样闹矛盾，就将母亲给磨死了，家塌了，仇恨增加了，直到分了家，他也讨了老婆，两家不往来，不说话。中秋节这天，两人去买东西，哥哥抄小路到了街尾，买了一点东西就在一家南货店里歇下来聊天。但当他坐下来，就看见弟弟早已坐在斜对面的羊肉店里。吃着羊肉，喝着酒，还吃了两块月饼。因此，他们互相看着对方的动静。很快就到中午了，南货店已经开始吃饭，羊肉店还没动静，弟弟赶快走，招呼也不打，急匆匆地抄街后的小路马上出了小镇。但是他想起哥哥的种种缺德，觉得自己不吃别人的白食，正是大丈夫应有的态度，于是，他想起来自食其力，记起了篮子里的月饼。原来，他是主张自己和儿子各得 8个，老婆是他们的一半。正当他吃完自己的那份的时候，他又突然记起来了，他上街之前已经答应给儿子一筒月饼，整整 10 个，一个也不能缺的，但他为了多留几个酒钱，只买两筒，可是现在连半数都缺一个，孩子会哭的，于是使他踌躇了好久，只好把老婆的那一份加在儿子身上。但他不满意，一是亏待了老婆和孩子，二是委屈了自己。更不满意的是，月饼的分量越来越轻了，内容也越来越不像样了，细沙的固然不甜，连白糖的也完全是面粉，总之，人心不古了，一切都变了样，因之一切都得校正一下，像他的哥，羊肉店的老板，只是奸诈、刻薄，而不讲人情，天理都该杀净杀绝。他这样想着，就更加勇敢起来，预备把整个世界，一起吃进自己的嘴里，嚼它，而且消化它。小说构思缜密，结构严谨，人物生动形象，不仅揭露了封建地主阶级内部激烈的利益冲突，而且讽刺批判了统治阶级腐朽贪婪、奸诈自私、不劳而获、只会享受的本性，也预示着以封建地主阶级为基础的反动统治阶级必将走向灭亡的历史趋势。

　　这时期魏金枝的小说有三个明显的特征：一是幽默揶揄。如《报复》以典型细节和自我暴露的方式，讽刺批判了封建地主阶级的腐朽性。二是散文化的跨文体特征。如《骗子》就是这样一篇小说，就像一篇回忆性散文，讲述着主人公"我"因为失业而到沿长江的地方机关去工作时，在船上意外碰到一个熟人，也是同乡，叫七盏灯的人，是一个水路戏子，还带着一个爱他很久的寡妇，可他当晚将这个姘头丢下而自己跑了，这姘头哭丧着找要人。"我"带着她找遍整个船上，都没有他的影子，只得劝她明天一同下船，回到上海，回到故乡去慢慢打听。可是，当"我"到差后第三天，七盏灯又由公役领到了"我"面前，回来找那个姘头。他怕她闯出祸，连累"我"。魏金枝将艺术视角瞄准普通的世俗人生，对旧社会的腐朽人生状态进行批判。全文就像是一篇人物回忆录，散文特征非常明显。三是注重细节描写。魏金枝对细节的作用有充分的认识。他说："有些高明的作家，有时只用一个简单的细节描写，就可以描写出时代的气氛、人物的性格，同时也带动故事的进行，这就是'一石三鸟'。而有的则只能把一个细节描写兼起两个作用，有的则只起一个作用；更有的则尽管一个细节接着一个细节的描写，却总是劳而无益，反而引起读者的厌烦。那就是把石子打到了读者的头上，把读者的头也打破了。"[1] 在这一时期的创作中，魏金枝的细节描写非常成功，具有很强的艺术表现力。

---

① 魏金枝：《漫谈细节》，《编余丛谈》，作家出版社1963年版，第75页。

第六章

教育局的业余作家
（1949.7—1952.9）

　　1949 年，中国历史揭开了新篇章。这一年，在共产党的领导下，经过 28 年的浴血奋战，中国人民终于推翻了三座大山，推翻了国民党的专制统治，建立了充满希望的中华人民共和国，获得了当家做主的权利，从此中国人民站立起来了。举国上下，无不欢欣鼓舞，充满着理想和期待。作为一个目睹过辛亥革命，从"五四"运动走过来的农民出身的作家和教师，魏金枝也同样满怀豪情走进了新中国。虽然他已是一位年近半百的业余作者，但是时代的变化给他增添了无穷的力量，他对新生活充满了向往，对新中国充满着信心，并自觉地、积极主动地投身于新中国的文艺工作，努力为新中国的文艺事业做贡献。总的看来，魏金枝这时期的创作以纪实性和纪念性的散文为主体，尤其突出的是新闻特写，显示了他在新社会、新环境中不平静的主体状态。

一　迎接解放

　　1949 年 5 月 27 日，上海解放，这座东方大都市终于走出了黑暗，迎来了光明。解放前，上海是"冒险家的乐园"，不仅是旧中国半殖民地半封建社会的缩影，是帝国主义军事侵略的主要据点，是资本主义文化渗透的桥头堡，而且也是中国人民反帝反封建斗争的前沿阵地，是中国工人阶级的摇篮，是中国先进文化的广场和中国共产党的诞生地。如今，上海回到了人民手里，从屈辱和痛苦中走出来的人民，感受到了无比的欢欣。

　　1949 年 5 月 12 日，解放军发动以消灭汤恩伯主力、解放大上海为目的的"上海战役"。5 月 22 日，解放军完成了对汤恩伯部的合围。23 日，解放军发起总攻，亲临督战的蒋介石见大势已去，遂命汤恩伯逐次掩护，从海上撤出。5 月 27 日，苏州河以北最后一股蒋军被消灭，上海战役以中国共产党领导的人民解放军的彻底胜利结束。上海解放，文艺工作者迎来了明媚的春天，大家非常激动。当天，上海文艺界举行了庆祝大会。魏金枝激动地参加了这次大会，并在会后发表的《文艺界宣言》上庄重地签上了自己的名字。

上海是进步文艺运动、进步文学的发祥地，也是进步作家与敌人斗智斗勇的场域，既形成了一种积极奋进的战斗传统，又给他们的精神和肉体留下了诸多的辛酸与创伤。魏金枝在上海生活了将近 20 年，饱经忧患和沧桑，早就盼望推翻国民党的反动统治。1949 年 1 月底，北平解放，他与许杰、唐弢等人一起收听解放区广播，心里充满着希望。南京解放前夕，他在自己家里和范泉、许杰一起收听解放区广播，盼望解放。上海的解放，他自然和所有上海市民一样，激动不已，非常兴奋。尤其是，人民解放军打进上海，对人民秋毫无犯，使他不由自主地将解放军与青天白日抢东西的国民党军队去对照，心里非常感动，也使他更加热爱中国共产党，热爱毛主席。他后来说："同样是兵，你看人民解放军吧，解放上海时为了不打扰市民，就露天睡在马路边上呀，这个对照有多鲜明。"[1]

上海一解放，魏金枝焕发了巨大的精神力量，他以一种奋发向上的激情迎接这个新时代的到来，迎接新中国的诞生，迎接自己人生的崭新时代的到来，大有"老骥伏枥，志在千里"之感。这种心态，在他的《应该沉默吗?》一文中充分显示出来了。他觉得近几年自己在文坛少有作品，面对这样一个伟大的新时代，自己怎能沉默下去?! 作为一个"五四"时期就开始新文学创作的老作家，一定要和时代一起前进! 的确，上海的解放，也改变了魏金枝以往沉寂的人生状态。

在全国解放指日可待，新中国即将诞生的历史转折关头，文艺工作者如何与时俱进，主动地适应新形势，担负起时代所赋予的新使命，这是当时进步文艺工作者共同关心的重大问题。随着解放区和国统区的大批文艺工作者陆续汇集北平（今北京），在郭沫若的提议下，1949 年 7 月 2 日至19 日在北平召开中华全国文学艺术工作者第一次代表大会，主要目的就是"总结我们彼此的经验，交换我们彼此的意见，接受我们彼此的批评，砥砺我们彼此的学习，以共同确定今后全国文艺工作的方针和任务，成立

---

[1] 王西彦：《向死者告慰：记魏金枝》，《新文学史料》1979 年第 2 期。

一个新的全国性的组织"。全国共有 824 名代表出席了这次大会，分别来自国统区、解放区和部队，分十个代表团。魏金枝作为"南方代表第二团"的成员赴京参加全国第一次文学艺术工作者代表大会。

会上，郭沫若做了《为建设新中国的人民文艺而奋斗》的报告，茅盾做了《在反动派压迫下斗争和发展的革命文艺》的报告、周扬做了《新的人民的文艺》的报告，总结了"五四"以来，尤其是 1942 年延安文艺座谈会以来国统区和解放区文艺运动的历史经验，一致拥护毛泽东《在延安文艺座谈会上的讲话》中提出的文艺新方向，并确定为今后文艺运动的总方针。大会选举产生了中华全国文学艺术工作者联合会全国委员会，郭沫若为主席，茅盾、周扬为副主席。魏金枝参加这次大会，心情非常激动，他在赴会的沿途和会议期间写了《此行随记》十几篇，表达了自己的心情。

对于这次会议，中国共产党十分重视。会前，党中央致电祝贺；开幕式上，朱德代表中国共产党中央致祝词，号召"全国文艺工作者团结起来，加强工作，迎接这个新时代"，董必武代表华北局和华北人民政府、陆定一代表中共中央宣传部向大会致词祝贺；会中，周恩来向大会做了长篇政治报告，阐述了人民解放战争取得伟大胜利的原因，论述了革命文艺工作的几个重要问题——团结问题、为工农兵服务问题、普及与提高问题、改造旧文艺问题以及组织领导问题，实际上是对新中国文艺运动发展方向的理论指导；7 月 6 日，毛泽东亲临会议，指出这次大会"是革命需要的大会，是全国人民所希望的大会"，与会代表"是人民所需要的人"，"是人民的文学家、人民的艺术家，或是人民的文学艺术工作的组织者"，大大地鼓舞了与会代表。

第一次文代会，不仅鼓舞了文艺工作者的信心，也为文艺工作者指明了努力的方向。1949 年 7 月 23 日，中华全国文学工作者协会成立，选举茅盾为主席，丁玲、柯仲平为副主席。10 月 25 日，《人民文学》创刊，实际上是要引领新中国的文学创作大军朝着既定的目标前进。在创刊号上，发表了毛泽东的题词："希望有更多好作品出世"①，这使文艺工作者深受鼓舞。什么样的作品是好作品呢！自然是要与新中国成立的时代背景相适应，符合第一次文代会确立的"两为"方针的创作。应该说，新中

---

① 载《人民文学》1949 年创刊号。

国成立，既使广大文艺工作者焕发了创作的激情，但也使许多广大文艺工作者自觉地戴上了"紧箍咒"，失去了创作的自由。这是后来的实践证明并被公认的一个结果。

魏金枝从"五四"以来，一直积极从事进步的或革命的文学创作，推动着现代文学的发展，但是，从1933年之后，他就因《磨捐》一文和对于无产阶级文学运动偏失的批评，渐渐地被边缘化，与文学主流群体有了疏离。出席第一次文代会，见到了自己久仰的毛泽东、周恩来和朱德等中国共产党的领导人，意味着他被新社会所认可，标志着他从边缘向中心迈进。1950年7月24日至29日，上海第一届文艺工作者代表大会召开，出席代表547人。在这次会上，夏衍做了以《更紧密地团结，更勇敢地创造》为题的报告，成立了上海市文艺工作者联合会，选举夏衍为主席，冯雪峰、梅兰芳、巴金、贺绿汀为副主席，于伶、魏金枝等20人为文联常务委员会委员。这样，魏金枝在文艺界的地位再次被凸显。这对他无疑又是一个激励。

因此，新中国成立后，魏金枝在文艺界逐渐被重视，成了新中国文艺界中的主人之一，这使他的思想受到了强烈的震撼和影响，使他决心要为新中国的文艺事业做出自己的贡献。于是，他自觉地在文联和作协的统一领导下迈开新的创作步伐，彰显新的面貌。

二　《活路》及其论争

第一次文代会之后，焕发了激情的作家沿着新的文艺路线和方向前进，积极创作，歌颂型的文艺作品如雨后春笋般地涌现出来。魏金枝对新中国充满着希望，对第一次文代会确立的路线十分拥护，也意气风发地开始了歌颂新生活新社会的创作。于是，就有了他在新中国成立后的第一篇小说《活路——伪保长的自述》的问世。小说发表于1949年《小说》（香港）月刊第3卷第2期。这篇作品，显示了他主动适应新的创作环境的努力。

这是一篇自述体小说，是主人公以自述的形式，向同乡"表哥"叙述自己做保长的经过。一个旧时代的伪保长——唐氏，准备寻找到一条活路——那就是要自新和立功，在新时代重新做人。小说开始就交代自己做过伪保长，然后以倒叙的方式坦白自己做伪保长的过程与表现。由于自身、老婆、殷（富）户们的原因，特别是一个叫作白无常的人使他走上了这条后悔之路。在白无常的劝诱下，他的老婆首先有了这个想法，认为做保长有荣耀，做保长的老婆也很沾光。那个白无常，却是一个大烟鬼、赌徒、痞子，无端地给唐氏推了上去，实际是想凌驾于他。本来白无常就是唯利是图的小人，在唐氏还没做保长时，白无常曾经与他的亲戚合伙赢了唐氏仅存的留作过年的买肉钱。尽管如此，唐氏还是在他们的劝诱下，为了许多好处应承下来。但他万万没想到，坐上这个位置，竟然是费力不讨好，殷（富）户门要他保护他们的利益，贫户们对他也抗拒，而有时他又不得不自己掏腰包，补上一些摊派任务的缺。有一次派壮丁，抽到丁也没有人去，正准备去买丁时，这个被抽丁者弄来一个过路人，把这个人无辜地送去顶替，结果此人到了队伍里逃跑被枪打死。这是他心头难以搬

沈同衡为《活路》画的插图

去的一块石头，后来在各种压力下，这个伪保长实在不想做了，伪乡长却要他自己找人来代替，而白无常却第一个当上了代理保长。此时的白无常如鱼得水，到处招摇撞骗，巧立名目，敲诈勒索。有一次唐恰巧听到白无常打着他的旗号，欺诈百姓，他的老婆也感到了白无常对他们的威胁，想出了个主意，要除掉这个祸害。于是两个人乘白无常晚上在外往回走之机，用扁担打倒他，后来发现没打中要害，又一不做二不休掐死了白无常，人们对白无常也恨之入骨，发现他死了也很痛快。这时唐保长已有两

条人命在身，解放军来到时他就躲避起来，他的老婆也跟着他吃了苦头，邻居们都不理睬她，为此也埋怨他。后来，他的老婆到处打听解放军会如何处理他们，有人就动员他们加入农会和妇救会，让他们走上正途。于是，老婆劝他加入了农会，她自己也加入了妇救会。他们想为自己寻找一条活路，悔过自新。小说结尾告诉大家："现在么，我们来立功啦！那！格局公事，因为有个村里的，逃避夏征，逃到上海来了。我晓得伊格住址。"因此，他来到了上海，想要去公安局报告，为自己立功。唐氏讲述自己做伪保长的过程结束，小说也自然结束。魏金枝曾经尝试着以各种体裁形式进行艺术表现，书信体、日记体都有所尝试，并取得了一定的成功，这个自述体也是成功的，进一步显示了魏金枝艺术上的成熟。

从思想意蕴上看，小说反映了一个很现实的问题，就是新中国成立之后，对旧社会像伪保长这样一类人，国家如何对待？他们自己的人生出路在哪里？显然，这是非常有针对性、有现实意义的。然而，在新中国成立当初的文化语境中，这个文本从题材到主题，应该说与文艺主流是有所疏离的。所以，小说发表后引起较大反响，肯定的、批评的都有。1949 年12 月，许杰发表《魏金枝的〈活路〉》，对《活路》提出批评，认为有三个不足：

首先是主题问题。许杰认为，这个伪保长是个社会渣滓，不是什么时代英雄人物，作者应当有"分明的政治认识"，要对其进行表扬，他的资格不够，要对时代渣滓进行批判或打击，作者又似乎不忍心，因此对作品的主题的鲜明性打了折扣。

其次是结构问题。许杰认为这个小说的高潮，也就是这个保长的转变理由，似乎有些不够硬朗。许杰认为：

第一，这个伪保长，他的改变态度，效忠人民解放事业，只是因为不肯"忘恩负义"的缘故，他的加入农会，只是要自己死里逃生的。这还是完全从个人主义的利益出发的话，完全为自己找"活路"，这动机是否算是正确呢？

第二，他的加入农会，另外的一个原因，是他的老婆的劝诫与警惕。他老婆说："就因为侬做了断命格保长，连我也变做孤鬼，以前格穷邻居都不理我，我不能做一生一世格孤鬼。"就好像他的转变只是为使得他老婆不"做一生一世格孤鬼"似的，这理由也有些勉强的。

第三，那个（或是那些）陪解放军来的村里人，他们是穷人，当然没有问题的。但是你看他们的话，却说得这样的轻松，"乃男格就来入农会，侬女格来入妇女会好啦！"好像这些农会，就忘记了他原来就当过伪保长，派丁派粮的事都有做得毫无问题，而加入妇女会农会，也只要你说肯来，就一点也可以不加考虑似的。①

最后是作品的语言形式，许杰也认为有问题。第一，作者运用家乡语言，虽然生动，但是代表了旧社会，表达上也受到了一定的限制。他认为作者"一面只求其生动，一面也就顾不到什么时代，什么意识了"。"语言是代表一个人的意识的，具有这样意识的人物，说是要发展起来，成为一个时代英雄，成为一个积极人物，这种局限性，是不能不加以估计的。"第二，"这小说用第一人称的形式述说的，这是过去的一种追叙的形式，和现在时的进行式，当然有所不同。因为过去的追叙的形式，小说的开头的时间，事实上，就应该接在结尾的时间后面。如果是现在时的进行式，虽然在写小说的时候，已经通过了这小说故事的全过程，一切的发展与结构都成了过去的事，但在理论上，你总是一步一步的发展"。② 他举了一些例子说明魏金枝还是一步一步地叙述，没有回到当时的场景中去。

针对许杰的评论，魏金枝写了一篇《对于〈活路〉的自白》，进行了反批评，回应了一些问题。

一是关于《活路》的主人公形象塑造。魏金枝说伪保长"不是歌颂的英雄，那是毫无疑问的。但也不并如许先生所说的那样渣滓，那也是事实"③。魏金枝的确是用一种中间观念来创作的。因为唐氏做保长是因为老婆的劝，因而就糊里糊涂做上了，做上了就不择手段，做了一些缺德事，等到解放了，认识到自己走的不是正路，在老婆家人的劝说下，又掉头做人，想立功赎罪，这的确不是什么英雄，可也不能断定他是渣滓，因为他还是可以改造好的，成为普通劳动者。魏金枝的确是怀着一种理想，

---

① 许杰：《魏金枝的〈活路〉》，《小说》1949 年第 3 期。

② 同上。

③ 魏金枝：《对于〈活路〉的自白》，《小说》1949 年第 3 期。

自觉地去引导人们主动地去融入新中国，为新中国建设服务的。他说："我并不打算像许先生所指示的那样，使之成为唯一的英雄。因为我只打算写出这个人的转变，以证明首恶必究，协从不问这个政策的根据而已。"①

二是关于情节结构的高潮部分。魏金枝认为，作品已经写出了这个人物的转变过程。他指出其转变的主客观原因："伪乡长的压制是一种，殷户的作弄又是一种，白无常的从中鱼肉又是一种，贫户的抗拒排斥又是一种，所有这些，难道都不足以作为心理转变的根据么？"② 魏金枝认为，唐保长的转变并不突然，这个保长的个人意识很强，当他无法适应生存下去时，夫妻二人便考虑到自己的活路，也符合人物的性格及情节的发展。

三是关于形式的语言问题。魏金枝认为自己并不像许杰所说的快意于家乡话，而是想通过家乡话，写出伪保长的性格上的"老实"，增加他的"憨态"与"天真"。他还认为自己在这一点上还写得不够。实际上，生活告诉我们，一个乡下的保长只是一个里外讨好的人，上上下下都要答对好，用家乡话来讲话，更切合他的身份，对刻画这样一个人物的性格很有帮助。

四是他又强调主人公形象的性质。他说："一丝的光明，也是光明；走向集体主义的英雄，也是英雄。"③ 这可谓是一语中的，对许杰的问题给予了恰如其分的反驳，也讲出了这部小说的真正价值所在。

我们认为文学作品，不能是公式主义的，可以有创新，可以写普通人；这个伪保长走向新生，对于从旧社会走过来的人，还是很有启发的。许杰提出批评的关键问题，一是认为没有写出英雄人物的时代性。他说他写了解放前的一个小人物，一个伪保长，也可称为是一个中间人物，没有把他写成英雄人物。而我们认为作品恰恰在这些方面有其可取之处，就是它没有受到当时的"共时"影响，大写英雄人物，也没有后来流行的极"左"思潮中"三突出"的痕迹，符合了文学反映现实的规律。二是认为没有突出政治价值。他认为"这小说的政治价值和艺术价值的比重，竟然发生一些差池时，我们也应该强调、应该着重在政治价值这一方面，而不

---

① 魏金枝：《对于〈活路〉的自白》，《小说》1949 年第 3 期。

② 同上。

③ 同上。

应该在艺术价值这一方面的。"① 许杰是"五四"第一代作家,在"五四"启蒙文学潮流的影响下,对于文学本质早已有了基本的认识,可此时完全被政治意识所主导,可见第一次文代会的指导方针——文艺为政治服务的思想成为判定作品好坏的标准,对许多作家已产生了巨大影响。同时,这也说明,同样是"五四"第一代作家的魏金枝,虽然满腔热情地拥护和热爱这个新社会,但还是坚持文学是艺术的观念,没有完全以政治为标准来破坏自己的创作。虽然他要反映的也是党的政策,但是他通过文学形象反映了现实性,并且也说明了是人民解放军解救了像伪保长这类人物,是新社会给他们以重生,所以说是"有了一线的光明",他只是潜在地表现了文学为政治服务的这一时代主题。正是这样,这篇小说应该是新中国成立初年出现的一篇佳作。它的成功主要表现在如下几个方面:

第一,从人物形象塑造方面来看,小说具有"人性及其灵魂的完美建构"。这是一篇现实主义作品,它的视角是旧时代农村的一个生活侧面,是作者对所熟悉的农村生活的描写,虽然写的不是农民,写出了一个农村中的"中间人物"。王尔龄说:"魏金枝在他的小说里写了农民,也写了乡镇上诸色人等:小学教员,校役、小职员、从事革命活动的知识青年、被侮辱被损害的妇女……他们都要在那种有着特殊乡土气息的环境中生活,作者着实地刻画了他们的性格。"② 也应该包括伪保长。旧社会的农村中大都有保长,可以称为村中一霸,作恶多端,但是作者写出了这个人物的转变过程,新社会使他有了弃旧求新的愿望,显示了"人性及其灵魂"追求善和美的一面。

所谓人性及其灵魂的完美建构,并不是要求人物的人性及其灵魂在政治与道德上完美无缺,而是从审美意义上提出的要求。即使是丑恶的灵魂,经过审美观照与艺术处理,也可以构成美学意义上的完美灵魂,也就是具有高度审美价值的灵魂。人物灵魂的完美性,是指人物的人性及其灵魂的无限丰富性、无比深刻性与不可重复的独特性。③

---

① 许杰:《魏金枝的〈活路〉》,《小说》1949 年第 3 期。
② 王尔龄:《魏金枝乡土小说概观》,《天津师范大学学报》1987 年第 6 期。
③ 赵俊贤:《中国当代小说史稿》,人民文学出版社 1989 年版,第 3 页。

　　作者在小说中，突破了以往对乡村农民和知识分子的描写，而写了一个人们比较痛恨的一类人物——派丁派税的伪保长。他胆小而贪婪，多疑而被牵着鼻子走，被人利用也做了坏事，最终有了悔改之意，寻求自首，重新寻找活路。这反映了旧社会这一阶层人的本相：妄想鱼肉人民，作威作福，却适得其反，而最终只能是悲剧的下场。后来是人民解放军把他们解救出来，催其自救，走向了新路。但是，作者并没有概念化地给这样的人物贴上坏人的标签，尽管对这个人物仍然持批判的态度。作品写出了这个人物走向新路的心路历程，即由一个普通人到保长，又由保长到可转化教育的人。作者的成功之作《沉郁的黄昏》《校役老刘》等都是乡村题材，都写出了底层人物的生活命运，及如何与命运抗争的人生旅程。在落后、野蛮、封闭、沉闷的乡村文化背景下，表现了农民的原始、愚昧、麻木、冷漠。如鲁迅笔下先觉者（启蒙者）与整体社会、与庸众的对立；农民的精神心态被表现为病态。"他的笔，有时简直就是一根鞭子，含泪落在纸上，哀其不幸，怒其不争。"①

　　第二，从作品的情节安排方面来看，小说体现了"空白处"的妙用。文中主要表现的是伪保长夫妇在农会和妇救会的教育下，有了较大的转变，所以准备立功，找到生活的出路，即活路，但是作者却没有用大量篇幅去写思想工作的过程，这可以看作是小说空白用法的一种，是舍弃某些"道具式"人物的行动。

　　　　短篇小说的情节不仅是人物的价值生活，而且还应当是主要人物的价值生活。对次要人物的行动，除非十分必要（即不写就无以突出主要人物行动）时，才作具体描述，一般尽量从简从略。至于纯属"道具式"人物的行动，则一概予以舍弃。

　　　　所谓"道具式"人物，是指作品中为了某一场面的需要，临时被作者拈进作品的人物。这些人物往往只有一两句"台词"，一两个简单的动作，或者既不说，又不做。他们的行动过程，来龙去脉，常常不作交待。②

①　王尔龄：《魏金枝乡土小说概观》，《天津师范大学学报》1987年第6期。
②　高尔纯：《短篇小说结构理论与技巧》，西北大学出版社1985年版，第269页。

作者要反映的思想内容当然是党的"治病救人"的方针，体现了我党改造旧人物，给他们以重生的机会。但是如果只是这样来写整个思想的过程，就会成为政治图解和公式化，所以作者以"空白处"的方法来写，取得了事半功倍的艺术效果。

第三，从作品的叙事方式上来看，小说用第一人称"我"来写，以"我"作为主要人物，而且全文运用自述的方式，很有表现力。这种写法在短篇小说中见长，有人概括这种写法的优点是：

> 以"我"作为主要人物或次要人物，较之以第三人称为主要人物或次要人物，有明显的长处：一是亲切自然，"我"是局内人，整个作品就是"我"的所作所为，所见所闻；二是易于集中人物结构，"我"起着穿针引线的作用，把分散的人物与事件、环境，由"我"穿缀在一起。三是有利于人物内心世界的充分展示，凡是"我"心里想的、愿意讲的，都可和盘托出，不必借助他人之眼，他人之口。①

这种第一人称的"我"的叙事，不同于"五四"以来流行的文中的"我"的时而出现，而是全部的"我"的叙述，给人物以身份、层次特征，更适合"伪保长"这样的一个人物，去剖析自己的内心世界，自然真实，无虚构之感。特别值得一提的是，小说以自述的第一人称完整地叙述了一个故事，讲得有头有尾，就像是一个人对着一个亲戚朋友讲自己过去的事，讲得绘声绘色而不厌其烦。

第四，从语言方面来看，作者采用方言写作，很有特色，更符合人物身份。王尔龄曾评论说魏金枝的小说，在他"定居上海之后，小说创作较前减少，这对于久离乡土的乡土文学作家来说是无可避免的"。但是，小说《活路》却发表在 1949 年 11 月，从时间上来看，他已久离家乡，而且已经近 50 岁的人了，他仍然用家乡话创作了这篇作品，说明他的"乡音无改"，对家乡有深厚的感情。全文采用自己家乡话——绍兴嵊县方言来写，更适合这样一个伪保长人物，没有文化，一口地方口语，也更适合自述的形式，真实可感。开头就写道：

---

① 高尔纯：《短篇小说结构理论与技巧》，西北大学出版社 1985 年版，第 102 页。

是吓，我做过保长！

问我为哈做保长么？告诉侬，是我自家，是我格内眷，是那班殷户，还有乡长严罗王，顶重要是那个白无常，是伊害了我。

那！就是那个白无常，侬也晓得吓，三老爷格尾巴头，那个乌烟鬼。

全文贯穿着这样的嵊县方言，完全合乎口语化，适宜作者的情节安排，两个家乡人在面对面地讲话，当然应该是用家乡话，也体现出了作品的乡土气息，可以说，《活路》是魏金枝的又一篇乡土小说力作。

《活路》显示了魏金枝小说创作的独特性，具有了较高的审美价值。它的问世再次表明，魏金枝不愧为"中国现代文学史上独标一格的作家"①，在新中国初年就展示了致力于创新的风貌。

三　散文纪实

这时期，作为一个在旧社会经受磨难的老作家，魏金枝迎接了新中国的诞生。他紧跟着新中国前进的步伐，以主人翁的强烈激情面对新中国的一切，以自己的笔进行积极的记叙、描写、议论和抒情，使他的散文创作唱响了主流的声音。这也是他歌颂时代，为新中国做贡献的一种努力。

随笔和杂文创作是这时期魏金枝散文创作中重要的收获。1950年发表《一个道理的两面》《告勉今日的青年》《高尔基所走的路》《我看万户更新》《土改和爱国热潮》《打背包和被背包压死》《这不算迟到》《略论这次语文教学的讨论》《应该沉默吗》等，都是针对新时代有感而发的。《打背包和被背包压死》发表于1951年2月。路透社发表了记者范伦汀写的侵略者"打背包"逃跑的消息，魏金枝从这里获得一个议论的由头，联系到正在进行的抗美援朝、保家卫国的伟大战争，他写了这篇文章。实际上，这篇文章是魏金枝对侵略者的讽刺，他认为敌人耍花招，以此刺激那些诱骗来的侵略军的神经，让他们有所紧张，对于中国人民志愿军不得不引起重视。作者又由此联想到日本鬼子逃跑时的光景，也是打着背包，但是又带着抢夺的财物，最后走不得只有投降，暗示美国侵略者也

---

① 王尔龄：《魏金枝乡土小说概观》，《天津师范大学学报》1987年第6期。

会是这种下场。同时又对比地歌颂我们的军队，"我们战士的背包，并不是为了去装人民的财物，只是为了不去麻烦人民的供给。就因为为人民服务，而又不去麻烦人民的供给，就到处能够得到人民协助，到处有着箪食壶浆在迎接，即使不带背包，人民的家，也就是战士的家。"① 鲜明的对比，说明了正义的人民和侵略者的本质不同，也表明了作者魏金枝爱憎分明的感情，他对美帝国主义有着深刻的仇恨，所以对他们的不打自招的反动嘴脸极其厌烦，幽默地比喻却很具有讽刺意味。

　　这时期，魏金枝的小品和纪实散文也有一些成绩。《此行随记》《大刘庄》《山东的朝气》《宿县收容所》《泗洪大街》《衷心的祝贺》前面已经提到，此外还有《队伍以外的人》等一些作品。《队伍以外的人》是记叙散文。这篇散文记叙1951年"五一国际劳动节"上海的盛况。那一天，作者别上记者证，试图从南京西路的末端直跑到南京东路的尽头。但过了四五个横路以后，就不得不放弃这个计划了。"因为，南京路上固然是川流不息的游行队伍，而每条横路口上，又不断地涌出队伍来，准备加入这个人的洪流中。甚至马路两旁，也挤满了人，孩子和老人，想看社戏似的坐在最前面，后来都是来来往往的看客。"于是，他又回到了静安寺电车站。然而，这里的情形更是热闹："这里遍地是人，是旗，是歌；尽管人、旗、歌，在不断地向西流去，而这里却还是遍地的人、旗、歌。""假使南京路上是人的河流，而跑马厅里是人的海，那么这静安寺的车站边，应该是人的湖泊。"作品侧重描写的是游行队伍之外的少年儿童在这一天的情景：

　　　　就在这个人、旗、歌的湖泊里，我发现了由十来个十来岁的孩子组成的小队伍，他们都带着红领巾，握着红纸旗！排成单行，站在电车候车站上。自然，他们是小学生，小学生是不排在游行队伍以内的，但他们为什么出来游行呢？我这样想着，就察看着他们的行动。就在这时候，天下起毛毛雨来了，他们就拿出雨衣，两人合披一件，披好雨衣，还是坚定地站在那里，直等到他们身边的队伍前进了，他们也还是站在那里。②

① 魏金枝：《打背包和被背包压死》，《小说》1951年第5卷第1期。
② 魏金枝：《队伍以外的人》，《文艺新地》1951年第6期。

原来，这是中行别墅振中小学的学生，老师游行去了，他们就自己组织了队伍来参观。他回到家里，看到对面陈家四五岁的男孩，也在唱着歌，也恐怕想把自己的歌声，给外边的游行队伍听见吧！作者再到每个横弄里看看，又发现一个六七岁的女孩把头塞进门上的破洞里，出神地看着迪化路上的游行队伍。作者写这些队伍之外的人，不仅是要反映"五一节"这一天没有参加游行的人一定很少，更重要的是表现新中国人民的精神状态，展示祖国的未来与希望。应该说，小说通过这次盛大的集会，充分地反映出新中国的人民昂扬向上的精神面貌，实际上也是对新中国的礼赞。

1951年8月9日，魏金枝发表了《〈时代〉把荣誉给了我》，这是一篇追忆散文，是为纪念《时代日报》创刊十周年而写的，他回忆了自己为《时代日报》撰写杂文的状况。他说："在编者的经常催稿之后，倒引起了我经常想说话的习惯，三五天不写，便是心理痒痒的。有时想骂一顿，有时想刺一下，不骂不刺便忍不住。而编者先生，又似乎只要我有稿，他就必登。这点我是知道的，编者未必看不到作品的缺点；所以照单全收，无非为了缺稿。"因此，"我就越写越勤快，越快越来劲，甚至觉得自己也真的在革命，给在战场上一刀一枪拼命的革命者，助上了一阵，心里觉得说不出的高兴。"这样，魏金枝"在《时代日报》上发表的短文，几乎有四五十篇之多，这些短文，直到上海解放还好好地保存着。"这样做，是"为了自己当时的这种心情，做一个留念"[1]，最后他感谢《时代日报》的编者。从这篇文章中，我们可以看出，魏金枝是非常感恩的。

《我所知道的柔石》[2]也是一篇追忆散文。魏金枝回忆，他认识柔石，是从晨光社开始的，然而当初也只是点头朋友，碰到了笑一笑，点一点头，不超过点头朋友的范围。魏金枝说：

> 原因是什么呢？当时不曾考虑过这个问题，以为无须去考虑这些无关紧要的问题。后来回想起来，就因为柔石的外貌，和我们当时所服膺的自由主义的生活作风，大有径庭。我们倾慕名士派头，衣衫褴

---

[1]　魏金枝：《〈时代〉把荣誉给了我》，《时代》1951年第16期。
[2]　载《文艺新地》1951年第2期。

楼，不修边幅，而柔石却是衣冠整洁，道貌岸然，一派绅士作风。同时，他虽然待人和易，却是除开笑面相迎以外，不大发表自己的意见，这和我们当时高谈阔论的派头，又是不大相合的。就为了这，我们的交谊，就在点头朋友的限度上停顿下来了。

魏金枝1922年离开杭州以后，直到1930年夏初，他们才在上海相遇，柔石像对待极熟的老朋友一样招待魏金枝，同住在一幢房子里。其原因是因为1927年大革命潮流的洗礼使两人心理上更相容了。因此，从这时起，他们成为了好朋友。此时，魏金枝对他的了解又深入了：

> 就因为同住在一起，使我更清楚柔石的衣冠整洁、道貌岸然，乃是他的严谨认真的性格的一部分。他治事写稿，都有一定的计划，一定的程限，和我们做到哪里算到哪里的态度，是完全不同的。他把房间弄得清清爽爽，书籍排得整整齐齐！和他的服饰的整洁，完全调和。就是跑到我的卧室来，也一定先敲门再进房。看你空着没有事，才和你闲谈，看你在动笔做事，他就返身走了，决不耽搁别人的正事。同样，别人打扰他的正事，他也很不高兴；对不大相熟的人，不好意（思）当面打发他走，他就皱起他的宽阔的前额，双眼对人直看。对熟人，就简直告诉你他要做好事再谈。不是要紧的正事，他总不愿意放下自己手上的工作。
>
> 对于朋友，他也是一个好的诤友，凡是他所认为不合适的，他都会对你提意见，除非他所不熟识的人。尤其对于行为上的浪漫不羁，他是深恶痛绝的。就是逛逛游艺场那样微不足道的小事，他也不大赞成。闲来无事，宁可一个人躲小房里拉他的凡和琳。不然就闷声不响地读他的书。

这里，柔石的性格就鲜明地描写出来了。魏金枝在这篇文章中写了他的品德和精神。应该说，写他的性格，也和他的精神紧密联系在一起。但魏金枝还进一步写到了他的品德，是一个标准的道德家，鲁迅先生说他像方孝孺的方正执拗，是一位理想主义者。柔石对于理想主义者的雅号，非常乐意接受，引以自豪；他以自己的牺牲殉了自己的理想了。但20年后，他以汇合着无数为革命而牺牲的同志，换来了伟大的中国革命的胜利。魏金枝运用对比描写，将一个真实鲜活的柔石呈现在读者前面，歌颂了柔石为革命而英勇牺牲的精神，并指出他已经回来了，永远活在人们心中。这篇散文感情真挚，剪裁得当，描写到位，显示了他记人散文的特征。

作为负有盛名的业余作家，魏金枝这一时期主要参加了一些文艺活动，写了一些通讯报道。他参加土地改革运动，做了社会调查，以高昂的工作热情投入到社会主义革命工作上来，并赢得了较好的社会声誉。其中，讴歌英模成为他积极感应时代的一个突出的行动。

1950 年 9 月 25 日至 10 月 2 日，全国英模代表大会在北京召开，魏金枝随同华东劳模代表团赴京。10 月 1 日，魏金枝登上天安门观礼台，和首都人民欢度国庆。他是一个农民的儿子，如今登上天安门城楼，在毛主席、刘少奇、周恩来、宋庆龄等党和国家领导人站立并庄严宣告新中国成立的地方，怎不心潮澎湃，激动无比?! 于是，他写了长诗《快乐的眼泪》表达自己的幸福。应该说，这次活动，进一步激发了他对新中国的热爱，调动了他努力工作，为新中国建设做贡献的积极性，他自觉地为新中国唱起了颂歌，以纪实性的笔触去为新中国的建设贡献力量。魏金枝此时的纪实性创作首先描写了中国共产党领导中国人民战胜种种困难，开展社会主义建设的新人新事、新风尚新面貌。1950 年春天，参加华东灾区慰问团，到安徽、山东、江苏等地慰问灾民，写了《宿县收容所》《泗洪大街》《大刘庄》《山东的朝气》等近十篇散文，记录了灾区人民在共产党领导下，战胜自然灾害的经过，表达了对新社会、对共产党的衷心的拥护和赞扬。他在随同华东劳模代表团赴京的路上和会议期间，用自己的笔满怀深情地采访劳模，先后写了《任樟元和三个地主》《王淑鸢印象记》两篇特写，讲述劳模的故事，歌颂新中国。《任樟元和三个地主》是他在新中国成立初年写的一篇重要的特写，"是一篇优美的访问记"[1]。任樟元是华东区治水劳动模范，他是浙江衢州叶家村农会主任和水利委员会主任。在他的领导下，群众修筑了一道重要的防堤，使 17 万 8 千亩稻田，没有遭受洪水的灾害。所以被评为劳模。魏金枝随华东英模代表团进京，在旅途中访问了任樟元，于是写了这篇访问记。

当时，与全国工农兵劳动模范代表会议同时在北京召开的还有一个重要的会议——全国战斗英雄代表会议，表彰英勇的解放军为中国革命立下

---

① 魏金枝：《任樟元和三个地主》，《人民周报》1950 年第 3 期。

的丰功伟绩。10 月 6 日，魏金枝以自己对人民英雄的敬仰之情写成了文章《战斗英雄的大勇》[①]，歌颂了在共产党领导教育下，全国战斗英雄的

与冯雪峰、章靳以在一起，
右三为魏金枝，魏平提供

真正"大勇"。这里，记载英雄们的英勇事迹的文章，更有名的是访问记《再访塔山英雄陈远茂》。塔山阻击战，是辽沈战役的重要的战役，是锦州战役胜利的重要基础。人民解放军两个步兵师战胜了敌人海陆空 9 个正规师，解放军布置在北宁铁路两侧的前线兵力只有一两营，却坚守阵地三天，打退了敌人 9 次冲锋。等到了后援部队，一鼓作气地将敌人 9 个师击溃了。陈远茂是一个党员，他在山东打过 8 次仗，在东北打过 37 次仗，他是这场战役中的连指导员，是这次战役的英雄代表，因此出席了这次会议。魏金枝在 10 月 3 日采访过他。但他想要知道取得这次"伟大胜利的基本原因"，尤其是想表现战士在生死肉搏的战场上的心情，因此 10 月 5 日就和康濯、白刃再次采访陈远茂，然后写了这篇访问记。全文以采访问答的方式行文，对塔山战役中人民解放军英勇无畏的战斗精神进行了追述，不只是对陈远茂的英雄事迹的歌颂，也是对解放军英雄群体的歌颂。他讴歌解放军英雄群体，实际上就是对中国共产党的讴歌。

①　魏金枝：《战斗英雄的大勇》，《人民日报》1950 年 10 月 6 日。

四 文艺评论

新中国成立大大地激发了魏金枝的文艺热情，这使他在紧跟新中国的步伐努力创作歌颂型的作品的同时，还积极参加各种文艺座谈和开展文艺评论，从时代要求出发，自觉地推进新中国文艺事业的发展。这是魏金枝人生中前所未有的一个新景象，也是他积极为新中国做贡献的一个重要表现。

当时，在文坛上，评论比较多的有两部长篇小说，即欧阳山的《高干大》和柳青的《种谷记》，这两部小说出现的意义曾有人评述：

> 欧阳山的《高干大》和柳青的《种谷记》是延安文艺座谈会后出现较早的农村题材的长篇小说。《高干大》写于1946年，表现40年代初期陕甘宁边区一个偏僻小村任家沟在办供销合作社过程中的曲折复杂的矛盾斗争，反映了边区农村的新面貌。主人公高生亮（高干大）就是村里办社的带头人。《种谷记》完成于1947年5月。写的是王家沟发动群众变工互助，组织集体种谷的故事。作品同样表现了组织集体种谷过程中尖锐复杂的矛盾斗争。主人公王加扶是集体种谷的带头人，又是这场矛盾斗争的组织者。由此可见，两个长篇都描写了农村集体经济的发展。它们不是单纯地表现根据地农村的新貌，而是具体而又真实地反映了农村生产关系的深刻变革，以及随之造成的农民思想面貌的巨大变化。两个长篇共同显示了农村集体经济的优越性。这在当时许多老解放区的农村正面临土地关系的重大变革，更多的新解放区农村即将进行土地关系变革的时候，两部长篇所表现的内容和主题，无疑具有积极意义。①

这是1949年12月4日，上海作协为《高干大》召开了创作座谈会，魏金枝参加了欧阳山的长篇小说《高干大》的讨论会，并在会上发言。他早早来到了《高干大》座谈会的会场，在会议出席记录簿上端正地签

---

① 冯光廉、朱德发等编著：《中国现代文学史题解》，山东教育出版社1984年版，第494页。

上了自己的名字，然后有几位与会者也陆续到场。以签到先后为序，参加会议的有：魏金枝、程造之、柯灵、叶以群、靳以、李健吾、许杰、冯雪峰、周而复。当时的记者描写道：

> 阳光洒满了整个房间，魏金枝先生对着窗口，坐在单人沙发里。他刚刚理过发，一抹鲁迅的胡子显得格外整齐。程造之先生坐在他的对面，他们两位到得最早。周而复先生立在靳以先生的后面闲谈着。柯灵先生踏进房间，立刻卸去他的外衣。接着，李健吾先生来了。他的棉布大褂显得非常的别致。①

会议下午 2 时正式开始，是由周而复主持的，程造之、李健吾、柯灵、许杰、靳以都交叉着发言后，魏金枝也有条不紊地讲起话来。他谈到了《高干大》不止反映了农民的心理过程，认为"一个高干大可以代表中国所有的农民，同时也连结着中国革命的要求。"② 他认为《高干大》和他同时看的几部反映土改的长篇小说比，是给他印象最深的一部作品。他从时代取向出发具体分析了高干大的时代意义：

> 固然在乎他能一面注意农民的要求，从而去满足他们的要求，一面又反对官僚主义者，去妨碍农民的利益。但更重要，还在乎他信仰他所从属的党，是一个为人民谋福利的党。因此他立意兴办医药合作社的时候，他相信自己这个企图的重要，更相信这会得到党的信任。③

应该说，魏金枝这个发言是牢牢迎合了时代共鸣的政治要求，可谓站得高，望得远。他认为小说从农民的利益和愿望出发，积极探寻农民的要求，关注的是作品的思想倾向性。他的这个发言，接着就被冯雪峰给予了阐发："欧阳山的《高干大》，我觉得这是一部很好的小说。当我读完它以后，第一个感觉，是认为这部小说一定能够在我们群众工作上产生很实际的好的影响。这对于农村的工作者——尤其新解放区的农村工作者，益

① 《〈高干大〉的讨论会》，《小说》1950 年第 3 卷第 4 期。
② 同上。
③ 同上。

处大约还要更大。我想，我们是很可以负责地把它介绍给新解放区的工作干部和一般读者们的。这部小说写了一个农民共产党员——高生亮（即高干大，干大即干爹），他为人民的福利而忘我地工作着、战斗着；写得很真切，很感动人。高干大这个人所有高贵的品性和为公的精神，就都从切实地为农民的生活改善而献身的一点上出发的，一句话：他是毛泽东的。共产党人为人民服务的无数的活的形象之一！"① 与会者对这部长篇小说都从新中国的政治要求出发给予了高度评价，都显示了一种强烈的政治热情。

1950 年 1 月 4 日下午 4 点，上海作协在锦江餐馆又召开了柳青的长篇小说《种谷记》讨论会。出席座谈会的有：巴金、李健吾、周而复、唐弢、许杰、黄源、程造之、冯雪峰、叶以群、魏金枝（以姓氏笔画为序）。记录：薛若梅。会议先由叶以群介绍了柳青，后由周而复介绍了他的创作过程和内容。李健吾说："我很坦白地说，我看这本书很觉费力，我很早就看这本书了，看了五章就放下了。隔了一个多月再拿起来看，看了两章又放下了，到现在才看完。开头时没有感到它有小说的兴趣，所以不是一口气看完的（第八章以后是没有间断的看完的）。但读完以后，倒觉得味道很好，它和《高干大》不一样，但一样的有味道。"李健吾主要肯定了这部小说。接着程造之的发言主要谈了他的缺点："这本书我个人看来觉得前半部太沉闷些"；"故事结构很少起伏，平铺直叙"；人物方面，写王克俭"前半部总写他吞吞吐吐，犹豫不决，不很明显"；"在文字的处理方面不经济，一大章一大章的东西我认为可以缩写起来的"；"本书结构还不是理想中小说的结构，平铺直叙，太冗长些，激进派维宝、福子也写得并不突出"。

与其他与会者不同的是，魏金枝的发言更集中地对《种谷记》的缺点作了分析。他说：

> 我有一个朋友，他特别给我推荐《种谷记》，两个月前看了《种谷记》，印象很浅，特别是主人公王加扶写得非常模糊。我印象中比较深刻的是王克俭。现在是我第二遍看，但没有看完。以文字技巧来讲，作者写风景像是贴上去似的，写人物写得好的是六老汉，写得很

---

① 《〈高干大〉的讨论会》，《小说》1950 年第 3 卷第 4 期。

少但很生动，写王克俭则用力很大，一半以上的力都用在写王克俭，然与六老汉比起来则是用力多而成功少了。王加扶写得特别坏。问题不在主题，而是性格不鲜明，所以写王加扶，实则根本未写，只是从别人的身上反映了他的一点点个性，使读者感到模糊，王加扶是本书的骨干，像写"高干大"就写得好多了。写王克俭倒是可以的，王克俭是过去的人物，现在这类人物还很多，是典型的富农，可是在比重上，总觉得王加扶写得太少，维宝和福子写得更少。在种谷的主题下，这些人好像不起什么作用似的。以王国雄来说，性格非常鲜明，看来作者对旧的人物很熟悉，对新的人物似乎不很熟悉，观察不够深刻。写六老汉只是很少的几笔，写得很生动。写善人，国雄不大用力，也非常好。写王克俭写得好是好，用力多，成就小。写事应该不是主要的，如写六老汉写他什么会都要去参加而且要讲话，要讲自己是主人，性格就鲜明。写事不是小说的主要条件，主要的要写人，人也不必写得太多，像《种谷记》那样的作品，实则写十个以内的人就够解决问题的。人多了，人物性格就要不鲜明，气势就不大，波澜就不阔，受限制。工农兵读者以听故事的态度来读这个小说就成问题了，大抵用文字叙述社会是很难的，假使一切写进去，又没这许多工夫。所以主要的是从社会里选出典型的人物，来作为代表，来代表这个社会。这时候，不但有作者的作品，还有现实社会，作为了解作品的推动力。所以像阿Q、华威先生等，读者就觉得很熟悉；要写这样的人。如果要以故事的曲折离奇来帮助作品，这是不大有出息的作者，要以故事的曲折离奇来帮助读书的兴趣，这读者也是不大高明的。

在这里，魏金枝指出了《种谷记》如下几个缺陷：一是"以文字技巧来讲，作者写风景像是贴上去似的"。二是人物描写性格不鲜明。"特别是主人公王加扶写得非常模糊"，"写得特别坏"，根本未写他的性格，"只是从别人的身上反映了他的一点点个性，使读者感到模糊"，在比重上"王加扶写得太少。"比较深刻的是王克俭"，但"用力很大"而"成功少"。"写六老汉只是很少的几笔，写得很生动"。"写善人，国雄不大用力，也非常好"，"性格非常鲜明"。从中可以看出，作者"对新的人物似乎不很熟悉，观察不够深刻"。三是人物写得太多，写十个以内的人就够解决问题的，可现在人很多。"人多了，人物性格就要不鲜明，气势就不大，波澜就不阔，受限制"。没有从社会选出典型的人物作为代表，代表这个社会。四是以写事为主，在故事上做花样。"如果要以故事的曲折离奇来帮助作品，这是不大有出息的作者，要以故事的曲折离奇来帮助读书的兴趣，这读者也是不大高明的"。应该说，魏金枝这个发言，是比较中肯的，切中小说的要害。

但是，对这样一部描写解放区土地改革的作品，魏金枝在发言中几乎是全盘否定，这与当时的政治要求是不一致的。因此，政治上很敏锐的冯雪峰接着发言。他说：

> 我认为这部小说的价值，是在于它把当时共产党抗日根据地陕北的一个村庄的面貌，介绍给我们，介绍得非常精确和非常详细。这个村庄，和陕北其他的村庄一样，在共产党和民主政府的领导之下，通过减租的政策和集体互助以增加生产的变工的号召，正在改革着和进步着。这种改革的性质，和进步中的问题，是都已经写出来了。也写出了在这种改革运动中的农民，如中农王克俭，雇农王加扶，贫农王存起，等等，写得非常真实，并且精确。我有这样一个感觉：譬如写人物，王克俭不用说了，一切都是照这个人原来所赋有的样子，不加改易地加以十分周到的分析和描写的；就是王加扶，这个农会主任，也是照他原来的样子，不会有过什么"增加"。其他的人物，也都一样。总之，这书中的人以及事，我觉得都是不曾被典型化过的人以及事。这些人和这些事，使我们觉得不但真实，并且真实到非常精确的地步。我觉得这个精确和详细，就是这部小说的价值。这是我们认识农村和它的详细情节，以及农民们的真实性格的很好的实际材料。

他还说：

> 我觉得，这部小说，虽然在创作的方法上我以为有值得讨论的问题，但仍有它的并不小的价值，我们绝不能因为写的方法上的问题而抹杀它。我们耐心地细读它，对我们仍是有益的。在书中，也有好多

地方写得极活泼，极优美的。①

在当时的主流人士看来，《种谷记》自然是一部优秀的作品，但从艺术上看，的确存在着很多不足之处。作为党在文艺界的一个领导人物，冯雪峰对《种谷记》显然是比较欣赏而肯定的。虽然他也同意魏金枝的一些观点，指出"书中很多地方写得很'呆板'，没有生气，以及某些文字上弄巧成拙的'做文章'，和刚才魏金枝兄所说的某些'贴上去'似的描写"等缺点，说到"事件的矛盾发展的分析是不够深刻的"，缺少"足以引导和鼓舞我们的强大的力量"，但他只认为这种缺点只是手法上的，总体上与魏金枝持否定的态度是不一样的。这实际上是一种引导。

后来的几位也指出了作品的优点和不足，叶以群最后的发言说，《种谷记》取材于农工运动，题材是好的，主题也鲜明，但是人物写得太多的缘故，大家读得比较吃力，作者善于搜集材料，采用的素材太多，因为调查而来的真实材料太多，难以割舍，所以人物性格不够突出，削弱了作品的感动力和主题的明确性。② 显然，以群这种发言技巧是适宜的。

魏金枝这次的发言，没有更多的政治性的赞美之词，不仅显示了他对文艺创作的独到见解，而且深刻地反映了他虽然在思想上有积极与时代共鸣保持一致的意愿，但是在心底里还是看重文学的艺术价值。正是这种艺术情结，显示了他的评论准则，为他后来的文艺评论奠定了基础。

魏金枝除了积极参加文学创作研讨会，积极发表自己的意见，显示出自己在新时代的兴奋与激情之外，还针对当时诞生的文艺作品主动地开展文学评论。这时期他写的评论文章很多。如《评〈王秀鸾〉》《我看万户更新》《读〈竞赛〉》《论〈关连长〉的现实性》《法捷耶夫作品中的新人》《读〈谁是最可爱的人〉》等。这些评论徘徊在政治性与艺术性之间，显示了内在的矛盾性。这正是当时主流文艺取向对文艺创作者文学想象世界的巨大影响。

1949 年，《中国人民文艺丛书》出版，选取了延安文艺座谈会以后发表的解放区优秀文艺作品 53 种，其中有戏剧《白毛女》《王秀鸾》等 23

① 冯雪峰：《柳青的〈种谷记〉》，《冯雪峰选集》（论文编），人民文学出版社 2003 年版，第 286 页。

② 通讯报道：《〈种谷记〉讨论会》，《小说月刊》1950 年第 3 卷第 5 期。

种。《王秀鸾》这个戏在抗战时期和解放战争初期，很多专业文工团（队）、戏曲剧团以及业余文艺团体，以不同的形式（如新歌剧、评剧、梆子、皮黄及其他地方戏）先后演出过，受到了广大观众的喜爱。为什么在当时引起很大轰动呢？正像作者傅铎在《王秀鸾》后记里所说："《王秀鸾》这个戏也就是在推动大生产运动，鼓励和激发广大妇女的劳动热情，同时使广大妇女更清楚地认识到妇女只有参加劳动生产，才能提高社会地位等方面，起到了一定的积极作用。"① 魏金枝就看过两次，一次在北京，一次在上海，都被感动了，但第二次已不及第一次感动得厉害。这第二次并不是演得不好，有的还比第一次的演得好，尤其演孩子张顺清的那个小演员。这促使了他去思考，究竟是哪些原因使人感动？又由于哪些原因将原有的感动力削弱了呢？于是，1950 年，他发表《评〈王秀鸾〉》②，对这部戏的成就与不足进行了比较全面而透彻的评论。

首先，魏金枝肯定这个戏的成就。一是"它不但把握住了主题，而且把握住了这个时代的中心"。二是这个戏"不但它的外形是中国式的，就在它的内容上也是中国式的"，王秀鸾这个形象具有很强的现实政治意义。他指出："王秀鸾是从这个历史，这个政策，这个阶级里出来的一个女人。这个女人，她背负着双重的负担，而又战胜了这双重的负担，不动人是不可能的。"应该说，魏金枝对于这个戏的成就的把握，还是以政治意义来衡量的。

其次，他也指出了这个戏存在的不足。他说："因为它经过加工，而摧折了这个故事的枝叶和根底，搅乱了这个故事的系统和规律，而其他的若干部分，也可以因经过加工而使之自然圆润的却不曾加工。这就好如一颗被砍下的树，倒在地上的树，而在它的驱干上，还留有若干残断的枝叶，还缠绕着若干芜杂的葛藤，就这样，它便使人看了觉得不足，觉得烦乱，这就是它所以削弱了感动我们的力量的原因。"他具体指出了八个方面的不足：第一，"在王秀鸾的身上，仿佛只能看见一种旧式农妇自救的热情，而很少有集体相救的热情。"第二，对王秀鸾的婆婆，"剧作者在一开头，就突然用好吃懒做的凭空的手法，摆下了这样的一个角色，我以为这是没有历史根据的。就算原有这样的一个人，这也是非常偶然的一

① 傅铎：《王秀鸾·后记》，中国戏剧出版社 1958 年版，第 112 页。

② 魏金枝：《评〈王秀鸾〉》，《文汇报》1950 年 7 月 6 日。

个。"第三，王秀鸾的婆婆"这么无情无义的女人应该是偶然的例外"，"这是不入情理的"。第四，"剧作者对于王秀鸾的性格，把握得不够正确——有时想把她刻画得强些，有时又把她刻画得弱些可怜些。"第五，"张殿臣回家责问媳妇，甚至对于自家家境兴隆的诧异，都是有些多余的"。第六，对于巧玲母女的流浪，"张殿臣还是蒙在鼓里似的，我以为这是不合情理的"。第七，"对于巧玲这个人物的性格，也是描写得很不调和的"。第八，"张殿臣这个人物的性格，本应是相当明白事理的，但是相当明亮的性格模糊了。"接着魏金枝又将这八个问题，总结为三个较大的问题，供编剧同志的借鉴。那就是：

第一，剧作者为了突出主题，把一切附在主题上的枝叶，甚至根底都砍斫去了。这就如我所举的第一、第二两点便是。

第二，剧作者对于人物的刻画，不是没有注意，甚且是特别注意的，却没有把人物的性格，和故事的情节很好的调和起来，如我所举的第三第四第七第八四点便是。

第三，剧作者既要保存故事的真实，又要加强戏剧的效果，因此以前者为准，就得破坏了后者，以后者为准，又得破坏了前者，因此不得不顾此失彼，而不能自圆其说。这如我所举的第五第六第八三点便是。

应该说，魏金枝对整个剧本进行了比较准确的把握，对其艺术成就的分析很深入，对其缺陷的论述有理有据，恰到好处。虽然始终突出了政治性，但对艺术性也非常看重，这不光对戏剧创作者有重要的指导意义，就是对其他文体的创作，也具有一定的参考价值。应该说，在政治性第一的时代，他的这种表现是极其难得的，也显示了他内在的矛盾性。

1950 年 11 月，魏金枝发表了《论〈关连长〉的现实性》[①] 对小说《关连长》[②] 展开评论。这篇小说通过第一人称"我"的所闻、所见和所感，极写关连长的优秀品质。在"我"到连队之前，就从团政委和其他同志那里听说了关连长，他是团里的模范连长，他的事迹传遍全国。等

① 魏金枝：《论〈关连长〉的现实性》，《小说月刊》1950 年第 4 卷第 4 期。

② 作者朱定，发表在 1950 年元月出版的《人民文学》第 1 卷第 3 期上。

"我"到连队后，亲见其人，才知道他为人和气谦虚，生活艰苦朴素，待人一见如故，对战士亲如兄弟，他热爱人民，在开往前线的路上对农田的一草一木非常爱护。最后，在解放上海的一次战斗中，为了一群小学生的安全，他不向藏有小学生的楼房开炮，而在冒险的冲锋中牺牲了。作品通过塑造关连长这个英雄形象，讴歌人民解放军热爱人民、敢于为人民而牺牲的伟大胸怀和崇高精神。魏金枝对《关连长》这篇小说进行了淋漓尽致的分析。他先从七个大的方面，指出了小说存在的问题，指出它违反了现实性，然后将这七个方面总结为两个问题：一个是劫持的问题。一个是战策的问题，他觉得都不合乎现实性问题。因此作品也就失去了它的真实性。究其原因：可能是作者虚构的作品，也可能是作者夸大了其中的某一部分。他说：

> 即使真人真事的描写，有时它所含的代表性或典型性不大，但它却是通过现实，有现实的具体示范，不至于失去真实。也有时由于作者本身思想水平的限制，对于选取现实题材，不得其当，不免有所偏差，但只要作者忠实于自己的写作，总还不至于在自己的作品里，留着许多不能自圆的漏洞。由此可知，真人真事的描写，实在就是通到典型描写的桥梁，而想一脚跨了过去，就会有落水没顶危险。自然，真切的观察，深入的分析，以及综合的融会贯通，更是搭成这座桥梁的基本的工作，拿起笔来多写真人真事，只是其中一个较小的附带条件，这像鲁迅先生的开头就写出了阿 Q 那样的典型性作品来，就是一个证明。但从虚构、概念化入手，那就必然是隔靴搔痒，永远不会止痒，也就永远写不出好的作品来。[1]

在这里，魏金枝深入阐述了艺术典型的真实性对于文学创作的重要性，并分析了造成文学创作不真实的诸多原因，指出了如果从简单的虚构和概念化入手，就会损伤真实性，这就会大大地降低作品的艺术价值。汪名凡主编《中国当代小说史》写道："粉碎'四人帮'后，文艺界重新评价了这个作品，一致认为这是一个比较好的作品，作品所塑造的关连长这

---

[1] 魏金枝：《论〈关连长〉的现实性》，《小说月刊》1950 年第 4 卷第 4 期。

一形象是中国当代文学中塑造得比较成功的我军基层干部的形象。"[①] 应该说，当时文艺界对这篇作品的评论，大都受到了"左"倾影响，多持批判态度，的确有的评论未免有些偏颇。魏金枝的评论显然也受到了当时激昂的政治热情的影响，但他却是从自己的评论标准出发的。应该说，这部作品在表现人民解放军的人性时是独特的，不应该被批判的，但整个文本的构思与创造，也不是十分圆润和完善，其缺陷还是客观存在的。

"有一千个读者就有一千个哈姆雷特"。魏金枝作为一个"五四"第一代作家，深谙小说艺术的本质，他这里的批评并不是如一些政治偏激狂一样，完全违背了学理和文学本质而大说疯话。有人回忆说："先生是非分明，有火一般的热情，这种最可宝贵的品格，深深贯穿在他的工作作风和对人处世之中。他秉性耿直，不喜欢两面光和花嘴巧舌之徒，要他说句违心话，即使铁撬也撬不开他的嘴巴。他是编辑部一致公认的一位正直的前辈，深得大家的爱戴。"[②] 显然，这里的回忆，也许能够帮助我们说明一些问题。

1951 年 7 月，魏金枝发表了评论《读〈竞赛〉》。沈跻创作的小说《竞赛》，描写了主人公王贵五由落后变先进的思想转变过程。解放前，"王贵五是个正派人，有胆气，有热情"，但是由于反对管理员，被关了七天禁闭，放出来以后，他对工头的斗争方式就改变了，由硬的变成了软的，和工友们一起怠工、出次货，耍弄工头，有了一些坏习惯。解放后，工头是没有了，可王贵五做工还是不大好，有一件事改变了他。他的老婆由于多年积劳成疾，不治身亡。工会杨主席深切的关怀和工友们的帮助使他非常感动，后来王贵五就像变了一个人似的。在红旗竞赛中，他的积极性最高，先是独个儿去开工，再是粗糙地大量生产，再是为了鼓动机员工作，而荒废了自己的工作，再是马上实行平均主义的分工合作，虽然这些都不是办法，最后还是大家分工合作，取得了竞赛的第一名，他被选上了劳动模范。小说反映了由旧社会进入新中国的产业工人的思想觉悟不断提高的过程，获得了上海红五月工人文学创作竞赛二等奖。魏金枝从两个方面对这篇作品进行了评论：

第一，认真分析了人物性格的描写。他认为作者描写王贵五这个人物

---

① 汪名凡：《中国当代小说史》，广西人民出版社 1991 年版，第 24 页。

② 左泥：《润物细无声——忆魏金枝》，《编辑之友》1985 年第 3 期。

是成功的。小说描写了人物由落后到先进的转变过程，"写出了工人阶级明快的性格和坚强的意志。"① 虽然王贵五"在解放前后，还是一个比较落后的工人，但也并不能淹没他工人阶级的本色。"他在解放初期，虽然也还有一个时期的想不通，但一等想通以后，就马上前进。他不断地犯错误，也不断地向前发展，而后达到了成功。小说既表现这个人物的莽撞、粗犷、不沉着和个人主义的作风，也使我们看出了这个人物可喜的性格——朴质、机智、大胆和勇往直前的气魄；而他的坚强的意志，也就在他的不断斗争中，粗线式地表现出来。魏金枝指出："这样一个明快性格的人物的出现，不是凭空而无根据的，自有历史的根源和阶级的根源。作者在这里显示给我们的面貌和这个人物的两极反应，而且也似乎透过了这些，看出了一个总的工人阶级的特征。"他认为作者在小说中完全掌握了这个艺术重心。

第二，小说描写人物所使用的方法不是成功的，犯了莽撞和沉着的毛病。一是"在前半段过分描写了环境所给予王贵五的影响，而后半段则又过分描写了王贵五所给予群众的影响。因此使前半段的王贵五，成为环境的屈服者，后半段的王贵五，成为个人英雄主义者。"二是有关文字应用上没有做到和人物性格相协和的程度。"依照王贵五这个性格来说，作者冗长复杂的句法和别扭曲折的笔调，是极不相称的。"由此可见，魏金枝对《竞赛》既给予了肯定，以鼓励工人作家写作，又指出了不足，从艺术上给予了新作家认真的指导。

这时期，魏金枝文学评论与其他人的评论一样，感应着时代情势和政治要求，注重文艺作品与新中国政治步伐的一致性，突出作品的政治倾向，因此有时难免留下"左"倾的痕迹。但更重要的是，魏金枝并没有放松对艺术性的要求。这正是他与同时代许多评论家不同的地方，也显示了他的艺术取向。应该说，这是魏金枝在特定时期对文学艺术价值的坚守与引导。

---

① 魏金枝：《读〈竞赛〉》，《小说月刊》1951年第5卷第6期。

第七章

文联机关的好编辑
（1952.10—1959.2）

1952 年 10 月，调入华东文联（上海市文联）工作，使魏金枝的身份发生了实质性的转变。原先的主要身份是一个人民教师或教育局研究员，辅助身份是业余作家，调入文联后，他成为一个专业的文学编辑，是一个专业的文学工作者。如果说，以前从教，是为了生计迫不得已的话，那么这时他所从事的工作，则是自己所喜欢的工作。从此，他正式进入新中国的文化体制内，成为新中国文化体制性话语与规范的传播者和主导者。如果说以前对新中国文化体制的拥护是一种时代激情主导下的主体自觉，那么从此则是从上到下的指示和政策的执行与服从。因此，对于体制性的文化话语和规范，以前因为完全是由内在激情主导下的自觉呼应，还具有相对的自由度和自主性，而此时就已经失去了这种性质，体制性话语的接受与领悟、主导与传播是不可变易的，只能创造性地执行与维护。这样，对一个原本是追求自由与自主的作家来说，这个人生的新起点，实际上给魏金枝带来了巨大的挑战。

一 编辑《文艺月报》

1952 年 10 月，魏金枝调入华东文联工作，踏上这个新的征程的主要工作就是编辑《文艺月报》。他说："编辑是不容易做的，这是我所早已熟知的事情。然而我却有一个幻想，以为只要依照文艺为工农兵服务的方针，而且做得公平而没有偏见，在对得起读者的前提下对得起作者，这就尽了我的责分，别人的议论，只好听其自然，于是我就决心当编辑去了。"① 这正是他调入华东文联的内驱力。

1952年，华东文联和上海市文联在巨鹿路675号合署办公，陆续调来了华东各省的不少作家和文艺工作者，为了推动华东乃至整个新中国的文艺事业，准备创办一份综合性文艺刊物，定名为《文艺月报》，组成了阵容强大的编委会，组成人员有巴金、黄源、唐弢、王西彦、孙石灵、刘雪苇、靳以、赖少其、魏金枝九人，由巴金任主编，刘雪苇、唐弢任副主编。不久，刘雪苇出任华东行政委员会文化局局长，黄源则从华东军政委员会文化部副部长任上调来《文艺月报》担任副主编。编辑部归属华东局宣传部，领导人是夏衍同志。魏金枝一到文联工作，就投入到《文艺月报》的筹备工作中去了。他自己曾说："我是从（19）52年10月起，就参加《文艺月报》的筹备工作的。"② 从此，编辑工作成为魏金枝后半生呕心沥血的职业。

1953年1月，《文艺月报》创刊，编辑部除黄源、唐弢两位副主编

魏金枝任常务编委时期的《文艺月报》

外，还有常务编委王西彦、魏金枝、孙石灵，他们坐镇编辑部。在这里，编委的办公室都彼此分在同一排房子，既有分工又有合作，编辑工作做得

---

① 魏金枝：《从"文艺月报"看"墙"和"沟"》，《文艺月报》1957年第6期。

② 同上。

井井有条。说起编辑工作，魏金枝并不陌生，业务很熟练。如前所述，他20世纪20年代编辑过《曲江工潮》，20世纪30年代编辑过《萌芽》，20世纪40年代编辑过《新词林》，并主编过《文坛》。这为他编辑《文艺月报》奠定了基础。他重操旧业，兴趣很大，积极性很高，工作兢兢业业，成为著名的编辑家。作为《文艺月报》的编委，魏金枝被分工专门负责小说散文组。

1954年12月，魏金枝被推举为《文艺月报》副主编，自1955年1月号起，《文艺月报》署名副主编改为魏金枝、唐弢、王若望。1957年上半年，《文艺月报》取消了主编和副主编，只设《文艺月报》编辑委员会，因1957年春夏，魏金枝在嵊县体验生活，从事创作，所以执行编委为唐弢、以群。6月，魏金枝回到《文艺月报》编辑部，因而1957年7月号起，执行编委改为唐弢、魏金枝、以群。1959年1月号起执行编委改为魏金枝、以群。同年7月号起改为执行编委魏金枝、以群、王道乾。魏金枝任第一编委，实际上就是主编。1959年10月起改出《上海文学》（月刊），由上海文学编辑委员会编辑，编委为巴金、王道乾、以群、刘大杰、吴强、峻青、靳以、蒯斯曛、魏金枝、芦芒等，执行编委为魏金枝、以群、王道乾。魏金枝对待工作从来都不懈怠。在编辑部，他不图虚名，像一头老牛，辛勤地耕耘在社会主义的文艺园地里。这种勤勤恳恳的工作态度，显示了农民天生固有的纯朴与勤劳的品性，给同事们留下了深刻的印象。他的同事曾文渊这样回忆说：

> 勤劳朴实而又耿直，只知埋头工作从不讲什么享受，是他给我强烈的印象。……在《文艺月报》编委和作协领导层里，他是坚持上下班制度且来得较勤的一位。上班时气喘吁吁从楼下爬到三楼，走不动了就歇一下再爬。一坐下来就聚精会神地看稿，一看就是半天。中午和大家一起在食堂吃饭，是在食堂用膳的唯一"有身份"的人；菜不好就自己带点酱菜辣酱之类装在玻璃瓶里，用完后就放在食堂窗台上。因为随和、没有架子，大家都亲切地称他为"魏老"。①

① 曾文渊：《他不应该被忘却——魏金枝先生印象追记》，《文坛风景》，厦门大学出版社2003年版，第232—233页。

　　魏金枝是"五四"第一代知名作家，无论是作为一个作家还是作为一个编辑，其资格其实比主编巴金、副主编唐弢还老。在巴金开始写作的时候，魏金枝已经是个备受鲁迅关注、有了一定影响的作家。尽管如此，但他从来都不摆资格，不讲条件，更不夸夸其谈，而是踏踏实实工作着，做一个普普通通的劳动者，每天按时来到编辑部，戴起一副老花眼镜，默默地伏在办公桌上看稿子，改稿子。从解放初期，直到"文化大革命"开始，他一直保持着这种勤勤恳恳、任劳任怨的工作态度，坚持编辑工作岗位。这种勤勤恳恳、踏踏实实的工作态度与工作精神，不仅显示了他与生俱来的农民的务实精神，而且已经内化为一种强烈的主体追求与人生准则。所以，他常常对王西彦说："这样我心安些。"① 这种在劳动中求得心安的精神，既平凡朴实又可敬可佩！

　　在编辑部里，魏金枝不仅是工作认真负责，从不畏难，更不怕麻烦的编辑，而且始终保持着知识分子求真的品质。他秉性耿直，是非分明，不喜欢两面光，反对讲情面，反对盲目迁就，更反对蝇营狗苟，从不做华而不实之举，更不做花嘴巧舌之徒，一向不说假话和违心话，始终坚持实事求是地说真话，是一个作风正派的长者。王西彦说：

　　　　在几年共事的时间里，魏金枝同志给我的一个突出的印象是，他性格憨直，说话坦率，从不转弯抹角，是我们浙东俗语所说的"一根肠子通到底"的人物。因此，在编辑事务上，他勇于负责，不知推诿。一篇稿子，觉得难于处理，如果你去征求他的意见，他就把自己的看法直截了当地提出来，是一就是一，是二就是二，毫不含糊；即使明知要得罪人他也不回避，不敷衍，不讲情面。在我们编辑部里，有时开展批评和自我批评，鼓励大家对工作作风和态度互提意见。在这种场合，魏金枝同志总是直言不讳，无所顾忌。凡是和他有过交往的人，都会感到他那十分显著的性格特点——和农民一样纯朴，耿直，你在他身上嗅不到丝毫市侩气息。可以说，他是树立在我们编辑部里的一面正派作风的旗帜。②

---

① 王西彦：《向死者告慰：记魏金枝》，《新文学史料》1979 年第 2 期。

② 同上。

自然，魏金枝如此认真，是少见的，在选用稿件时不讲情面、不知迁就的原则性也总是遭到别人的攻击，当然也有人总是不乏善意地劝告他："已经是个上年纪的人了，何苦来呢？"但他还是不为所动。有一次，一位知名的老作家给《文艺月报》投了一篇小说稿，他看了以后，发现并没有写好，不符合刊物的质量要求。于是，他有意要编辑部的同人们仔细看看，并提出处理意见。他明确地说："不能用就不能用嘛！这样做，不仅是为了保持我们刊物的质量，也同样是为了保持名作家的声誉"。① 魏金枝之所以如此，除了他的认真负责之外，还有一点就是王西彦所说的：他竭诚地拥护党，热爱毛主席，他把这种埋头于编辑工作当作为社会主义服务的实际行动。

魏金枝作为一名老编辑，又是一个老作家，他在《文艺月报》工作时，不光自己认真做好编辑工作，还经常引导和教育年轻编辑提高自己的业务素养，切实做好编辑工作，带出了一支具有较高水平的编辑队伍。《文艺月报》初办时，除了黄源、唐弢、王西彦和魏金枝等编委有一定编辑资历外，以及少数几位原《文艺新地》的编辑之外，编辑人员大多都是从华东各省市调集来的年轻人，这些初出茅庐的年轻人，不仅"对编辑业务一窍不通，有些甚至对文学 A、B、C 也不甚了了"。所以，魏金枝就对他们进行指导。当时的青年编辑艾以回忆说：

> 作为《文艺月报》负责人之一的魏老，却心情舒畅地带领我们工作着，在组稿、审稿、改稿和发展通讯员、培养青年作者等繁琐而具体的工作中花了不少心血。他在耐心地教会我们如何当好编辑的同时，还热情鼓励大家搞业余写作。我当时是一个 20 几岁的青年，曾经受到过魏老的悉心培养和开导。在魏老的悉心培养指导下，我们这班人很快地成熟起来，不仅在编辑业务上，同时在写作上都有显著的进步。②

一个人的成长，总是离不开一些前辈真诚无私的教育、引导和启发；尤其是在一个团队中，有经验有水平的前辈，适时地对年轻同志进行一些

---

① 艾以：《怀念良师魏金枝》，《编创之友》1983 年第 3 期。

② 同上。

指导和帮助，不仅有利于年轻人更快地成长起来，而且有助于形成团队的战斗力。在编辑部，魏金枝采取多种方法、创造各种机会去培养青年编辑，一些年轻编辑很感动。他不仅选择名家的稿子来考验和启发年轻编辑们，引导他们要树立正确的编辑原则和思想，不要因作者的名气而不认真审稿，要保持刊物质量，而且还将年轻编辑推出去，助其成长。例如1953年，在纪念鲁迅先生诞生七十二周年之际，《新闻日报》编辑刘士煦向魏金枝约稿，他就把这次任务交给了艾以，锻炼他；北京英文版《中国妇女》有一次派人专程来上海向魏金枝组稿，要他写一篇介绍袁雪芬同志的文章，他就把这一任务交给编辑部的另一位年轻同志，他还亲自给袁雪芬同志写了信，让这位同志去采访她；他经常应邀去观摩戏剧演出并参加一些座谈会，他每次总是带一两位年轻编辑和他一起去，以拓展他们的知识面。① 在编辑部里，魏金枝是年轻编辑的导师。

　　魏金枝是编辑部的业务领导，具体分管小说散文组，并担任作品的终审。他非常认真负责，又充满热情，这种品格深深贯穿在他的编辑工作中。他既能认真把握作品的艺术质量，又十分尊重作者，发现和培养人才。"为了发现新人，培养作者队伍，魏金枝不仅自己这样做，还组织编辑部同志这样做。他召开小说散文组编辑会议，要编辑们把那些可以在修改以后采用的作品，朗读给大家听。朗读的时候，他总是聚精会神，眯着一双眼睛，侧耳倾听。只要是思想内容好，有扎实的生活基础，写得有生气，那么人物刻画和文字结构上即使差些，他也责成编辑们把作者叫到编辑部来，交换如何修改的意见。"② 正是这样，《文艺月报》成为了一份质量高、创编关系融洽的刊物，在新中国的文化建设中产生了重要的作用。当时的同事左泥也说：

　　　　魏老在处理稿件中，对一篇基础好的作品，或是发现一个认真严肃的作者，是从不肯马马虎虎放过的。他总是叫我们尽可能把这些作者找到编辑部来，当面交谈，并且叫我们跟着一起讨论。他不仅听作者谈稿子的材料来源、创作意图等，还要了解作者的工作、生活情况，这样从作者的全面情况中，了解到他们的所长和所短，有的放矢

---

① 艾以：《怀念良师魏金枝》，《编创之友》1983年第3期。
② 欧阳翠：《回忆魏金枝》，《新文学史料》1994年第2期。

地提出意见。有些稿子，看作者潜力大，他提的要求就高，有的只提些启发诱导性的意见，动员作者另起炉灶，重新构思改写。有的甚至要作者将原稿放弃，考虑将自己生活中别的素材构思创作。这样的例子，在《文艺月报》《上海文学》发表的作品中是不少的。还由于魏老对中外古今的历史文化有丰富广博的知识，他和作者谈创作，都喜欢用故事、比喻说明一个问题，很少讲空洞概念的泛泛之论。①

显然，这里显示了魏金枝作为一个老编辑崇高的职业道德。他认为这些都应该是编辑份内的事，是应该做的。他说："既然当了编辑，即使我不想随便表示意见，事实上也有所不能。譬如作者要你对他的稿子提意见，读者要你回答他所提的问题，而编辑同人又要你说一说这稿用而那稿不用的理由，职责所在，难以推诿，于是有时便信口侈谈，有时又随笔直书。这样率尔而对，错误自然不少。"② 魏金枝在编辑工作上总是倾尽心力，当时有人说："魏金枝给人看稿子，热情仔细，'诊断'准确，他认为可以修改的稿子，给你提出意见，一针见血，准改得好；如果他认为没有办法的稿子，你怎么弄也弄不好。"③ 这不仅说明了魏金枝认真负责的态度，也说明了他是一个内行的、具有很高水平的编辑。正是这样，魏金枝给同事、给作者留下了深刻的印象，"是编辑部一致公认的一位正直的前辈，深得大家的爱戴"④。

在编辑部，魏金枝生活简朴，大公无私，不讲待遇。他说："在生活上，向来以粗布淡饭，能够养家活口为满足，此外没有过高的非分追求。"⑤ 他不但保持着农民朴实的品质，而且保持着农民艰苦朴素的作风。"平时几乎没有看到他穿过什么华丽笔挺的服装，冬天则是一件普通的中式棉袄，外面是蓝布罩衫，手里提着一只当时常见的人造革拎包"。他对家人也是严格要求，他让两个女儿穿乡下做的布鞋。他力戒奢华，1956年，单位照顾分给他公寓，他竟然没有接受。为什么呢？因为他不喜欢奢华，更不贪图享受，甘于贫贱。王西彦在回忆中这样说：

---

① 左泥：《润物细无声——忆魏金枝先生》，《编辑之友》1985年第3期。

② 魏金枝：《编余丛谈·后记》，作家出版社1963年版，第331页。

③ 参见左泥《润物细无声——忆魏金枝先生》，《编辑之友》1985年第3期。

④ 陈家骅：《纪念著名作家、文艺编辑魏金枝》，《绍兴师专学报》1982年第2期。

⑤ 魏金枝：《一些聊供参考的意见》，《解放日报》1957年5月18日。

1956 年夏，为了改善知识分子的工作和生活条件，组织上照顾他，要他搬出原来比较窄狭的弄堂房子，迁入一座高级公寓。他婉言谢绝了，理由是自己在原住处住惯了，怕搬家麻烦。事后和我谈起，他的话是这样："那个公寓太豪华了，解放以前，像我们这样的人，连望它一眼也要鼓起胆子，更不用说跨进它的大门！如今你搬进去，要想想怎样再搬得出来嘛！我不想害她们两个。"这里所说的"她们两个"，自然是指他的女儿。而当我提到个别的人利用职权、抢先搬了进去的事情时，他脸上浮现出苦笑，摇摇头说："让他们手长的抢去吧。"①

魏金枝不与他人争利益，不给集体添麻烦，始终安贫守廉，继承和发扬着艰苦奋斗的优良传统，工作上吃大苦，耐大劳，是他的人生准则。因此，他虽然是杂志社的一个领导，但是他却从不以权谋私、做违犯纪律的事。他是新中国一个听党的话、听毛主席话的好干部。

在编辑部，魏金枝是一个热情、友善的好老头。一般行政事务不属他的职责范围，他完全可以丢开事务性的工作不管，去搞他的写作，但只要需要，他也从不拒绝，哪怕是琐碎的事情。这也显示了他独有的人格魅力。

二　慧眼识珠

在 20 世纪中国文学史上，魏金枝不仅对许多青年作家做了悉心指导和栽培，而且他还像伯乐一样，有一双慧眼，能够发现千里马式的人才，并极力保荐。这就是他对于茹志鹃才情的赏识，以及对于她的殷切关怀与推举。在当代文坛上，魏金枝是第一个器重并向文坛推出茹志鹃的人。

茹志鹃②是一个青年女作家，主要从事小说创作。她从 1943 年开始创作，发表小说《生活》。1944 年，她发表小说《一个女学生的遭遇》；

---

①　王西彦：《向死者告慰：记魏金枝》，《新文学史料》1979 年第 2 期。

②　茹志鹃（1925—1998），中国当代著名女作家，笔名阿如、初旭，祖籍浙江绍兴，生于上海。幼年丧母失父，靠祖母做手工换钱过活。11 岁进上海私立普志小学读书，一年后辍学。1938 年祖母去世后被送入上海基督会所办的孤儿院，后经补习插班入浙江武康中学，1942 年武康中学初中毕业，1943 年在上海颐生小学任教，即开始发表小说，1958 年因发表短篇小说《百合花》而成名。主要作品集有：《百合花》《静静的产院》《高高的白杨树》等。新时期以来发表的主要作品有《剪辑错了的故事》《草原上的小路》《儿女情》《家务事》《一支古老的歌》等。

1950 年又发表短篇小说《何栋梁和金凤》，1951 年创作话剧《不拿枪的战士》并获奖，1955 年转业到上海，任《文艺月报》编辑。她的小说善于从较小的角度去反映时代本质，形成了笔调清新俊逸、情节单纯明快、细节丰富传神的风格，与魏金枝的小说风格有着一定的相似性。魏金枝与茹志鹃相识时，她已经是一个从事创作十多年的作家了，但魏金枝对她仍然十分关心，对她创作上的成长给予很大帮助，"对她每篇新作的不足之处，总是毫无保留地提出自己的意见。比如魏老看了她的短篇小说《如愿》初稿后，认为写得散了一些，就坦率地提出自己的看法，并具体提出修改意见，要她小说一开头就写梦境，然后展开故事。经魏老这样一提，犹如画龙点睛一样，作品马上就顺理成章，人物也站立起来了，终于成为一篇佳作"①。可以说，是魏金枝的赏识与推动，使茹志鹃在当代有了更大的名气。

　　当初，魏金枝向欧阳文彬介绍一些青年作家，要她去读这些作家的作品，就包括了茹志鹃及其作品。正是这样，欧阳文彬去读了茹志鹃的小说，并对她的小说产生了兴趣。接着，魏金枝就支持并帮助她完成了《试论茹志鹃的艺术风格》，这是一箭双雕的举动，一方面将欧阳文彬推上了

青年茹志鹃，任
《文艺月报》编辑

当代文学批评的道路，而且一举成名；同时又推出了茹志鹃。一个作家的成就高低与否，首先是由评论家作出判断的。作家的创作，受到读者的喜爱与好评自然很重要，但是一个作家的成就、风格与个性的成熟以及他的文学贡献，是由评论家来把握的。普通的读者不会关注这些，也不对此负责，只有批评家肩负着这些责任。因此，一个作家文坛诞生之后，要在文坛形成影响，除了读者好评之外，必须要有批评家关注，不管其评价是好还是坏，有批评家关注就是好的。对于作家来说，其创作哪怕是被完全否定，也比没有任何反应要好。茹志鹃的成名，应该说，与魏金枝有密切的关系，

这就是他对她的指导以及指导和帮助欧阳文彬去评论了她的创作。魏金枝

---

　　① 艾以：《怀念良师魏金枝》，《编创之友》1983 年第 3 期。

把茹志鹃作为值得研究的青年作家介绍给欧阳文彬，建议她去读茹志鹃的作品，指导她去给茹志鹃写评论，无疑是对茹志鹃的赏识与关心。

然而，魏金枝堪称是新中国初期文坛伯乐，他自己最早对茹志鹃的作品展开细致的分析，可以说是关爱有加。1959 年 9 月 5 日，他发表《漫谈细节》① 一文，对茹志鹃小说中的细节描写进行称赞：

> 茹志鹃同志最近写的《如愿》，有这么一段小小的插片：当何大妈的小孙女阿英，由何大妈带着出门去的时候，明明不是买菜去的，而阿英却"忽然抽出手，飞快的又跑了进去。一会儿，她气吁吁的把一只菜篮送给奶奶说：'奶奶，我们忘记带菜篮了。'"这段细节描写是如何的突然，又如何的得神。不写这个忙里偷闲的细节，决不会损伤作品的一根毫毛，然而一写了这个细节，却给作品带来闪烁的光彩。为什么？因为这里正写出了何大妈过去的厨房生活，连小孙女也摸熟了何大妈的生活，在早上，就得带着菜篮上街。当我读到这个细节时，我竟发生了惊奇的感觉，仿佛这是从空而降一样。然而细细一想，这原来是何大妈的生活历史的写照，也是何大妈今日生活的反衬。假如我们用平铺直叙的办法来处理，却要浪费多少篇幅、笔墨啊！

这是茹志鹃作品见之于报刊的最早一批评论之一。在这篇论细节的文章中，魏金枝所举的例子绝大部分是鲁迅小说和杜甫诗歌中的细节，将一个名不见经传的青年作家的作品作为典范来讲解和评析，无疑有助于提高她的影响力和知名度。

对于茹志鹃的创作，魏金枝是精读并认真评析的，而且准确把握她的优劣所在，不让别人的误判滥评影响茹志鹃的创作态势。当茹志鹃创作《如愿》后，有人对她提意见，认为假如能把何大妈的儿子阿永多描写一点，使得儿子和母亲的思想交叉起来，作品就会更好一点。魏金枝不同意这个意见。他觉得"不必横生枝节"，不要"作无穷的牵连"，"加上许多插片，以说明这些人这些事之间的相互关系"，反而会损伤作品，因此他说：

---

① 魏金枝：《漫谈细节》，《文艺月报》1959 年第 9 期。

虽然作者对何大妈的儿子阿永只是寥寥的写了几笔，譬如何大妈对孙女说不要拖后腿，而儿子和媳妇却在隔壁窃笑；譬如儿子在不同意母亲出外去工作而又不敢直接反对时，总是无可奈何地叫一声"妈"；虽是这么寥寥的几句，而且有时竟是重复的一句，实在要比正面大写特写要好得多；因为作者已经写出了儿子阿永的旧式的"温顺"、"孝道"，以及他那种不理解母亲的保守思想。因此作者虽然把题中应有之文削得非常干净，却仍然留下了尖锐的矛盾和非常鲜明的对衬。那就是说，藕虽然切断了，藕丝却仍然存在；这就足以说明母子之间的复杂关系，又何必以多为贵呢！进一步讲，作者正是把全副力量，来描写何大妈努力于解放她自己，描写她正用尽全力想从儿子的供养中摆脱出来；而这种用劲摆脱的努力，正足以表明，在她的对面就有着一股强大的拉力——过去是旧社会，而现在却是自己的儿子和媳妇。正因为作者的着力处放在何大妈自己的努力上，而不在于环境的描写，所以对旧社会的描写就只寥寥的几笔，而对儿子和媳妇的描写，也只是寥寥的几笔，因为对于环境的描写，已经在对何大妈本身的描写上带出来了。①

可见，魏金枝对于茹志鹃真正的爱护！这里深入的分析与坚决的赞赏，充分反映了魏金枝作为一个老作家对于文学的坚守和理想，也反映了他的伯乐似的眼光与气魄，更反映了他对年轻人的厚爱和期待，同时也反映了他求真和无私的品格！

同月，魏金枝又发表《茹志鹃作品中的妇女形象》②一文。这篇文章是他花了大量的时间，"读完了茹志鹃同志的全部作品"而写的。通篇文章，运用对比的手法来凸显茹志鹃的成就。首先是将他与世界文学大师相并论，然后又以当代作家进行反衬。他指出："作者有一种热烈而且集中的愿望，想把在新中国成长起来的妇女们的喜悦，尽情地告诉给她自己所有的读者；因此在她的全部作品中，几乎每篇都描写到一些年老年少的各色各样的妇女形象。……虽然写的不多，却写出了她们轩昂的气概，自信的神情和鲜明的形象。"接着集中对《百合花》和《如愿》中的人物描写

---

① 魏金枝：《从"回叙"说起》，《编余丛谈》，作家出版社 1963 年版，第 93—94 页。
② 魏金枝：《茹志鹃作品中的妇女形象》，《文艺报》1959 年第 17 期。

进行了充分的肯定。他称赞《百合花》是脍炙人口的作品："她那脍炙人口的《百合花》，作者的主要意图，也完全在于描写一个在男女交往上这样拙笨，而在与敌人斗争中又是那么英勇的小通讯员；但在这同时，作者却以偷天换日的手段，在不知不觉之中，把一个也在男女关系上这样羞怯、而在扶伤救死中又是那么勇敢的新媳妇，轻轻地引导出来，而且把她写得那样神情婉妙，仿佛就是小通讯员同一父母的孪生姊妹，显现在我们的眼前。"接着就将她与契诃夫并论：

> 作者这种渴望表现新式妇女的成长的迫切心情，不能不令人想起托尔斯泰对于契诃夫写作《宝贝儿》的心情所作的比喻。比喻是这样说的：一个驾驶自行车的男子，尽管他心爱坐在他前面的姑娘，不想把车子冲到她的身上去，却到底因为急于想亲近这位姑娘，在那不知不觉之间，自行车却到底倾斜到她的身边去了。那就是说：作者契诃夫在写作《宝贝儿》的开头，他是对"宝贝儿"这个女人，怀着厌恶的心情的，但是写着写着，作者却在不知不觉之中心情改变了，竟由厌恶而怜悯而同情了。我们《百合花》的作者，也仿佛如此，正当作者在酝酿这篇作品的开头，显然是想竭力颂扬小通讯员的，然而正当这位小通讯员的形象显现到相当显明的时候，另一个本来在作者头脑中活跃的妇女形象，也就是和小伙子同样羞怯同样勇敢的新媳妇的形象，要求作者把她表现出来，以和小伙子一比高下，于是作者不得不和自行车的驾驶人一样，改变他的初衷，掉转他的车向，向姑娘的身边歪了过去，因而就在作品的后半，几乎把她当为作品中的主人公，着力地描写了她，也尽量地歌颂了她。

魏金枝将青年茹志鹃的创作与世界文学大师契诃夫放在一起论述，显示了魏金枝对于茹志鹃的充分认可和肯定，提高了茹志鹃的文学意义，也反映了魏金枝的胸襟。他指出茹志鹃作为一个短篇小说作者"应该说是自从建国以来很能发挥她的妇女天赋中的一个"，她的努力从未间断过，"就因为她从未间断过自己的努力，她的成就也应该说是可宝贵的"。接着他侧重论述《如愿》的成就：

> 特别是最近在《文艺月报》发表的《如愿》，无论在思想的深

度、人物的刻划、艺术的造诣上来说，都已经达到相当高的高度。从一般原则说，作家的选择题材，选择他自己用以表现人物的方法，都是属于作家的自由范围以内，只要他的作品有益于我们的社会，我们都是欢迎的。假如如此，那么我就得说，我们的作者茹志鹃同志，她的力量的最大部分，正用于从平凡的或许也还有些落后的人物的心坎里，去发现她们羞怯的却又勇敢的积极因素。在我看来，这是一种有意义的工作。因为在现在，正有很多的文艺工作者，往往站在某些惊天动地的英雄人物面前，觉得手足无措，寻不到这些伟大人物的思想情感的根源，无法表现他们灿烂瑰丽的伟大精神。

显然，魏金枝认为茹志鹃的创作水平与成就高于当时许多文艺工作者。他批评一些年轻的文艺工作者，还没完全学会从平凡的人物中去寻找蕴藏在他们心灵中的珍贵的宝藏，指出"为了要更好地表现我们的英雄人物，我们必须习惯于在复杂、隐蔽而难以发现其中奥秘的事物中间，去挖掘出其真发光的宝藏来"。他赞扬茹志鹃：

> 从这个角度来说，我以为作者茹志鹃同志的道路不但走得非常踏实，而且走得相当的顺利。就举作者的《如愿》来说，这是她的近作，也是她的比较成熟的作品。从这篇作品来看，作者确已深深地挖掘到人物的思想根源，而且用细致周密的笔触，如生地刻划出人物的精神面貌。这是她在从事文学工作中的一个收获，也是我们所有文艺工作者值得注意的一种工作方法。在大跃进的今日，我们决不能说这是最好的一种方法，然而她的这一工作方法却已行之有效，这就不能不说是一个可喜的好消息。

他指出茹志鹃不以浮光掠影为满足，她探索到人们灵魂的深处，发掘人的心坎里的东西，"对于埋怨现实生活中没有什么新奇事物可写的同志，更是一下有力的棒喝"。在这种对比中，茹志鹃的成就自然就彰显出来了。最后他指出，对于年轻的茹志鹃的创作成就来说，"过分的赞扬和过分的批评，对于她都是没有好处的"，但"作者的不少的作品中，总是交织着一种如水始流如火初燃的盎然的生意，这显然是时代所给予作者的力量，而作者又把这种力量给予她自己作品中的人物"，"这股活泼向前的青春力量"，"可以保证作者今后无可限量的前程"。他祝愿她"攀上我国新文学的高峰"。这里有充分的赏识而无过分的褒奖，评述是极其客观而沉稳的，正是这种踏实的评价，更加具有权威性。

1959年9月，上海文艺出版社出版《上海十年文学选集》，他在《短篇小说选·前言》中又对《百合花》《如愿》等作品进行了评价，进一步指出了茹志鹃描写了成长中的无名英雄形象。他说："在茹志鹃同志的创作里，又写出许多普通的无名英雄的形象。她总是采取极为经济的方法，来表现那种羞怯的却又非常坚决的人物。在《百合花》中，她把小通讯员和新媳妇搭配起来写；在写小通讯员中，映带了新媳妇，在写新媳妇时，又映带了小通讯员。在这同时，又使新媳妇接替小通讯员而成长起来，接续了革命事业，使之不断地向前发展。而在《如愿》中，则又变化了这种手法，把过去和现在搭配起来写，在写现在中映带到过去，在写过去中又映带到现在，把过去和现在揉和在一起，自然而毫无夹杂地描写出一个里弄积极分子的全貌。看来，作者笔下的人物，大抵都是普普通通的劳动人民，但作者却善于发现这些人物的善良、坚毅的思想感情，把他们那种潜在的思想感情，传达给广大的读者。虽然这些人物，还不是什么出头露面的角色，然而从他们那种坚定、严肃的情态来看，假使由于某种情形的冲击，他们马上就能成为向秀丽、丘财康那样轰轰烈烈的英雄。因此，我们也主张描写英雄，主张描写马上就要飞腾起来的无名英雄。"应该说，这是紧随时代的批评，尽力与时代的政治要求贴紧，但所作的阐释和评价仍然抓住了茹志鹃创作中的艺术本质内涵，仍然是非常到位的评价。

1959年10月，《上海文学》创刊号发表了前面所说的欧阳文彬的评论，也发表了魏金枝的《上海十年来短篇小说的巨大收获》，他在文中花了大量的笔墨，进一步对《百合花》《如愿》等作品进行了充分的评论。他说：

在《百合花》中，以情节而论，一个羞怯而又勇敢的小通讯员，和一个也羞怯而又坚强的新媳妇，并无怎样密切的关系，而作者却把他们在借被扯破衣服这么一件微小的事件上联系起来，联系得那么自然而又叫人不加注意；但是由于这一个微不足道的交涉，作者却在这里偷偷地种下了抱歉的种子，这颗种子，却因为小通讯员的重伤而突然长大起来，触动了这个羞怯的新媳妇，使她本来的一点小小的歉仄，成为沉重的负荷，因而使这个蕴藏着善良心肠的新媳妇，成为勇敢的人，不问这个小通讯员已死还是没有死，能知还是已经不能知，以俨然不可动摇的神情，来缀补破洞，又把自己的百合花被给平铺在死者的棺木里。在这么一个情节里，包含着多么丰富的意义，可以供我们读者去体会和想象。我们从这个具有淳朴善良的赤子之心的妇女身上，从那毫不置疑的把自己的嫁妆百合花被给舒齐地铺在死者棺木里的神情来推想，她不但一定是一个贤妻良母，且是不惜牺牲一切的爱国爱民的义士；再从她那种一丝不苟认真地给死者缀补破洞的神情来推测，那就不但是临行密密缝的慈母，也是一个泰山崩于前而不动的勇士。我们必然可以从这两个动作中看出，这个羞怯的新媳妇，从今以后，立刻就要奋勇直前，为死者报仇，决然不会再被羞怯所拘束，为狭隘的家庭生活所挂碍。在这里，作者不但显露出了一个人倒下去千万人站起来的乐观精神，而同时也从平凡的普通人心里，挖掘出了无比光辉的心灵。作者这样的一种手法，也同时应用在《如愿》这个作品里。在《如愿》这篇作品里，作者把何大妈亲手缝置起来的小绒狗作引子，引出了何大妈那种几十年来深藏在心底里的愿望，一种独立、勤劳、只是为别人服务而不是求人为己服务的愿望。这种愿望，是劳动人民最可贵的愿望，但过去不能被人所容许，现在也仍然不为自己的子媳所理解。因而她仍然还要奋斗，为了要达到她的正当而善良的愿望而奋斗。这个人物是有典型性的，作者已把千万妇女几千年来的愿望，在一个老年家庭妇女的身上体现出来。作者在《百合花》中，以百合花被，作为千百万革命民众对于战士的敬仰的象征物，而且也和小通讯员所喜欢插在枪筒上的野菊花呼应起来；而在《如愿》里，却以小绒狗来象征何大妈的已经独自站立起来而且独立进行工作，并以苹果作为慈母了却宿愿的一个标记，这种应用杠杆来起重的办法，显然是非常灵巧而且具有概括性的。前人鲁迅先生，曾经在《肥皂》《长明灯》里应用过，也在《药》中以血馒头为中心，在《示众》中以白背心为中心，在《在酒楼上》以绒花为中心，把故事和人物围绕在这上面来发挥作者的主题思想。作者显然是掌握了这个要点。然而作者在应用这个中心时，也有绝然不同的地方。前者是新媳妇和小通讯员两人，用移花接木的办法，把他们两人焊接起来的，因此对小通讯员的描写较多，几乎可以说，当作者在描写小通讯员时，也已经代替新媳妇写了她的淳朴然而又是羞怯的心情：因此，在描写新媳妇的时候，就可以不再作重叠的描写。反之，也因为在描写新媳妇的时候，写出了她为勇敢的牺牲者缝绽铺被的认真严肃的工作态度，也同时可以代替对小通讯员在作战中的勇敢精神的描写。这两者，作者是把他们用极经济的办法，来换替描写的。而在《如愿》中，作者却应用了另一个极为经济的办法，索性把许多有关的人物，爽爽快快芟除，即使象（像）儿子阿永那样具有重要关系的人物，也只留一些必须描写的部分，这就可以留出地位来竭力地透彻地描写何大妈本人。但也并不等于说，作者并没有写其他的人。反之，作者却在这有限的篇幅里，回顾到30年前的事情，把儿子阿永，从孩提写到了能够作为工厂的干部。甚至留出相当部分，来描写小孙女阿英。在这里，描写小阿英，固然是在描写眼前的现实生活，但也正是作者在补充何大妈对儿子阿永——一个母亲对儿子的心愿的描写。也可以说是作者在《百合花》中所用的描写手法的继承而且加以发展。

魏金枝的文章不仅揭示了茹志鹃的小说创作手法与鲁迅小说的紧密联系，而且指出了她与鲁迅的区别，是对鲁迅艺术的一种发展，而且她自身也在不断的发展和超越之中。这就充分揭示了茹志鹃小说创作的艺术成就，也充分显示了她的才气和功力。自然，茹志鹃的文学地位就进一步凸显了。

欧阳文彬的评论《试论茹志鹃的艺术风格》，尽管肯定了茹志鹃在人物塑造上"有自己的独特方法"，"作家完全有权利按照自己的个性和特长选择写作对象并从不同的角度加以描写"，为作者"所刻画的普通人的精神美和充溢在字里行间的诗情画意而感动"，但仍然受时代主潮的局限，对茹志鹃的创作展开了批评。一是批评茹志鹃没能写出"最能代表时代精神的形象"。她说："我们面临着史无前例的壮丽时代，广大的劳动人民正在党的领导下创造惊天动地的业绩，现实生活中涌现了成千上万的英雄，他们不是什么神话传奇式的人物，他们也都是普通人，他们的性格在斗争中发展，在矛盾冲突中放出夺目的异彩。为什么不大胆追求这些最能代表时代精神的形象，而刻意雕镂所谓'小人物'呢？为什么把自己限制在这个圈子里，作茧自缚？……'小人物'是否也可以放在矛盾冲突中来写，他们的精神世界是否也可以提到崇高的境地？"二是批评她"描写方法……运动的感觉还嫌不够，表现事物发展也还不很充分"。三是批评她"结构上……故事都比较简单，既没有曲折离奇的情节，也没有惊心动魄的冲突"。当时主流的批评标准是要求反映大时代那惊心动魄的阶级矛盾冲突和大写英雄人物的崇高精神，欧阳文彬对茹志鹃的批评显然是受到了时代主潮影响。因为她的批评，引起了一次围绕《百合花》的讨论与论争。这次讨论被称为"是激进文学兴起时期水平最高的一次讨论"①。参加讨论的，有欧阳文彬、侯金镜、细言、洁敏、茅盾等，更有魏金枝，几乎都是知名评论家。

《文艺报》的副主编侯金镜首先回应了欧阳文彬对茹志鹃的批评。他在《创作个性和艺术特色——读茹志鹃小说有感》②中肯定了《百合花》善于"向人物内心活动的纵深方面去挖掘"，"常常更多借助心理过程的变化来把握人物的性格"，对人物作"针脚细密、细致入微的心理刻画"。他认为文学创作既不能为了去反映"现实中的主要矛盾"而把人物"提高和升华到当代英雄已经达到的高度"，更不能"放弃她目前所熟悉、所擅长的那些方面，而去选择有关重大题材和创造高大的英雄人物"，因此，他不同意欧阳文彬那些否定性的批评。但他又把茹志鹃的作品概括为"社会激流中的一朵浪花"或"社会主义建设大合奏里的一支插曲"，其实是承认了文学人物和题材有"大"和"小"或"重要"与"次要"之分。对此，作家、编辑家细言（即王西彦）对侯金镜的论点作出了回应，指出茹志鹃写的"小人物"其实也是写英雄人物，而侯金镜的区分是没有意义的，只要作家舍短补长，写出的是"小人物""小题材"也无碍于其价值，因为这些不是定型的人物而是成长中的人物。他指出，不只是英勇就义的场面才算是惊心动魄的"大题材"，人物的内心活动也有惊心动魄的一面，因此也算是"大题材"。他认为，作家创作上的"长""短"处也不是一成不变的，而是发展的，不能完全用创作个性、风格或善不善于驾驭某一类的材料来评判茹志鹃的创作，况且风格不是一个"长""短"的问题，她的作品也不是重大题材（"社会激流"）的"补充"（即"浪花""插曲"）。显然，王西彦的评论更加开放而实在。

① 孟繁华、程光炜：《中国当代文学发展史》，人民文学出版社 2004 年版，第 98 页。

② 侯金镜：《创作个性和艺术特色——读茹志鹃小说有感》，载《文艺报》1961 年第 3 期。

　　魏金枝是这次论争中的重要人物。如前所述，欧阳文彬的文章是在魏金枝的指导下写作的，后又在他主编的《上海文学》上发表，对她的评论自然在大方向上是赞成的。作为一个刊物的主编，魏金枝无疑将时代政治放在重要的地位，但是作为一个老作家，他又看重茹志鹃创作上独特的艺术成就。因此，他撰写了《也来谈谈茹志鹃的小说》[1]。他指出："这几年来，茹志鹃同志写出了好多篇好的短篇小说，引起了我们文艺界的注意，许多同志还特别对她提出赞扬、希望和劝告，这实在是教人欣慰的好事。"这是一个定性的评语。他对形成读者与作者之间思想距离的原因首先展开了分析，并指出："别人对作者提出赞扬，希望和劝告，唯一的目的，还是在于爱护作者，而作者的是否采纳，尽可以有完全的自由。"于是，他结合如细言、侯金镜和欧阳文彬等人的观点进一步对茹志鹃作了论述。

　　首先，他完全同意"细言同志扩大重大题材的范围的意见。这和《文艺报》专论《题材问题》的主张相吻合，也是和周扬同志在第三次文代会上的发言相吻合。"他认为"凡是为社会主义革命和建设而竭智尽忠的、广大的各行各业的劳动人民，都应被列入为我们社会主义文学的描写的主要对象；而发扬他们的精神面貌，以为我国人民所仿效的榜样的，也都应被列入为我们社会主义文学的重要主题"，但"这只是指重大题材的范围而言，也只是指对所谓广义的题材而言，决不等于说，因为作者选上了这些重大题材，就是很好的作品，自然也并不等于说，描写重大题材而获得成功的作品，就没有一点高下之分，轻重之分。"他说："在工农兵的范围以内，自然也还有先进与后进之分"，"必须考虑到作品在社会中发生效果的问题，也就是为社会主义服务的效果大小轻重的问题"。因此，他批评细言"采取了庄子式的无高无下无轻无重的态度，片面地强调了百花齐放的一面，而无视了百花齐放中的主花作用，也就是抹煞了文学上的所谓典型性的强弱问题"，"虽然细言同志在理论上并没有提到这点，但在估价茹志鹃同志的作品时，就恰恰证明了这一点"。他指出，"虽然侯金镜同志用'补充'两字估价茹作，在用字上不能没有某些语病，但总不能说，在许多好作品中，就没有高下轻重之分"。魏金枝评价茹志鹃的创作："这是因为在我们的百花园中，她的作品确乎是一种极为难得、

---

① 魏金枝：《也来谈谈茹志鹃的小说》，《文艺报》1961 年第 12 期。

具有特殊风格的花朵。而且，这位作者还正在向前发展，前途是不可限量的。但也不能因此就说，这位作者的作品，已经最典型地概括了我们时代的面貌，而且已经和当代最好作家的最好作品，可以并驾齐驱了，更不能说作者因此就不应该再作努力，把作品写得更结实丰满一些。"他认为细言同志的议论，在某些片段方面，确有许多独到之处，对于侯金镜和欧阳文彬同志的说法，也有若干的辨正，但因为他对茹作有所偏爱，不免加以夸张，而得出的"茹志鹃同志的取材和提炼选择人物，并不只是受到生活经验的限制或影响，更重要的，乃是有她独特的创作思想作指导的"，"乃是因为作者'看到另一种惊心动魄的场面——发生在人们思想即灵魂深处的惊心动魄的场面'"的结论是错误的。他认为，"这样地别创一格，出奇而制胜"，"否定了作品的内容有大小轻重之分，而走入了岔路的尽头"。

其次，他从大体上说"比较地同意侯金镜同志的意见的。但有一点我却并不同意，那就是他的扬其所长避其所短的说法"。"问题却在于侯金镜同志把茹作中所表现的长处和短处，归之于作者创作个性的关系，又归之于作者善于对付某些题材和不善于对付某些题材——才能的关系，而不是经验不足或生活不足的原故"。他指出："侯金镜同志却把它们截然分割开来，把茹作的所以有所长短，完全认为由于'创作个性'和创作'才能'，而与生活经验无关，这又怎么说得通呢？这就和细言同志犯了形式不同而性质相同的毛病。"他说，他们两位都"无视生活经验"。他认为，对茹志鹃作品的评价，单纯地归之于细言所说的"创作思想"，和侯金镜所说的"创作个性"和"才能"，"忘记了对作家起更重要作用的生活和经验，以及指导生活的思想，这就不免失之于片面"。他指出，在创作中，"作家总是将他们所熟悉的人物故事展示在他们的作品里"，"总是在他所最熟悉的生活里摄取和提炼题材，也总是在他生活中提炼那些经过深思熟虑得最周密的主题。不然，他又用什么形象去描写或表现他们呢！因此，无论作家如何不愿或不善于表现它们，却也是无法摆脱开它们的影响的"。他指出："总之是，凡是作者那些有关战争而又避开正面描写尖锐斗争的场面，从大体上说，都没有像那些描写建设社会主义生活那样的出色。其原因又在哪里呢？在这里，我们固然应该理解到这样的情况，作者的避开正面地描写尖锐的斗争的场面，一则当然是为了侧面切入的描写，可以用力不多而得到较大的效果；也可能为了这和主题无关，割

舍了它反而更加突出；而同时也可以在静止的场面中，有时间足以细细地
刻划。关于这些，作者是应该有她写作的自由的。"为什么茹志鹃会避开
正面地描写尖锐的斗争的场面呢？他说："我们从她的某些出色的作品来
看，如《如愿》，如《里程》，如《静静的产院》，如《春暖时节》，如
《阿舒》，虽然她应用的还是侧面切入的方法，而且明显地可以看得出来，
作者是把描写的时间缩得更短，把场面集中得更紧了，但正面描写的内
容，却是更加充实、丰富而又饱满；而她过去描写战争边缘生活时那种枯
竭状况，也已经完全改变。这就可见，作者所以写不好那种过去战争边缘
生活的原因，只是由于生活的约制，并不是象细言同志所说那样，而是作
者不愿这样写；或者说她的'创作思想'所指导的原故。"他认为，"《三
走严庄》是在《百合花》《如愿》《春暖时节》以及《静静的产院》以后
写的，就是在作者已经形成了她的风格，也是在她的'创作个性'和
'才能'逐渐明显出来以后"，"丢开战争场面，针对妇女内心生活而写
的，却为什么仍是写不好"呢？问题就是："作者对部队行军的情形比较
熟悉，而对老大爷呢，虽有某些素材，却并不太熟。"他说，"作家利用
侧面来写，不一定就因为缺少那种正面的生活"，"凡是作家敢于正面来
写的时候，他总是自恃有足以应付的资料的"。他说《春暖时节》和《阿
舒》"头绪虽多，事迹虽繁，时间虽长，场面虽广，但作者却写得从容不
迫，毫无无力控制的现象发生"，正是因为熟悉生活而发展了创作个性和
才能。他指出："作者对题材的提炼和运用的能力，固然和作者的'创作
个性'和'才能'有关，但更重要的，一则由于作者在未曾写作以前，
在收集素材的时候，就已经熟悉了人物故事，而且熟悉了他们的生活形式
和斗争形式，这对作者的写作才能——对素材的概括和组织能力，必然会
相对的增长。二则，唯其作者拥有丰富的素材，而且熟悉这些素材，他才
可以依着自己的'个性'和'才能'，如心逗意地运用它们。……关于作
者之所以写不好那些有关战争的作品，我看原因就在这里。"他认为，
"侯金镜同志却抛开了风格的基本因素——生活经验和思想，而片面地提
出了所谓'创作个性'和'才能'，这就缩小了风格的诸因素的范围，抽
去了风格的主要成分，恐怕最后还会导致风格的衰退。"他指出，"茹志
鹃同志从《百合花》开始，总是喜欢在作品中，安上一件或两件象征性
的事物，作为点出主题的焦点"，"在茹作中确乎起了很大的象征的连结
的以及杠杆的作用"，但频繁使用这种东西会使读者"发生厌倦"。"因

此，作者为了满足她的原有读者的要求，以及吸引新的广大的读者，决不能以保持原有的风格为满足，应该在原有的基础上发展她的风格。"有人说，魏金枝在这次辩论中比较认同侯金镜的观点，认为不需要刻意去选择"重大题材"和"高大人物"，但是不能放弃政治第一这个标准。① 显然，这个概括并不准确。

再次，在风格上他同意欧阳文彬的说法。那就是希望作者"不应满足于此，而应当努力创造条件，主动地深入生活"。他说："这原是毛主席在座谈会上对作家的重要指示，对任何一个作家，对任何一种风格的作家都是必要的。因此我觉得欧阳文彬同志对作者所提出的希望，尽管有很不妥当的地方，但在这点上却是非常直率明朗而且非常重要。就是她对作者所提出的'更坚实''更深厚'的要求，也并不是无所指而云然。"他指出："现在作者在经过几年的努力，的确没有辜负欧阳文彬同志的期望，而有了长足的进步，在以后的《春暖时节》《静静的产院》《阿舒》等等作品中，在'坚实''深厚'方面，都大大地前进了一大步。这虽然不尽由于欧阳文彬同志的劝告，然而却也证明她的劝告是对的。"但是，他和欧阳文彬的看法仍有很大分歧，不赞同她所认为的必须"反映现实的主要矛盾"，也必须把作品"放在矛盾冲突中来写"，指出"这就是向标准化发展"。他认为，"政治第一这个标准，是无论如何不能放弃的；而生活的基础也一定要深厚，而且还要广阔一些。但所以如此者，只因为思想和生活是我们每个作家的基石，所以必须都具有这个基础，而且具有为着这个基础而努力的决心，但却不是因此而离开自己不同的生活岗位或工作岗位，而都跑到一个有着重大题材和高大人物的地方去，更不是用一种最标准的表现方式，去限制作家的写作自由。我对生活方面，是主张把生活基础的坚厚和宽广结合起来，以达到'用宏取精'的效果，并主张发挥作者风格之所长，以使得'社会主义文学发扬光大'。这和欧阳文彬同志的把作家的思想、生活及表现形式和作品的效果毫无限制地联结起来，是有重大的区别的。我之所以这样主张，主要是为了让作家各尽其能，无须为作品效果的大小，而计较个人的得失，更不至于舍己之田去耘人之田。自然也不是为风格而风格，或者为了风格，而把作家限制住，使得风格的发展，没有自由活动的余地。"显然，魏金枝主张给作家创作以自由，不能

---

① 陈顺馨：《1962：夹缝中的生存》，山东教育出版社 2002 年版，第 267 页。

以政治标准来限制作家的自由，也不能以此贬低茹志鹃的文学成就。

最后，他为茹志鹃撑腰。限于当时的政治形势，他首先指出茹志鹃政治上做出的努力，为她撑开保护伞。他说："我们考察一下茹志鹃同志近年来的写作情况，证明她正是向着健康的道路前进，她没有什么必要自己引起惶惑。首先，她对马克思列宁主义的钻研，已经逐步加紧，她在写作《三走严庄》的时候，就花了很多时间去阅读毛主席著作中关于当时土地改革的材料。虽然她还是没有把那篇小说写好，但这里主要的原因，还是生活经验不足以及塑造人物形象还有缺点的原（缘）故。而她对马克思列宁主义的钻研精神，即使不在现时见效，也还会在今后见效。也就为了补救生活经验不足，作者下了很大的努力，深入了农村，这使她在近时的许多作品中，得到很大的充实和提高。就在这里，我想最后分析一下茹志鹃同志的军队生活的问题。可能大家都会存有这样一个疑问，作者既然在军队中生活过相当长的时期，为什么仍然不熟悉军队的生活，不如她对农村生活、尤其是对于农村的妇女生活那样的熟悉，这是有着复杂的原因的。第一，她那时年轻，知识自然要差一些，更没有有意识地想为写作去注意和收集素材。何况她在文工团工作，并不是在最前线，不大可能接近战场。此外，更由于行军紧急，就是有意想去收集素材，也不能有充分的机会和时间。再则，刚从一个沦陷地区城市的普通家庭中，来到一切都不同的解放区农村的新环境里，新鲜感是有的，但和她原来的生活关系，一时接不起头来，语言和风土人情，会使她和环境发生相当大的隔膜，因此，不能立时熟悉它，是完全可能的。但现在却完全不同了，不但她的智力和经验增长了，而且和她过去的生活接上了头。特别是现在的和平生活，可以让她细细地静静地加以吸收、咀嚼和消化，有意识地从文学的角度来做这些工作，其效果当然大大的不同。在这里，一件有趣的事情是值得一提的：据茹志鹃同志说，《如愿》中的何大妈，是有她祖母的影子包含在内的。这就是说，作者的早年生活和现在的生活，接起头来了，也就是旧人和新人融和起来了。那么，再联想一下，《关大妈》中的关大妈，《妯娌》中的婆婆，甚至《静静的产院》里的谭婶婶，以及《阿舒》中的母亲，是不是也有可能包含着作者的祖母的影子，我以为也是可能的，只是影子有浓淡之别，只是作者在借用时有有意识或无意识的分别而已。这就说明，生活的积累，无论隔离得如何长久，距离如何遥远，只要一遇到能够引起相互作用的时候，新旧之间，就要凝合起来，而且在作品中表现出来。所以要求作家舍弃过去的生活，是不合理的；而依顺过去的生活，不逐渐增加新的血液，也不是长远之计。"他指出："茹志鹃同志的作品，虽然还有某些不足之处，却在步步前进，不时舍弃一些不好的东西，不时出现一些新的东西，正如行进在山阴道上，有着应接不暇之势，这是一个好现象，是我们大家都应该为她而欣慰的。"这种肯定，无疑是对前面一些评论者否定性评价的销蚀，其目的是要保护茹志鹃的艺术路向。经过了1956年和1959年的反右斗争的魏金枝，在当时的政治情势下，深知茹志鹃被如此批评和否定，是潜伏着一种危机的。因此，他就撑开自己这把伞尽力来保护她，尽力在舆论上消解对茹志鹃不利的因素，这样才能使她保持正常的心态进行创作。然而，这一切都是默默进行的，不能不说是一种高尚的情怀。

应该说，茹志鹃的成功，除了个人的才情之外，一个重要的原因，就

魏金枝在青浦县青年业余作家文艺
创作培训班上讲话，魏平提供

在于她背后有人在隐隐地推动她前进，其中一个重要的人物就是魏金枝。由于他支持、鼓励、帮助和指导欧阳文彬写作关于她的评论，很快就使茹志鹃被文坛关注着，引起了对她的创作的论争。从而，扩大了茹志鹃在文坛的影响。因此，茹志鹃的成名，与魏金枝的指导和帮助也是密切相关的。

魏金枝这种伯乐精神，还体现在对于短篇小说《沙桂英》的力荐上。《沙桂英》是唐克新创作的，真实地描写了一个纱厂的青年劳模沙桂英在

新中国的遭遇和精神状态，比较深刻地反映了当时的社会现实。应该说，这篇作品是唐克新在表现手法和塑造人物方面都有新的突破的一篇力作。但是当编辑部收到这篇稿子时，有些人由于受"左"的观点的影响或水平不够，不仅看不到作品中的可贵之处，反而提出了一些不很确切的意见。一是说沙桂英的行动是孤立的，性格的形成没有依据，是无源之水，因而要求补充她的家庭和社会教育方面的内容；二是说沙桂英的对手形象都不高，有损党的形象，因而要求修改品质不高尚的中间人物——车间干部邵顺宝的形象；三是说作品长而松散，要删改。其实，这都是一些"左"的思想观念主导的结果。当时编辑部几经讨论，争执不下。魏金枝觉得这是一篇较好的作品，他力排众议，果断地将稿子发表，并排在头条。《沙桂英》发表后颇受文艺界和读者的好评，成了当时短篇小说中的精品。邵顺宝这个形象，也成了工业题材中塑造出来的中间人物的典型，被称为可与《创业史》中的梁三老汉媲美的艺术形象。实践证明，魏金枝的意见是正确的。小说发表后，魏金枝为此写了《为〈沙桂英〉辩护》的文章。由此可见，魏金枝是不愿意在他的视域中出现遗珠之憾。当然，这里反映了魏金枝坚决反对"左"倾主义的态度。

三　顺从与抗拒

　　新中国成立之后，立即在文艺界开展了反右斗争，使大批知识分子受到打击。魏金枝是在"五四"运动中成长起来的知识分子，在他的骨子里，有着一种自由、民主和平等的情结。但是，魏金枝在旧社会是一个饱受艰辛的底层知识分子，如今却做了新中国主人，他衷心拥护中国共产党，听毛主席的话，自然积极参加了这场运动。这种矛盾状态，显示了主体人格在非常时期的分裂。

　　对于中国共产党开展的针对知识分子的各种政治运动，魏金枝在"文化大革命"之前没有受到什么冲击，但是，他内心对这种做法是有一些抗拒的。艾以说过一件事，我们可以看到他的内心世界：

　　　1953年7月1日，在上海文艺界纪念党的生日的一次座谈会上，魏老的发言至今仍深深地印在我的脑海里。他在那次座谈会上深情地说："作为一个从旧社会过来的知识分子，生活在新社会，心情是舒畅的，党对知识分子的关怀，处处使人感到温暖。"接着他又深有感受地说："新社会给知识分子的温暖，有时就像穿惯单衣，一旦穿上新棉袄一样，温暖虽然温暖，但总又感到有点不习惯。"因此，他提醒人们，也提醒他自己："不要认为知识分子到了新社会，样样都称心如意，处处都能适应，或者以为社会主义制度和党的政策，全都可以为知识分子所接受。不是的。我们这些来自旧社会的知识分子，头脑里旧的东西不少，还必须加强思想改造，使自己尽可能跟上新形势，适应新情况。"①

自然，这是魏金枝特定时期对党的知识分子政策的独到认识，也是他对现实政治的理解和把握。在这里，我们恰恰看到了魏金枝对当时党的知识分子政策，尤其是在文艺界开展的一系列政策的不满。尽管如此，但在大的方向，魏金枝又始终与党中央保持一致。

1955 年 5 月，文艺界开展了批判胡风集团②的错误运动。25 日，中国文学艺术界联合会主席团、中国作家协会主席团举行联席扩大会议，声讨"胡风反革命集团"。时任中国文联主席的郭沫若主持会议并致词。他说："《人民日报》揭露的材料，完全证实了胡风集团 20 多年来一直是进行反党、反人民、反革命活动的。他们的阴谋活动是有组织、有纲领、有计划的。解放后五年来，特别在文艺界对胡风思想展开批判后，胡风及其反动集团还是毫不改悔，仍然疯狂地向党向人民进攻，进攻失败后又改换策略

① 艾以：《甘为他人作嫁衣》，《文坛·艺坛·人间世》，浙江人民出版社 1999 年版，第 91 页。

② 胡风（1902—1985），原名张光人，湖北蕲春人，现代著名的文艺理论家。曾留学日本，1933 年回国，后担任"左联"的书记和宣传部长。早年接受马克思主义，后来形成了自己一套比较完整的文艺理论。最主要的有三个方面：一是坚持"五四"新文学传统，反对借口"民族形式"接受封建传统的东西。二是坚持革命现实主义精神，要求文学真实、深刻地反映生活，反对把文学当作政治的传声筒，反对公式化和概念化。他认为革命文艺要不断揭示民众中的"精神奴役的创伤"。三是主张在文学创作中要发挥作家的"主观战斗精神"，作家应以强大的"人格力量"去拥抱现实，从而创造出有血有肉的复杂人生。由于胡风文艺理论被认为偏离毛泽东红色文艺理论，而被政治定性为"反革命集团"，胡风等人遭到审判。1978 年 12 月，中共十一届三中全会以后，为胡风等人恢复了名誉。胡风 1979 年获释，1980 年中共中央为"胡风反革命集团"案平反。此后，胡风任全国政协常务委员、中国文联第四届委员、中国作协顾问等。1985 年 6 月 8 日，胡风病逝于北京。

实行退却，企图以假检讨继续欺骗人民。胡风集团已不仅是我们思想上的敌人，而且是我们政治上的敌人。"① 当时，参加会议的有中国文联主席团委员和各协会负责人郭沫若、周扬、阳翰笙、欧阳予倩、夏衍、郑振铎、冯雪峰、老舍、田汉、洪深、江丰、吕骥、马思聪、戴爱莲等以及首都文学艺术界人士共 700 多人。这次会议成为批判运动的冲锋号，当时中国的文学界、文化界、知识界都转入了这场批判运动之中。在这种政治背景下，魏金枝也成为一个缺乏理性的积极批判者。他先后写了《胡风的真面目是什么》②《胡风集团的恶行》③《我们不能同老虎睡在一起》④《胡风反革命集团在上海的活动概况》⑤，对所谓的"胡风集团"进行所谓的揭露和批判。魏金枝在《胡风集团的恶行》一文中"揭露"了胡风和所谓的"胡风分子"张禹、罗石、梅林、刘云华、耿庸、顾正南对上海文艺工作的许多所谓的"破坏"活动。在《我们不能同老虎睡在一起》中，魏金枝把"胡风反党集团"称为老虎，说这些为化装为外婆的老虎，要吃人，吃共产党，吃工人农民，并告诫人们："我们必须从胡风事件中吸取教训，提高我们的警觉，把革命力量组织起来，把胡风反革命集团彻底清除，把类似胡风反革命集团的暗藏分子彻底清除，因为我们不能和老虎睡在一起。"⑥ 这是特殊时代情势下盲从的言行。

1957 年春，魏金枝回故乡嵊县做调查研究，体验生活，搜集创作素材，为创作做准备。他住在魏淇园家里，他在魏淇园创作《夏雨》时作了指导。同时，应嵊县文化馆的邀请，为青年业余文学爱好者做辅导报告。6 月才返回上海。当时，中共中央发出《关于整风运动的指示》，号召在全党范围内开展整风反右运动，旨在克服近年来党内新滋长的脱离群众和脱离实际的官僚主义、宗派主义和主观主义，提高全党的马克思主义思想水平，改进作风，适应社会主义改造与建设的需要。⑦ 在整风运动

---

① 人民出版社编辑：《坚决彻底粉碎胡风反革命集团 1》，人民出版社 1955 年版，第 7—8 页。

② 载《少年文艺》1955 年第 6 期。

③ 载《人民日报》1955 年 5 月 23 日。

④ 魏金枝：《我们不能同老虎睡在一起》，《文艺月报》1955 年 6 月 15 日第 6 期。

⑤ 载《文艺月报》1955 年第 7 期。

⑥ 魏金枝：《我们不能同老虎睡在一起》，《文艺月报》1955 年 6 月 15 日第 6 期。

⑦ 中共中央：《中共中央关于整风运动的指示》，1957 年 4 月 27 日发布。

中，"大鸣、大放、大字报、大辩论"成为主要的形式。魏金枝虽然在乡下，但他不仅在报纸上看到了5月8日上海各报发表的上海文艺界座谈会记录，而且《解放日报》还写信给他，要他写点意见。魏金枝在乡下写了《一些聊供参考的意见》寄给《解放日报》，后来又写了《从"文艺月报"看"墙"和"沟"》，发表在《文艺月报》1957年第6期。在这两篇文章中，他首先批评了上海作协的官僚衙门习气：

> 至于上海作协的书记处，除我以外，全部是党员，这当然是不甚合理的；而且除开上海作协的工作人员以外，其中只有一个是新文艺出版杜的同志，这就完全失去了作协会员以至理事的代表性。从这里说，我虽是"墙"外人，却还算是个"沟"里人。对于改组书记处，那是去年下半年早已提起的了，尽管作为"马首是瞻"的中国作协已把书记处改组了，上海分会却仍是未曾改组。看来要说服某几个党员同志退出书记处，也是一件相当困难的事情。后来又听说将来的书记处，将变为专门研究创作问题的机构，这自然是一件好事情，这就可以多容纳一些对创作有研究有兴趣而且有决心发展创作的代表人物，加入工作，不至关起门来造车。但高高在上的主席团，做些什么？管人事么，管事务么，还是又是有（其）名而无其实呢？我的意见，问题不在于这么改那么改，而在于信任作家，让作家多做些自己愿做的事，党只须在原则上领导它，让许多党员作家，在作协中起核心作用，这就是领导，这在上海作协是完全可以有把握的。又何必包办，以至包而不办。①

显然，魏金枝是从文学工作自身的性质和特点出发来批评上海作协的不良风气的。

其次，对上海作协对刊物设置种种限制展开了批评，并呼吁对刊物的简政放权：

> 至于对刊物的办法，去年全国文学期刊编辑会议，本来早已订出一些普遍可以遵守的规定，特别是把一切责任，放在负责人身上，不

---

① 魏金枝：《从"文艺月报"看"墙"和"沟"》，《文艺月报》1957年第6期。

能称职，就撤销他的职务，这是很贤明的。那么，为什么不可以再将用人行政之权，也交给这些负责人，而作协的人事科，也就可以不至推三阻四地从中拖脚了。我以为这里也得再放宽一步，而且大力予以帮助，为"百花齐放""百家争鸣"造出条件来。老实说，无论党员非党员，他既然愿意对刊物负责，以致连身家性命都交给党和政府，以求革命事业的成功，还有什么理由不能信任他们，必须要像对孩提一样，加以襁褓，予以不必要的限制？在我看，这种不必要的限制，除开助长教条主义的嚣张以外，是决无什么好处的。①

这种批评是很尖锐的，对于当权者来说，自然是难以接受的。

第三，他批评上海市作协的不良现象。一是不作为。他说：

上海作协的创委会，自从成立以来，几乎没有做过什么事，但从名单来看，是很吓人的，有主任副主任和许多委员，作为广告，神气很足。去年改选以后，变本加厉，副主任正有六人之多，可惜的是连一次委员会都没开过。前几年，《文艺月报》编辑人员很忙，而创委会的四个干部无事可做，我们就想请他们看一些长篇稿。长篇我们本来不登载的，只是对作者提些参考意见，这工作创委会自然也可以做，但是他们宁愿坐在那里剥指甲，还是不愿做。②

显然，这种批评显示了魏金枝浙东人的文化性格。二是批评上海作协的一些人争权夺利的不良风气：

说到上海作协的缺点，主要的巴金、若望等同志都已说了，我不重述。现在且举几件令人痛心的事来说一说吧。去年评级评薪时期，支部对下级干部的升级抓得很紧，批评不满自己的薪级的人是思想落后（自然也有个别善于迎合的人得到特别提拔）。但等到高级干部评级评薪时，某些党员干部，却争得很厉害，不但背述自己的功绩，还骂上级党的领导。当时在座的，只有我一个非党员，但我觉得很难为

① 魏金枝：《从"文艺月报"看"墙"和"沟"》，《文艺月报》1957 年第 6 期。
② 魏金枝：《一些聊供参考的意见》，《解放日报》1957 年 5 月 18 日。

情，我为这些党员脸红。我并不是说，做了党员就不要生活了，不是的，问题在于少一个高级干部升级加薪就可以使十个五个低级干部升级加薪，然而我们却把下面收得这么紧，而把上面放得这么宽，这难道是合情合理的么？①

显然，上海作协担任领导干部的中国共产党党员们，实际上已经背叛了中国共产党全心全意为人民服务的宗旨，对于党的组织建设与纪律要求来说，具有重要的意义。但是，这个批评对魏金枝个人来说是不利的，它将上海作协的一班当权者全部得罪了。

对魏金枝自己来说，在当时的情势中，他不得不紧跟着时代政治的步伐。1957 年 7 月，毛泽东在上海干部会议上做了《打退资产阶级右派进攻》的讲话，又发表了《一九五七年夏季的形势》，对如何将反右派斗争进行到底、如何继续开展整风运动和社会主义教育运动作了进一步的分析和部署后，魏金枝又写了《民不可侮》②和《右派分子的本色》③等文章展开批判。1958 年 4 月 10 日，他发表《把心交出来》④，指出把心交给党，交给人民，交给社会主义，这是一件大好事。可是怎样交呢？他认为最妥当的办法是，不管大红或淡红，不管心隙缝里有龌龊没有，应该全部地立即交出来，这才表示出你自己的勇气，表示出你自己的真心。他认为必须这样，才表示你对党和人民、对社会主义没有一点保留，这才对人民忠诚，靠拢党和人民，才有机会让党让人民来教育你，成为为社会主义而奋斗的战士。他批评了那些对自己的长处称扬唯恐不足，对自己的缺点掩蔽唯恐不及的现象。他指出，如果这样，那么存在于我们心上的龌龊就永远没有清除的机会。因此，他提倡一种自我批评，指出在这次整风中运用了鸣放的方式和批评与自我批评的方法，摧毁了不少的用个人主义所建筑起来的壁垒，人心渐相通，这是一个好现象。他鼓励那些对于自我批评不甚习惯的人要努力认清自己心理上的缺陷，把整个身心交给党，交给新社会。

---

① 魏金枝：《一些聊供参考的意见》，《解放日报》1957 年 5 月 18 日。

② 魏金枝：《民不可侮》，《文艺月报》1957 年 7 月 5 日 7 月号。

③ 魏金枝：《右派分子的本色》，《文艺月报》1957 年第 8 期。

④ 魏金枝：《把心交出来》，《文汇报》1958 年 4 月 10 日。

应该说，这些文章有鲜明的时代烙印，其言辞显然是过激的，唯恐揭露不够，批判不深，划分关系不清，自己的政治立场不鲜明，这是"左"倾激潮中政治话语特征的反映。但总体看来，在整风反右斗争中，魏金枝给所在的单位及领导部门提出了一些意见，进行了善意的批评，也是出于无奈的。

四　人大代表

1954 年 1 月开始，上海人大代表选举工作紧锣密鼓地进行。1 月下旬，上海市各区和乡、镇完成第一届区和乡、镇人大代表的选举工作，共选出区人大代表 4613 人，乡、镇人大代表 4670 人。2 月 25 日，上海市人民政府委员会举行第二十一次全体会议，会议讨论、通过《关于上海市人民代表大会代表名额及提名协商办法的规定》。7 月，上海市各区一届人大一次会议和中国人民解放军驻沪部队共选出市一届人大代表 800 人。魏金枝被选为第一届上海市人民代表和上海市政协委员。

1954 年 8 月 16—21 日，上海市第一届人民代表大会第一次会议隆重举行，魏金枝参加了会议。全市 800 名人民代表出席了会议，听取了上海市选举委员会刘季平秘书长做的《关于上海市应选第一届全国人民代表大会代表候选人联合提名协商经过情况的报告》，听取并审查批准了上海市人民政府财政经济委员会副主任宋季文做的《关于上海市一九五三年财政收支决算和一九五四年财政收支预算的报告》，听取了上海市宪法草案讨论委员会主任陈毅做的《关于上海市讨论宪法草案情况的报告》，代表 600 万人民行使了国家权力。会议经过了充分的审查和讨论，以无记名投票方式，隆重地选出了上海市出席全国人民代表大会的代表 63 人；会议热烈地讨论了《中华人民共和国宪法草案》和陈毅同志《关于上海市讨论〈中华人民共和国宪法草案情况的报告〉》，8 月 21 日通过了《拥护〈中华人民共和国宪法法草案〉的决议》，全体代表不但一致表示了竭诚拥护，而且保证要用实际行动，来迎接我国人民的伟大的宪法的诞生；同时又一致作出了拥护中央人民政府关于解放台湾的号召的决议。这次会议的召开是国家根本制度——人民代表大会制度在上海市的具体体现，是上海市人民行使国家权力的确切表现，是全市 600 万人民政治生活中具有历史意义的大事件。因此，对于魏金枝个人来说，他出席会议，代表人民行使国家权力，是非常光荣的，也反映了社会对他的重视。① 因此，魏金枝心情很激动。

1954 年 9 月 20 日，新中国终于公布了第一部宪法，魏金枝在《文艺月报》上开辟以《我们热烈忠诚地拥护宪法草案》为题的讨论中，做了题为《要为人民服务得更好》的发言。全文为：

> 对于新近公布的宪法草案，我已经读过多次了，我还预备再无数次的读它。它是我们千千万万的革命先烈和革命战士不断流血奋斗的结晶，也是我们全国人民所梦寐以求的共同的愿望，我们今天得到它，为之而欢欣鼓舞，那是无须说得的，为之而努力奋斗，以建设繁荣幸福的社会主义社会，实在是我们今后更重要的职责。我愿在共产党和毛主席的英明领导下，更好的尽我们的职责。

> 作为革命的文艺工作者的我们，在过去，一直就和骑在人民头上的反动统治者，站在敌对的地位上，因此我们是没有自由的。如今，我们的国家是人民的国家，人民就是国家的主人翁，凡是能为人民服务的文艺工作者，就必然受到国家的鼓励和帮助。所以在我们新近公布的宪法草案上，就用明文规定了这个意思。而其实，自从解放以来，我们所有的文艺工作者，早就受到了政府和人民的鼓励和帮助，所有的问题，只是由于反动统治者一向禁绝了我们和人民的联系，而我们的文艺工作者，也尚未能密切的理解人民的生活，所以虽然得到了鼓励和帮助，力量还是太小，为人民服务得还不够。因此，我们文艺工作者加强今后的主观努力，固然是必要的，而得到国家的鼓励和帮助，也还是必要的。我们于感谢人民给予的鼓励之余，我们一定要为人民服务得更好。②

这是他当时由衷的誓言，他拥护宪法草案的公布，决心当好人民的公仆，把为人民服务当作了自己的座右铭。全心全意为人民服务，默默无闻，不计较个人利益得失，鞠躬尽瘁，死而后已。这是他后半生的光辉

---

① 参见《上海工商》1954 年第 30 期。

② 魏金枝：《我们热烈忠诚地拥护宪法草案·要为人民服务得更好》，《文艺月报》1954 年第 7 期（总第 19 期）。

写照。

1955 年 2 月，1949 年 5 月成立的上海市人民政府改组为上海市人民委员会，魏金枝即当选为上海市人民委员会委员。尔后，魏金枝又分别于1956 年、1958 年、1962 年和 1964 年连续被选为第二、三、四、五届上海市人民代表、上海市人民委员会委员，并列席了全国政协会议。这使魏金枝的身份注入了更强的政治内涵与社会意义，他激动地参加会议，积极地融入政治主流之中。

作为一个人大代表，魏金枝自然以后经常参加这类会议，而且以主人翁的姿态激动地融入主流。1957 年 8 月、9 月，出席上海市第二届人民代表大会第二次会议，在会议上和巴金、唐弢、周而复等 10 位同志联合做了态度诚恳积极的发言。1960 年，魏金枝又和罗稷南、柯灵参加上海市人代会，会议审议了曹荻秋副市长的《关于上海市 1960 年国民经济计划的报告》和马一行副主任的《关于上海市 1959 年决算和 1960 年预算的报告》，魏金枝和罗稷南、柯灵在会议上做了《努力创造无愧于我们时代的文学》的发言，不仅"完全同意"这两个报告，而且以极强的政治意识汇报了上海文学界在"大跃进"以来的创作情况："我们上海文学界，自从大跃进以来，也和其他战线上的工作一样，取得了巨大的成就。最可喜的是，在我们上海文学界中，已经出现了大量的新作家，有的是具有丰富革命经历的老干部，有的是年轻有为的工人，他们都是从阶级斗争和生产斗争中锻炼出来的，不但有丰富的生活知识，也具有坚定的阶级立场，所以他们既是我们文学界的生力军，也是真真的工人阶级的亲卫队。"同时，他们盲目歌颂"大跃进""确实给我们文学界以极大的帮助"，并且汇报："许多年轻年老的搞文学创作的同志，都满怀信心，立下雄心大志，一定要和工农群众打成一片，一定要为无产阶级的先进人物塑造崇高雄伟的英雄形象，创造出无愧于社会主义新时代的文学作品，攀登世界文学的高峰。"① 这种强烈的政治话语，反映了特定时代民众普遍存在的狭隘而狂热的思想状态以及盲从的行为表现，就是连魏金枝这样饱经风霜的老知识分子，也缺乏了自主独立的思想意识。

对于人大代表这一个身份，魏金枝是极其看重的。1964 年 8 月，当

---

① 魏金枝、罗稷南、柯灵：《努力创造无愧于我们时代的文学》，上海档案馆馆藏资料，刊于《解放日报》1960 年 5 月 22 日。

他接到上海市第五届人民代表的当选证书时，非常激动，他立即写下了《要避免反复，只有改造自己》一文，这是我们在上海市档案馆查到的一份档案。在文中，魏金枝表现了他异常的兴奋感：

> 前几天，上海市第五届人民代表的当选证书，又赫然交到我的手上来了，现在，我又亲身参加上海市第五届人民代表大会的第一次盛会了。在这个号召彻底革命、革命到底的大会上，我自然是激动万分，举起双手来赞成的一个。

可以说，对于能不能当选这个代表，参不参加这次大会，魏金枝是很看重的。因此，他参加这个大会，的确是激动万分的，这就是活生生的魏金枝。他虽然不看重做官，但是他对于这个代表资格很看重。人大代表，不仅是一个权利和义务的承担，还是一种被认可、被尊重的反映。在他看来，这是他的身份和地位的体现，是对他几十年革命经历的肯定。从这段文字中可以看出，其实当时魏金枝是很担心不能当选，而其中的原因就是他在编辑《上海文学》时没有紧跟主流声音，受到批评，使他诚惶诚恐。正是这样，当他当选的证书一下来，他却惊异万分。由此，我们可以看到改革开放以前，新中国那种"左"倾政治运动对人的危害，使许许多多的知识分子都形成了敏感的政治意识，对政治生命非常看重。

五　前线慰问

新中国成立后，政治上面临复杂的国际国内关系。在国内，除了大陆解放后一段时间清除国民党反动派和资本主义的残余势力，进行社会主义改造，巩固新中国政权等成为一系列政治任务之外，主要的就是防止退至台湾的国民党反攻大陆；而国际上，美帝国主义不仅孤立新中国，而且还明目张胆地支持台湾，试图推翻社会主义新中国。因此，反对美帝国主义、解放台湾成为中国共产党和社会主义新中国在很长的时期内一个重要的政治目标和政治口号。因此，福建沿海就成为中华人民共和国的前线阵地，赴前线慰问，也成为一件令全国民众很兴奋的事情。

1958年10月16日至11月8日，魏金枝参加了中国文联组织的"文艺界福建前线慰问团"，前往福建前线慰问海防将士。慰问团一行40余人，戏剧家田汉为团长，梅兰芳、吕骥、诗人田间为副团长，主要成员有著名作家魏金枝、陶钝、马铁丁（陈笑雨）、陈残云、黎家、张雷、孙福田；作曲家马思聪、郑律成、李焕之、刘兆等，目的是学习和宣传前线军民斗志，加强前后方感情交流。

　　这次慰问活动，也是文艺家深入工农兵的实际行动。慰问团先后到了马祖岛前沿，也到了面对金门岛的前沿阵地围头湾，会见了许多三军的高级领导人，直到连队的战士和炊事员。慰问团创作了500多件作品（其中

1958年，中国文联组织"文艺界福建前线慰问团"
合影，第二排右五为魏金枝，魏平提供

歌曲有百余件），还进行了70多次慰问演出。魏金枝创作了一些特写、诗和歌词，田间写了30多首诗，作家孙福田、陈残云、张雷等也写了很多诗或散文，作曲家们作了80多支曲子，及时将作家们创作的歌词谱曲传唱。《文艺月报》1958年第2期为几位到福建前线慰问的作家魏金枝、陈残云、黎家、田间开设了一个特辑"福建前线归来"，发表了《福建前线战士诗选（十七首）》、田间的《炮击歌（外一首）》、陈残云的《在前沿阵地上》、黎家的《是英雄，又是诗人！》、魏金枝的《前线炮兵群像》等文章。

　　在炮兵阵地访问的日日夜夜里，魏金枝不仅为祖国壮丽的美景激动着，而且为前线将士们的英雄事迹感动着！在炮兵某连访问的时候，魏金

枝按捺不住心头的激动，一天就一口气写下了5首歌颂炮兵的诗，表达了对国民党和美帝国主义的仇恨和蔑视。请看《大炮大炮打得好》：①

> 大炮大炮打得好，打得金门浓烟冒；打得那个蒋军喳喳叫，喳喳叫，喳喳叫，叫爹叫娘没处跑。
> 大炮大炮打得好，打得蒋军心头跳；打得整个台湾摇啊摇，摇啊摇，摇啊摇，磕头碰脑站不牢。
> 大炮大炮打得好，打得艾克心发焦；打得美帝阴谋乱了套，乱了套，乱了套，白费心机更徒劳。
> 大炮大炮打得好，打得美蒋大争吵；打得美蒋内部狗相咬，狗相咬，狗相咬，大家看得哈哈笑。
> 大炮大炮打得好，战士技术提高了，打得前线个个立功劳，立功劳，全国人民都称道，世界人民也欢笑。

中国人民海防部队的大炮，给敌人以有力还击，打得敌人闻风丧胆，大长了人民的威风，鼓舞了全国人民的斗志，向全世界宣告了中国人民是不可侵犯的。这首歌词最初由丁家岐作曲，后来又由白崇先作曲，广为传唱。同时，他还创作了歌词《美帝美帝声名臭》②也表现了对美帝国主义和国民党反动派的蔑视和仇恨。请看：

> 美帝美帝声名臭，蚊子苍蝇做朋友，厦门之外李承晚，还有一个蒋走狗。
> 美帝美帝声名臭，到处挨揍吃苦头，朝鲜败得灰溜溜，黎巴嫩也待不住。
> 美帝美帝声名臭，台澎金马想插手，中国大炮不留情，打得蒋狗难抬头。
> 美帝美帝声名臭，世界人民都恨透，齐把绞索紧一紧，他的命就

① 魏金枝：《大炮大炮打得好》，丁家岐作曲，《音乐生活》1958年第12期。收入文艺界福建前线慰问团编《赞三军》（歌曲集简谱本），由白崇先作曲，音乐出版社1960年版，第25页。
② 魏金枝：《美帝美帝声名臭》，收入文艺界福建前线慰问团编《赞三军》（歌曲集简谱本），由白崇先作曲，音乐出版社1960年版，第77页。

活不久，活不久！

这首歌词，马思聪作曲，表达了作者对美蒋的仇恨，表现了捍卫祖国领土完整的信心，显示了鲜明的时代特征。

魏金枝这次慰问活动，除了慰问前线将士，就是深入生活，积累素材。不仅创作了诗歌，还创作了一系列战地通讯，包括《前线三军英雄群像》《前线纪事》《打炮小记》等一批访问记和特写，展示了前线三军将士的革命英雄主义和共产主义的精神风采，让作者难以忘怀。《前线三军英雄群像》[①] 记叙了厦门前线炮兵营副营长和全营将士英勇对台作战的英雄事迹，塑造了既谦逊又富有生活气息的感人至深的英雄群像，对英雄将士进行了热情的赞美：一是三阵炮烟。记叙一名战士冒着敌人的炮火硝烟，不顾自己的生命危险，修接炮线，给敌人以猛烈打击。二是越打越强。记叙四小队三班的几名战士，越打越坚强越勇猛，非常值得学习。三是闯三关。写一名战士连续三关躲过，轻伤不下火线，坚持与敌人作战，英勇无比，可歌可泣。他最后还写道："在会见这么多的英雄战士中，我大有应接不暇之势，但我不觉得疲劳。我像身入名山，左回右旋，所见的都是奇峰灵岩，万景争秀，直使我神往心醉，欲罢有所不能。"《前线纪事》[②] 报道了作者"在前沿知道的一些有关敌情的笑话"：第一件事，即是作者在福建前线炮阵地上听说，蒋军打来的 15 发炮弹只炸了三发，据说有三个原因：一是这些炮弹是美货，也许受潮了，也许是劣质品；二是蒋军在心慌意乱中发炮，可能没按上引信；三是上级逼着打炮，只要打得多，士兵哪里管炸不炸。第二件事：美帝的船护送蒋军供应船队，我军的炮弹向敌人的供应船开炮，美帝的船只掉头就跑，哪里管蒋军船只的死活。第三件事：作者在厦门前线，会见了好些被蒋军拦截去的渔民，他们机智地战胜敌人，暴露了敌人的各种丑态。《打炮小记》[③] 记叙了作者自己打炮的经历。经炮兵司令部批准，慰问团的同志都有一次打炮的机会，作者也在其中。文章记叙了如何学习打炮、打炮的关键是什么，并意识

---

① 魏金枝：《前线三军英雄群像》，《东海凯歌》，福建人民出版社 1959 年版，第 146—153 页。

② 载《文汇报》1958 年 11 月 22 日。

③ 魏金枝：《打炮小记》，《东海》1958 年第 15 期。

到："在作战时不但要打得准，要打得狠，还要打得硬而又坚定。"本着这样的原则，几位慰问团的同志都打出了较好的成绩，所以作者也做了一回战士，无限地高兴，也表现出对战士们无限的崇敬。后来，他还发表了《说一说"战士之家"》①记叙了在前线的坑道，有的是人住的，有的是用来装炮弹的，所以战士们把这些坑道取名为"战士之家"。战士们把这些坑道建设得清爽而漂亮，所以作者称他们是善于建设的人。最后对这种海防工作的意义与决心予以了提升："这就象征着，我们的希望，是建设，是和平和幸福，但也决不怕为保卫和平和幸福而战争。"可以说，对三军将士，溢于言表的是衷心的礼赞。

这时期，纪实性散文在魏金枝的创作中多了起来，自然与时代共鸣性话语主导有密切的关系，也与魏金枝从心底里拥护中国共产党，热爱新中国和毛主席，自觉地肩负起时代"宣传员"的责任有密切关系。

六　纪实与宣传

这时期，作为《文艺月报》的业务领导，魏金枝一心扑在编务工作上，一方面在用稿上千方百计应对不断变化的政治形势，一方面又始终坚持保证刊物质量，既精心指导业余作家，又热心帮助年轻编辑，工作十分繁忙。但是，作为一个"五四"第一代作家，还是努力创作了一些作品，既有诗歌《真正的人——朱顺余》，也有记叙散文特写，以及小说和儿童文学创作，显示了不竭的创作情结。

虽然上了年纪，身体并不好，但魏金枝没有放弃创作。他制订了一个又一个的创作计划，试图在创作上出成果。例如1954年1月4日，他在华东作家协会的《1954年创作活动调查表》中写道："有可能下去4个月。预备住在自己的家乡，从多方面了解一些一个村的具体情况。"在同一表格中的创作计划一栏，他写的是"写6篇报告，两个短篇小说，预备写一篇有关司马迁的研究文章。"他在中国作家协会上海分会的《1956年创作计划调查表》中除了在"1955内你完成了哪些作品（包括创作理论批评翻译等）"中记载"在文艺月报上写了6篇。两篇读稿随笔。两篇关于胡风的文章。其余的两篇。各报上大约有六七篇"之外，在"1956年

---

① 魏金枝：《说一说"战士之家"》，《编余丛谈》，作家出版社1963年版，第142—144页。

内你是否可能到生活中去？准备到哪方面去，有什么计划和困难？"中写道："有可能。希望能到农村去。最好是自己的故乡。假使有6个月时间在乡下，能写一个中篇。因为上次下乡时，已有些青年人物的形象，在我的印象中。"在"1956年你准备写些什么作品（包括创作理论批评翻译等）？有什么具体计划和困难？"中计划："1.继续编写《中国古代寓言》第5册。2.译《史记》15篇。写一篇3万字的长序。3.续写读稿随笔6篇。4.写两个儿童短篇。——以上在业余时间做。"这个表没注明月份，应该是1956年的年初，还没过春节，所以表上填的是55岁。这时，他是《文艺月报》副主编，住址是愚园路愚谷村65号。① 1957年1月3日，魏金枝同样填写了一份中国作家协会上海分会会员创作情况表。其他栏目他都略过，只在"1957年的创作计划包括体验生活的打算？"一栏写道："1.整理一部文稿。2.精选改写一部给成人读的中国寓言。3.创作一部中篇小说，或改为电影剧本。4.收集民间寓言，加以改写。5.全年写6篇小论文。预备到乡间住4个月，到外地旅行一次。"1958年3月，他制订创作规划，准备创作一部15万字的长篇小说。

　　从这些创作计划可以看出，魏金枝非常重视生活的体验，而且想在散文、小说、电影和儿童文学方面创作一些作品，并有写作长篇小说的打算。但是，就像其他"五四"第一代、第二代作家在解放后只是有计划，却没有实现自己的计划一样，魏金枝自然也并没有完成此时的计划。这时期，他主要是一些配合时代政治主流而开展的纪实性写作，目的是进行政治宣传。无论是通讯还是杂文，都突出思想内容的政治性。

　　首先，这时期，魏金枝的特写更多的是表现新中国先进人物的。如1955年8月，魏金枝到上海内燃机配厂去访问市劳模顾谒金，然后写作《顾谒金心里的秘密》，致力于宣传顾谒金老师傅开展技术改革的先进事迹。顾谒金一心想改进技术，由于他的合理化建议没有及时得到采纳，所以他一直不是很开心，只有他当上了车间的技术员，他觉得有机会实现自己的技术改革了，也可以帮助工人们实现合理化建议了，他才真正露出了笑容。当然，文章也批评了工作中的事务主义，不但把工作推来推去，而且打击了工人的改革积极性，不利于技术的改革和创新的不良现象。②

---

① 见《1956年创作计划调查表》，上海档案馆资料。

② 魏金枝：《顾谒金心里的秘密》，《展望》1956年第30期。

1955 年《一个人的成长——马金龙访问记》记叙了在解放军影响下成长为一个能主动揭发反革命分子的英雄马金龙的故事。作者总结出：马金龙的成长，是人民子弟兵解放军给了他很大影响，又在中国共产党的教育下，使他一步一步地有了深刻认识，不断地进步和成长起来，思想觉悟和斗争意识都有了进一步的提高，能够与母亲斗争，揭发地主分子，能够分辨是非，给犯错误的弟弟以处分，更能不顾个人安危，识破破坏分子的阴谋，给敌人以严惩。所以，作者写道："人在党的教养下成长起来，就是折磨他，他还在成长起来，压也压不住，拖也拖不住的。马金龙就是这么成长起来的。"① 1956 年 4 月，魏金枝访问劳模上港 2 区 34 四组组长吴良先，写作特写《我们要的是团结》，文章记叙了上海市劳动模范、上海港第二装卸区的一个小组组长吴良先的事迹，他带领的工作小组总是获得奖励和表扬，同时通过两个小组的对比，带动了另一个小组的积极性，在工作中互相帮助，团结合作。② 1958 年 6 月，魏金枝和巴金、靳以、胡万春、任斡等集体撰写报告文学《创造奇迹的时代——党挽救了邱财康同志的生命》。几位作家联合写了报告文学，记录了上海瑞金二路广慈医院挽救了一个重度烧伤的钢厂锅炉炉长邱财康同志生命的故事。一方面塑造了一个工人阶级的新形象，邱财康同志的高大形象，强忍巨痛，配合医治，在医院里仍然想到自己的岗位上去。另一方面塑造了医院的医护人员，克服了重重困难，最终在专家都毫无办法的情况下，移植成功，创造了历史上的奇迹。③ 1959 年 9 月，他和巴金、萧珊、罗洪等作家一起参观新安江水电站建筑工地，又写作了通讯《竹和使用竹的人》。这些特写，热情地讴歌了中国共产党，讴歌了新中国，讴歌了新时代的英雄人物，显示了魏金枝自觉融入时代主潮的努力。

这种纪实性散文的写作，魏金枝开始得比较早。如 1953 年 9 月 23 日，魏金枝出席在北京举行的中国文学艺术工作者第二次代表大会。大会期间，他采访了解放军文艺工作者崔八娃，10 月便写作了《和崔八娃见面》。文章赞扬了解放军文艺工作者崔八娃的进步，他在十多天里突击认

① 魏金枝：《一个人的成长——马金龙访问记》，《文艺月报》1955 年第 9 期。

② 魏金枝：《我们要的是团结》，《中国工人》1956 年第 7 期。

③ 魏金枝、巴金、靳以、胡万春、任斡等：《创造奇迹的时代——党挽救了邱财康同志的生命》，《文艺月报》1958 年 6 月号。

识了 2000 多字，"这固然少不了教育和培养他的一切人的功劳，和自己的天赋，然而这一些也正是他这一家族的和他这一个阶级的历史要求。不过有的表现在和敌人作斗争的战场上，而崔八娃则将这种要求在学习上体现出来就是了。"因为他是贫苦出身，9 岁就给人家牧羊，后来就顶替哥哥做了壮丁，没有想到这样一个没有上过学的人会如此之快地识字，而且还要写作。作者最后写道："崔八娃还告诉我，他现在还只是在写自己，用这来锻炼自己的写作，准备在多熟悉一些别人之后，然后联系真人真事来写小说。这个写作方法，也是朴质踏实的。像他那样具有惊人毅力的人，再肯踏实地从事写作，再有党对他的培养，他是能够达到成功的。"①

其次，纪实性杂文也是进行政治宣传的。无论是礼赞性还是批判性的杂文，都具有很强的现实指向性，纪实性很突出。这一类文章，魏金枝开始比较早，1953 年他发表了《走错了路的人》。② 这是一篇关于反动会道门的罪行录，文章记录了一贯道奸徒如何在一个工厂拉拢工人入道的过程。他们公然在 1800 多个工人中，拉拢 300 多个工人，而且还公然进行反共宣传，极其恶劣。同时，也写了最早被拉入道的一个女工觉悟的过程，给人们一个深刻的教训和警示。这是批判性的，具有很强的政治宣传的意义。用新人新事来宣传和讴歌新中国，是更加突出的表现。《迎接光彩灿烂的新年》③ 是一篇歌颂型的杂文，可以看作是《新闻日报》1956 年的新年致辞。魏金枝充满了热情，赞颂了我国 1955 年取得的光辉成就，展望了下一年的愿景，号召人民努力追求幸福。他首先指出："在我们大踏步向前迈进的过程中，因为走的是新道路，做的是新的事业，我们就不可能不碰到某些困难，也不能不犯上某些错误。"然后，他充满情感地总结过去一年的成绩："正在我们结束 1955 年工作的时候，我们兴奋地获悉，我们半数以上的农业人口，已经顺利地进入了半社会主义性质的农业生产合作社。也就在这个过去的年份里，全国农民，比 1954 年多了 250 亿公斤粮食和 700 万担棉花。这自然是值得全国人民欢欣鼓舞的大喜事。"在展望新的一年将取得胜利时，他充满着信心："我们怀抱着莫大的欣幸，欢迎 1956 年光彩灿烂的新年的到来。我们也怀着莫大的欣幸，欢迎

---

① 魏金枝：《和崔八娃见面》，《文艺月报》1953 年第 10—11 期。

② 魏金枝：《走错了路的人》（特写），《文艺月报》1953 年 7 月 15 日第 7 期。

③ 魏金枝：《迎接光彩灿烂的新年》，《新闻日报》1956 年 1 月 1 日。

工人兄弟们在四年内完成第一个五年计划的保证。我们相信这个保证是能够实现的。除此以外，自然也欢迎私营工商业者接受社会主义改造，希望他们能在国民经济的领导下，迅速纳入国家资本主义的轨道，并且更进一步地实行定息的办法，作为国营工商业的助手，为早日实现社会主义社会而努力。"最后，作者再次提到了农村生活水平不断提高的事实，让人们把以前的记忆抛开，而投身到追求更大的幸福事业上去。他激励大家："朋友们，同志们，我们拿出更大的努力，来迎接光彩灿烂的 1956 年的新年，来追求更光明的幸福吧！迎接光彩灿烂的新年！"这显示了一种讴歌的激情。《关于水》也是一篇歌颂型杂文，是对新中国兴修水利的礼赞。文章首先指出水的重要的正反两方面的作用，农民是离不开水的，但水有时也会给人带来灾难。他运用对比的手法来写作。在旧社会，农民为了水，有时求神。解放后，农村修建了水库，使人民对水的需求有了保障。就是在这种对比中写出了农村的新面貌，显然是对社会主义唱的赞歌。[①]因为他对新中国衷心地热爱，因此号召大家全心全意跟党走，献身于新中国的建设事业。《纪念高尔基九十诞辰》[②] 则是一篇既有人生教育意义，又宣传革命精神的文章。他从高尔基的笔名谈起，任何苦痛都不能挫败他的坚强意志，特别是高尔基参加革命以后，像海燕一样充满了革命的斗志。作者号召大家，特别是青年，要向高尔基学习，以他为榜样，作为我们"大跃进"中的前进力量。这些杂文，无论题材和主题如何变化，但都有一个共同的逻辑基点和情感倾向，这就是对于新中国发自内心的热爱和真诚的期待。

这时期，魏金枝的小说创作比较少。主要是编选出版了《魏金枝短篇小说选集》，收小说 10 篇：《奶妈》《野火》《制服》《赌》《三老爷》《坟亲》《不想死的人》《骗子》《蜒蚰》《报复》，最早的作品写于 1929 年，最近的作品写于 1948 年。还有 1954 年 8 月写的一篇《后记》，1954 年 11 月由人民文学出版社出版，是第一版。陈建功主编的《中国现代文学馆馆藏珍品大系》（手稿卷）记载了"《魏金枝短篇小说集》"，并在

---

① 魏金枝：《关于水》，《文艺月报》1958 年 1 月 5 日 1 月号，总第 62 期。
② 魏金枝：《纪念高尔基九十诞辰》，《展望》1958 年第 13 期。

"文物档案"中标识文物产生时间是 1947 年。① 不知是不是这个小说选集。如果是，这个记载显然不准确。一是因为《报复》是 1948 年 11 月创作的，不可能是 1947 年；二是因为魏金枝在后记中明确记载："这次又剔去一部分更粗糙更灰暗的，剩下的就只有这 10 篇了"，显然不可能不用"选集"二字。正如魏金枝自己所说的，这部作品选集剔除了"更灰暗"的，是以思想内容是否适合当时的政治情势而选择的。如果不是，则至今没有发现另外还有人提到魏金枝 1947 年出过小说集，我们也还没有找到。而该书不仅标明是人民文学出版社捐赠，而且文中这样写：

> 魏金枝 1930 年通过柔石介绍加入中国左翼作家联盟，助编"左联"刊物《萌芽》。1931 年"左联"五烈士被捕，他被迫离沪，到杭州财务学校任职。1933 年回到上海，在麦信中学任教直至解放。在此期间创作小说数篇，收入本集共 10 篇。分别是《奶妈》《野火》《制服》《赌》《三老爷》《坟亲》《不想死的人》《骗子》《蜒蚰》《报复》。其中，1933 年后的作品 8 篇。②

显然，该书所记载的手稿，就是《魏金枝短篇小说选集》。应该说，这个选集所选入的作品，虽然在一定意义上代表了魏金枝小说创作的成就，但并不是他全部的优秀小说。从这里，我们可以看得出，魏金枝还是站在政治主流的立场去编选的，虽然不是当下的纪实，但以文学历史上的书写来隐喻现实，显示了很强的宣传指向。魏金枝在《后记》中表示"要不自馁，有生之年，我还要坚决地写下去"③ 但实际上这一阶段魏金枝创作的小说很少，主要有《一个危险的计划》《老牯和小牯》等。《一个危险的计划》，写一个复员兵朱志林，不愿意参加会议，对乡里的工作不热忱，只担任了村里的民兵中队长工作，而为自己拟订了一个发家致富的五年计划，让互助组为自己做工，自己私自出去做木工，放高利贷，准备买土地，特别是和几个落后分子在一起，准备把他们的田买过来，后来

① 陈建功主编：《中国现代文学馆馆藏珍品大系》（手稿卷），文化艺术出版社 2010 年 11 月版，第 318 页。"麦信中学"应为"麦伦中学"。

② 陈建功主编：《中国现代文学馆馆藏珍品大系》（手稿卷），文化艺术出版社 2010 年 11 月版，第 318 页。此引文中的"麦信中学"，应为"麦伦中学"。

③ 魏金枝：《魏金枝短篇小说选集·后记》，人民文学出版社 1954 年版，收小说 10 篇。

县里召开会议，人们对"小农经济"进行了批判，大家都做了检讨，最后他也被迫进行了检省。大家帮助他进行反思，没有新社会，他还在被剥削和被压迫，他不能忘记了过去。最后，他才提高了认识，抛弃了那个"危险的计划"。① 显然，这是一篇先念性极强的概念化的作品。原创的小说少，这是现代作家进入当代之后呈现的一种普遍现象。

七　编写寓言

寓言故事是儿童十分喜爱的，也是儿童文学作家常常关注的。魏金枝非常重视寓言故事的编写。1954年12月，他编写与出版了《中国古代寓言》（少年儿童出版社出版）第一、二集。"这是作者从几百种古籍中辑录、整理、翻译出来的，出版后受到普遍的欢迎。"② 王西彦在《向死者告慰》中说："特别值得一提的是，他在一九五四年到一九五六年间，别辟蹊径，取材中国古籍，编写了大量寓言故事，已经出版的就有《中国古代寓言》五册，每册收容五、六十篇，还有一部分未付印的原稿，总共有四百来篇。这些寓言故事，篇幅较长的有千把字，短的只有一两百字，言简意赅，发人深思。"③ 魏金枝在《中国古代寓言》集的前言"前面的话"中介绍了寓言及编写的目的：

> 我们说话的时候，常常喜欢用比喻。有些比喻，也就是寓言。
>
> 寓言常用日常生活中的例子，来说明一个道理，所以一般人都比较容易懂；懂了之后，也容易记得牢。
>
> 寓言里常常说到呆子，看起来很可笑。其实，在我们的生活中，也常犯这样的错误，只是自己不觉得。假使我们在笑过寓言中的呆子以后，再仔细地想想自己，常会发现自己的行为，实在和寓言中的呆子差不多，因而有时不免自己好笑起来。这对我们有好处：提醒我们，快把错误改正。
>
> 寓言里也常常说到聪明人；这些聪明人会教我们许多智慧。假使

---

① 魏金枝：《一个危险的计划》，《文艺月报》1954年第1期。

② 张惠达：《魏金枝文学活动年谱》，《上海师范大学学报》（自然科学版）1992年第3期。

③ 王西彦：《向死者告慰：记魏金枝》，《新文学史料》1979年第2期。

我们用自己的想法，来和这些聪明人的想法比一比，而发觉我们并不聪明：那么，我们就得学学这些聪明人，把我们自己好好地培养一番，使自己也成为一个聪明人。

这本书里所收的寓言，是从《晏子春秋》《列子》《庄子》《韩非子》等书中选出的。这些书，都是以前的人写的。虽然，古代人的社会和现代不同，但其中的许多道理，还是能够启发我们，所以把它选出来，改写成语体文，供小朋友们阅读。在这些寓言里，有几则是许多书都引用的，现在且不问引用的先后，和那些书的真伪，只是把它选择出来就算了。又为了使小朋友容易了解起见，有的节删了一部分，有的另外加了一两句，所以和原文有些出入。①

这话是对少年儿童说的，因为寓言故事是"供小朋友们阅读"的。事实上，这类寓言故事的读者，决不限于小朋友，我们成年人也可以发现自己类似寓言中的呆子，也有向寓言中的聪明人学习的必要。

1957 年，《中国古代寓言》由外文出版社以 *Chinese Ancient Fables* 的译名出版了英译本，赢得了国外的读者。应该说，"这是魏金枝同志的一个特异的贡献。"② 正如陈家骅所说："这几集《中国古代寓言》，是魏老心血的结晶，书出版后，富有生命力，自是得到各方面的好评，还一再重版。据我所知，在这以后不仅出版了他的《中国古代寓言选》的选集，还被译成英文，流传到海外。"③ 魏金枝利用业余时间为少年儿童写的寓言，"发行量有数百万册，是少儿读物中最受欢迎的一种。我国千百万的小读者将永远记住这位默默地为他们写出这么多丰盛的精神食粮的魏爷爷，将永远怀念这位为写了寓言而献出生命的老作家。"④

除此之外，魏金枝还在报刊上发表了自己编写的寓言故事。如《搬来搬去》（寓言），讲了一个非常可笑的笑话，一个庙里有三尊神像：孔子、老子和释迦牟尼，道士把老子放在中间，和尚把释迦牟尼放在中间，秀才们把孔子放在中间，经常把他们搬来搬去，有一天，他们三个说："我们

① 魏金枝编：《中国古代寓言》，中国少年儿童出版社 1954 年版。
② 王西彦：《向死者告慰：记魏金枝》，《新文学史料》1979 年第 2 期。
③ 陈家骅：《纪念著名作家、文艺编辑魏金枝》，《绍兴师专学报》1982 年第 2 期。
④ 王若望：《悼念魏金枝同志》，《新华月报》资料室编《泪雨集（乙编）》，生活·读书·新知三联书店 1979 年 10 月第 1 版，第 359—360 页。

三个倒都是和和美美的，却被他们搬来搬去，把我们的身体全搬坏了！"①如《咬自己的鼻子》，说明说话语言要合情合理。《半斤对八两》说明了不劳无获，当官的后代是同样的下场。《树丫叉》说明教条，不灵活，只能是墨守成规。《满意》说明了人不知足，贪得无厌。②还有几则寓言故事，说明了一些道理，给人以启示，也发人深省。《耐性及其他》③说明能说到的未必能做到；《只是没有糟》说明人是永远不会知足的，而不知足的人终归会失去所有；《天气不正》说明当官的只为自己着想，根本不知道当兵的寒苦；《考试》，通过一家商店招收营业员的故事，说明有些人能够夸夸其谈未必有真本领，用此店经理的话说："凡是自以为没有本领的，大概都有一些本领。譬如丙先生，连吃点心这么一件小事，也留心着自己和别人，这是很难得的，我预备请他留在我们小号里。"所以他决定招收这位"有许多长处，却觉得没有什么特色，心里着实有点惶恐"的人才。④在这里，1957年编写的《田鸡告状》⑤这个故事说明，如果你有天大的委屈，再大的冤枉，告错地方也是没有用的。在这期间，魏金枝还发表了《试谈我国的寓言》。他指出：

> 我觉得从事寓言创作，也和从事别的文学形式的创作一样，必须具有丰富的生活经验和生活知识，只有这样，才能从生活中看到人们在思想上的障碍，和生活中的陋习。唯其如此，即使不是我们第一手亲身得到的素材——譬如我们日常在报上所看到的怪事，以及从朋友口中得到的奇谈，也能用我们自己的知识和经验，使故事中的人物，起死回生，得到有机的骨肉，因而也有了生气和灵魂。……而更重要的则是我们作者的高深的思想，以及敏捷的机智。假使没有高深的思想，那么就是在生活中混一辈子，也只能从个人狭隘的要求中得到一些零星的体验，不能更提高一步，跳出自己主观的思想窠臼，看出问题之所在。因为寓言的任务，正是要从复杂的事件中，看出简单的关键来；从平凡的生活中，看出重大的问题来；从琐屑的例子里，看出

---

① 魏金枝：《搬来搬去》（寓言），《文艺月报》1956年6月16日第6期（总第42期）。

② 魏金枝：《咬自己的鼻子及其他》，《人民日报》1956年11月18日。

③ 魏金枝：《耐性及其他》，《人民日报》1956年11月9日。

④ 魏金枝：《考试》（寓言），《人民日报》1957年3月23日。

⑤ 魏金枝：《田鸡告状》，《文艺月报》1957年第2期（总第50期），第53页。

普遍的真理来。①

这正是魏金枝寓言创作的内在动力。

1962 年，魏金枝有病在家休息，闲不住的老编辑看了一些古书，觉得很有哲理，便发表了《宋濂的寓言五则》，阐述了这样一些道理：《雁奴》是猎人智捕雁群的故事，说明利用敌人的矛盾来战胜敌人的道理。《熊的止血方法》说明任何人或动物都有短处，自己抓自己的短处，就会自取灭亡。《骗子尊卢沙》说明骗子只骗得一时，总有露出马脚之日，让人们别相信那些吹牛皮的人。《彬彬有礼的人》讽刺那些迂腐之人，火烧眉毛也还不着急，说明不知变通的人，不能解决实际问题。《鸡鸣》是一个古代进谏的故事，用鸡晨报晓比喻臣子们的进谏，使君主得以采纳建议。② 可是，魏金枝没有想到后来的"左"倾严重时，这些寓言竟使他遭到了莫须有的罪名，说他是有所指的，对当时的社会主义不满的表现。他也不得不违心地承认自己的思想有问题，违心进行检讨。

在时代主流的影响下，魏金枝的寓言故事越来越突出政治性。1962 年，发表了《赞打虎英雄》。这是由上海少年儿童出版社出版的一个小本子——《打虎的故事》联想到的，称赞一个孩子跟在衔着猪的老虎后面，精神可嘉，具有社会主义的胆量，有勇气与不法分子做斗争。最后说："我已经说过，我们古代的打虎人，总是教育我们启发我们的先行者，我们读到古人打虎的故事，总是使我们神往，而在我们打虎的时候，我们的古代打虎人，总是紧紧地站在我们周围，对于我们的打虎事业，总是摇鼓扬旗为我们助威，给我们以无限的力量。因此，我爱我们今天的打虎英雄，也爱我们过去打过老虎的千千万万的英雄。"③ 可见，这时魏金枝的作品已经明显地带有时代的痕迹了。

编写古代笑话，也是魏金枝为儿童做出的重要贡献。1957 年，他写了《忌讳》④。这个笑话说的是县老爷雇用了一个叫高升的人，这个高升

---

① 魏金枝：《试谈我国的寓言》，《人民文学》1957 年第 4 期。

② 魏金枝：《宋濂的寓言五则》，《上海文学》1962 年 6 月 5 日第 6 期。

③ 魏金枝：《赞打虎英雄》，《人民日报》1962 年 6 月 21 日。

④ 载《文艺月报》1957 年第 2 期（总第 50 期）。

表面给人的印象很好，既干干净净又勤勤恳恳，可是工作却不是一样的，定期是一年，可是他一年有三变，前三个月忙忙碌碌，第二个三个月是迟迟钝钝，第三个三个月是一动不动，到第四个三个月又活动起来。县老爷不满意他的工作态度，想要在期满时回掉他，可是他在快过年的时候，就问："老爷明年还要高升吗？"县老爷为了自己地位的高升，只好又用了这个不太满意的高升。这个故事有耐人思索之处。一方面是县老爷的愚昧，反映了他为了高官厚禄的虚荣心理，同时也说明"忌讳"害人，让人很无奈。另一方面也说明高升有他聪明的地方，他了解县老爷的心理，把握了县老爷的这个心理状态，所以掌握了时机，让自己能够留下来，这是他的生存之道。与此同时，魏金枝还改编了一些中国古代战争故事，发表在《解放军文艺》上。如《曹刿论战》①，曹刿给鲁君的三次指导有利于战争的胜利，一是给士兵以作战的目标，一律平等地对待臣民；二是掌握作战的时机，在敌人力量削弱时进攻；三是观察敌人的策略，不中埋伏之计，在敌人溃败时，乘胜追击。《宋襄公败于泓》②指出战争要讲究方法，乘短途敌人没有准备好之机，攻其不备，同时指出国君要听取好的劝谏，不可一意孤行。《晋惠公被俘》③说明一个人不能忘恩负义、言而无信，出师有名才能赢得人心。《晋楚战于成濮》④包含几方面的道理：一是为官对士兵要仁爱；同时不能刚愎自用，自高自大，只想邀功请赏，不顾士兵死活；二是打仗出师有名，才能得天下。始终站在正义一方，以理服人让天下服；三是打仗要有计谋，不能莽撞行事，作战前要有方案，否则只能兵败而告终。最后一点是国家要有良师，国君要有好的参谋，没有人帮助出谋划策，国君也会没有好的良策。这些古代战争故事，是一些战略之策，有成功的经验，也有失败的教训，告诉人们一些道理，给人以很大的启示，但也往往会被人们对号入座，认为他是影射某些领导，借古喻今，动机不良，所以魏金枝受到很多诬陷。1958 年 3 月，魏金枝编写《中国古代笑话》，由上海少年儿童出版社出版，从各种古书中选出一百三十一则笑话。这些笑话短小精悍。作者用夸张的手法表现引人发笑的故

---

①　载《解放军文艺》1957 年第 2 期。

②　载《解放军文艺》1957 年第 3 期。

③　载《解放军文艺》1957 年第 4 期。

④　载《解放军文艺》1957 年第 5 期。

事，使人笑过之后，能得到教益。

　　这些寓言和故事，使魏金枝成为新中国儿童文学的重要倡导者和开拓者，为培养新中国的儿童做出了重要贡献，但也为他自己的命运进程埋下了一个影响因素。

第八章

专兼职的多能作家
（1959.1—1966.6）

　　1959 年，在魏金枝的生命旅途上又发生了一些改变。一方面，他继续在上海作协编辑《上海文学》，任副主编；另一方面，因为他曾经长时间在学校工作，有着丰富的教学经验，又是著名的作家，所以上海师范学院成立不久，魏金枝就被上海市教育局看重，让他兼任该校中文系主任。显然，他有了双重的实际身份。这种身份的增加，使他更加繁忙。但他始终坚守着作家的身份，尽力进行创作，又积极推进理论批评，不过主要成就还在文艺理论方面。

一　高校兼职

　　1959 年，魏金枝来到上海师范学院，兼任中文系主任，他每个星期的周二和周五要到这里来上班。像鲁迅先生一样，魏金枝喜欢青年人，对培养青年作者也是呕心沥血，所以他把满腔的热血投入到了教学中。

　　上海师范专科学校是上海师范学院的前身，1956 年扩建为上海第一师范学院和上海第二师范学院，1958 年下半年，两院合并成立上海师范学院。1959 年 3 月，上海市教育局调魏金枝去兼任上海师范学院中文系主任。

　　如前所述，魏金枝是 1952 年从教育系统调到作协工作的。当时，上海市教育局是不愿意的，其负责人在市人事局的调令中的阅批意见是："我们的意见最好不调这样的人去，留教育局还是有用的。"最后又因为"中央两次来电调魏金枝"，夏衍顶住了，才将他留下来。所以，当教育局领导人接到夏衍的信件后，就立即放行，但还是这样写道："如他到师专去当教授，可以兼文联职。"可见，上海市教育局还是比较重视和信任他的。

1959 年，魏金枝来到教育局后，即发表论文《文学教学与联系实际》①，提倡文学教学要联系实际，这是有其合理性与进步性的。但是文学教学如何与实际联系，却是一个方法问题。作者指出了一些在文学教学中常出现的错误现象。他指出：

> 有的用今人的尺度去衡量古人，把古人说得一文不值；有的赋予古人以今人的思想，好象（像）古代早已是社会主义时代。这都是反历史主义的。有的把文学和政治等同起来，只教政治而不讲艺术；有的专述社会背景而放弃了就文论文。这都没有明了文学的本来性质。在这些错误现象中，可以清楚地看出来，原因还在于这些从事文学教学的工作者本身，不是从根本上去探讨文学本身的性质，更没有知道政治与文学之间的关系，自然也不会知道每一作家所具有的特点。

也有些人以为联系实际的状况解决了，但实际上还没有最终解决问题。他说：

> 一种人用庸俗社会学的方式，以某一作家的出身历史、时代背景，来附会他们作品的内容，或则集纳各家对某一作家和作品的论述，来作为自己教学的资本。听来洋洋洒洒，广博无边，而实则泛而不精，博而不约，更远离作品本身的实际。这样教学的结果，只能养成学生浮夸的风气，和无意义的广征博引的习惯。对于文学的基础知识，以及文学本身的教育意义，却不甚加以注意。有时且会使学生如坐五里雾中，茫然不见一物。这在古典文学和现代文学的教学中，都会有这样的情况。另一种人则借发扬传统或提高政治思想的名义，不问学生的接受程度，不问学生的生理心理状况，主观地进行不当的冒险教育。他们并不反省自身的主观片面，反以理解力不强的罪名，强加在学生身上。这种情况，也都在古典文学和现代文学的教学中发

---

① 魏金枝：《文学教学与联系实际》，《上海师范大学学报》（哲学社会科学版）1959 年第 3 期。

生过。

接着，他指出，经过整风反右运动，使得文学教学联系实际这个工作得到了发展。在这里，教师与教师之间的讨论，学生与教师之间的讨论，是联系实际的一个基础。再加上师生们参加了劳动锻炼，理解了工农的实际生活和思想感情，对工农题材的作品有了理解。这才把文学与政治生活联系起来，从根本上把文学教学与实际联系起来。

这篇论文，应该说是他兼任上海师范学院中文系主任的就职词。这是他在政治第一的时代，对于文学教育的理解和把握，也是他对上海师范学院中文系教师文学教育工作的引导。魏金枝虽然是兼职，名义上的"中文系主任"，每月只拿数十元的车马费，但实际上他每星期都去学校，而且不少于两次。这是他一向对事业高度负责的态度促成的，也是他衷心爱戴毛主席、拥护共产党和热爱新中国的一种实际行动。因此，他并不做名义主任，而是实实在在引导和过问一些系里的事情。

在这一时期，魏金枝既担任着上海作协副主席，主持着《文艺月报》和《上海文学》的编辑事务，又兼任上海师范学院中文系主任。在政治第一的非常岁月里，这种实职与虚职，将魏金枝的政治意识自觉不自觉地强化了。这时，他的文艺活动紧紧围绕着政治要求进行，推行群众文艺工作，对上海的文学创作实绩庸俗地唱赞歌，缺乏一个老作家应有的批判精神。1959 年 12 月，他在《新年论文》中一开篇就说："有位朋友要我说说今年上海文学界的锦绣前程，我就毫不思索地说：'很好！很好！很好！'"接着就从诗歌、小说、特写报告、散文杂文、戏曲剧本和理论批评等几个方面，一一做一番宣传。① 这充分显示他紧跟形势的主体心态。这时期，文艺界一个重要的工作就是突出群众文艺。魏金枝在主持《文艺月报》时，编辑部就发出《"上海解放十年""上海大跃进中的一日"和民歌民谣、民间故事征稿启事》，"用散文、特写、文艺通讯、报告文学等形式，记录、表现我们上海解放十年来，特别是整风运动和大跃进以来所发生的社会、政治、军事、经济、文化事业和人民思想风貌的巨大变化"，"要求在真实的基础上概括地反映一个时期的面貌，或具体地描写某一动人的人物和事情"，"欢迎全国各地作者把反映各地的生活和大跃

---

① 魏金枝：《新年论文》，《解放日报》1960 年 1 月 1 日。

进的作品寄给我们"，"也要求各地的同志把你们自己写的新民歌，你们收集、记录的过去、现在的民歌、民谣、儿歌、民间故事寄给我们，我刊今后将不断地发表各地和上海的优秀的民歌、民谣和民间故事"。① 可见，魏金枝当时的政治意识是明显增强了。

二　保住荣誉

这时期，魏金枝作为上海作协的负责人之一，又是上海师范学院中文系主任，自然更加忙一些，但他在上海的影响力自然也更大一些。对于这个农民出身的作家、编辑，新中国成立以来，尽管运动不断，但是因为他"一直追随革命"，"没有做过背叛革命的事情"，"在历史上没有什么小辫子可以给人抓"②，他不仅没有受到很大的冲击，反而以其农民的出身和积极追随时代的努力而成为党和人民最信任的人。因此这时期，他一如既往地保持了以往的政治荣誉，参加各种政治活动，由衷地感到幸福和快乐。

这一时期，魏金枝的政治地位得到了保持，但也有过几分惊险。1959年10月，《文艺月报》改名为《上海文学》，魏金枝任副主编；后来，他又任《收获》副主编。《上海文学》和《收获》是此时上海两个最大的文学刊物，在全国文艺界举足轻重。显然，他在文艺界的地位继续得到彰显。1960年7月22日—8月13日，第三次全国文学艺术界代表大会在北京召开，出席代表2444人。魏金枝出席了大会，并继任中国作家协会理事，这是其业务影响力和政治认可度非常重要的反映。可见，魏金枝此时在新中国的文学事业中，仍然受到社会的重视，继续发挥着作用。

然而，对魏金枝来说，这时期政治上的荣誉，他更看重的还是上海市人民代表大会的代表和上海市人民委员会委员这一个身份。因为作协和文联的会议，多少还带有一定的业务性在内，是以他的创作成就做基础的。而人大代表，则是直接的政治境遇的反映。因此，在选举代表时，魏金枝是非常关注的。如何保住这一个政治身份，对于他而言，当上人大代表之

---

① 《文艺月报》编辑部：《"上海解放十年""上海大跃进中的一日"和民歌民谣、民间故事征稿启事》，《文艺月报》1959年第5期。

② 魏金枝：《一些聊供参考的意见》，《解放日报》1957年5月18日。

后，就要好好表现，不仅在言行上保持高度的政治一致性，而且还主动检查，不断反省，时时追赶时代政治步伐。我们从他在 1964 年当选上海市第五届人民代表大会代表后的感言就可以看出这一点。他说：

> 今天，上海市的党和上海市的人民，仍然把我作为上海市的人民代表，参与这样一个盛会，可见上海市的党和人民，仍然是信任我的，不信任党和人民的却是我自己。这就更加使我惭愧，更加使我感奋。我决不能再这样糊涂下去，有负于党和人民。我已经从这些教训中得出一个结论：你想安于和平共处，安于一团和气，安于目前的现状，你就一定怕斗争，怕强权，怕牺牲，怕原子弹，怕美帝国主义，到头来一定会由不革命而成为反革命，一切修正主义者都是因为这样而逐渐堕落下去，以至于不惜和帝国主义者互相勾结起来反对革命。我的年龄已经不轻了，我的思想基础也实在太薄了，要追上革命队伍，确实有许多困难，但鉴于不革命会变成为反革命的前例，我不能不汗毛凛凛，觉得不可终日。因此我不能不急起直追，好好的来改造我自己。好好的学习毛主席的著作，并且尽可能地和劳动人民接近，向他们学习，学习他们的勤劳勇敢的美德，特别是他们的健康的思想感情，然后逐渐地站稳我的立场，才不至于左右摇摆，才能减少反复的次数，和反复的幅度。我深信，怕反复而不去改造自己，反复的次数一定更多，反复的幅度一定更大。为了达到不反复的目的，就只有改造自己的一条路。在我们资产阶级知识分子中间，虽然进行了改造，也难免于反复，不能保险不反复。这是规律。但是只要不怕改造，不因为怕反复而进行彻底的改造，反复也仍然是可以避免的。这也是一条规律。打个比喻来说，这真如水上行船，行船者坐着不动，船自然只有向下流流去。假如真的划桨的划桨，背纤的背纤，上水船也仍然可以划到上游目的地的。代表同志们，为了社会主义事业，为了我们子孙万代的幸福，也为了我们自己避免由于不革命而成为反革命，我们应该大家努力，互相督促，一定把革命进行到底！

在魏金枝看来，当上人大代表实际上是政治上有了一种荣誉和依靠。因此，他就在思想上自觉地与党靠得更紧，政治上就与党中央保持更加紧密的关系，而且政治决心之大，立场之坚定，斗争意识之强烈，是立即升级的。由此我们可以看到，极"左"政治造成的盲从与非理性是多么厉害！

作为上海市第三届人大代表，魏金枝出席了1959年5月28日至6月5日举行的上海市第三届人民代表大会第二次会议，1960年5月10日至16日举行的上海市第三届人民代表大会第三次会议。1962年又当选为上海市第四届人大代表，先后出席1962年7月15日至23日举行的上海市第四届人民代表大会第一次会议和1963年5月2日至11日举行的上海市第四届人民代表大会第二次会议。1964年，魏金枝又当选上海市第五届人民代表大会代表，先后出席1964年9月16日至25日举行的上海市第五届人民代表大会第一次会议和1965年11月29日至12月8日举行的上海市第五届人民代表大会第二次会议。直到"文化大革命"开始后，"四人帮"爪牙于1967年2月组成上海市革命委员会之前，魏金枝都担任着中国作协理事和上海市人大代表两种社会职务，保持着这种政治荣誉。

不过，对魏金枝来说，这时期的政治荣誉，最重要的还是他受到毛主席的接见。魏金枝多次见到了毛主席，给他印象最深，使他终生难忘的有两次。一次是1956年的会见。当时魏金枝到北京开会，幸福地见到了毛主席。当时，毛主席当面表扬他的敬业精神和俭朴作风，还记得他的一些作品，这使"他非常激动，引为毕生的最大的荣幸，曾经写在一篇文章里"[1]，一直以此鞭策自己不断前进。第二次是1965年5月1日的会见。这一天，毛泽东主席莅临繁花似锦的上海，与上海人民一同欢度五一佳节。毛主席在五一节的傍晚，接见了上海各民主党派的负责人和教育、文化、科学界人士。魏金枝受到了接见，上海文艺界同时被接见的还有周信芳、张骏祥、赵丹、白杨、上官云珠、王丹凤、孙瑜、范瑞娟、徐玉兰等。正像当时的新闻报道所说，这次接见，"为上海全体文艺工作者带来了毛主席的鼓励和关怀"，"这是上海全体文艺工作者的幸福和光荣"[2]。对于魏金枝来说，此次接见是更加幸福的事情。因为他已经6次见到毛主席，这一次意义更大。从报道看，毛主席接见的文艺界人士，除了他是作家和编辑之外，其他的都是戏剧家。因此，他会见后写了《使人永远年轻》，记载了这一幸福的时刻：

---

① 王西彦：《向死者告慰：记魏金枝》，《新文学史料》1979年第2期。

② 本刊记者：《幸福的会见》，《上海戏剧》1961年第5期。

"五一"节下午六点钟，我接到通知去参加一个座谈会，也许是一种幸福的预感刺激了我，也许是一种过分的心情叫我这样做，我比预定开会的时间提早了半个钟头赶到了会场。

我匆匆的（地）跑进会场，市委的几个书记也在，许多同志也都陆续来到了，柯庆施同志笑眯眯的（地）宣布了喜讯：毛主席来了，毛主席要和我们见面。这一个喜讯，使得大家霎时间脸上开花，眼里放光，不知不觉地笑出声来。于是不久，毛主席果然巍巍地出现在我们面前，亲切地和我们一一握手，又像家人父子样的谈论起来。

这是一个最幸福的时刻，我用我的所有的眼力看他，用所有的耳力听他，用所有的热情围绕在他的身边。除了敬爱他，我还竭力地想从他的一行一动、一言一语中吸取力量。我已6次见过毛主席，我已从毛主席身上吸取了许多工作力量，这次同样如此，他对我们的教导是我们勇往直前的力量。见到了毛主席使我忘记了老之将至，永远感到年轻，使我坚定了战胜一切困难的决心。但我还不够坚强，我还要吸取更多的力量，使得我更勇敢起来，为人民服务得更好些。我是一个作家，又是一个文学刊物的编辑工作者，我今后工作不但要以自己的创作劳动来贯彻毛主席文艺思想，而且还要认真阅稿，为无产阶级的文艺事业做出贡献。①

毛泽东主席是晚上7时30分来与大家见面的。他老人家红光满面，神采焕发，跟在场的人一一握手。他们"聆听主席风趣而又发人深思的谈话"，"获得了巨大的鼓舞力量"，都决心"努力工作，努力学习，认真贯彻'百花齐放、百家争鸣'的方针，繁荣社会主义的文化艺术，来答谢党和毛主席的关怀和鼓励"。②魏金枝受到的鼓舞就是典型表现。

三　参加社会运动

新中国成立之后，防止资本主义复辟，巩固无产阶级政权成为时代共鸣，政治至上成为全社会的一条红线和一面旗帜，各种社会政治运动一个

---

① 魏金枝：《使人永远年轻》，《文汇报》1961年5月4日。

② 《幸福的会见》，《上海戏剧》1961年第5期。

接着一个，引导人民朝着社会主义的道路前进。尤其是 1958 年掀起的
"大跃进"运动，那种"多、快、好、省地建设社会主义"，赶超美帝国
主义的盲目的极"左"的运动方式，更是将人民的社会运动意识全面地
提升起来了。于是，积极参加各种社会活动，跟随大家走，听从安排和指
挥，就渐渐地成了人民的一种生活习惯和生存方式。在这种社会情势中，
魏金枝也是这样，总是跟随着各种社会运动前进。这时期，他除了参加各
种文艺活动之外，还参加了其他的各种社会活动，成为他在新中国的基本
的人生状态的写照。

　　一是参加反美游行运动。新中国成立之后，防止美蒋勾结，打倒美帝
国主义，打倒蒋介石，成为很长一段时期的政治任务，这在全国上下形成
了一种共识。魏金枝有着很强的反美意识，从 20 世纪 40 年代的杂文开
始，到赴福建前线慰问时创作的诗歌，都反映了这一点。这反映了时代共
鸣的基本特征。1964 年 1 月，巴拿马掀起了震撼世界的反美斗争风暴，
要求收回巴拿马运河的主权。巴拿马运河是沟通大西洋和太平洋的重要航
运水道，它于 1881 年动工开凿，1914 年凿通通航，历时 33 年。为开凿
这条运河，共有六七万名劳工在施工中牺牲。1903 年，美国看到了巴拿
马运河潜存着巨大的经济和军事利益，通过巴拿马的美巴条约，强行攫取
了开凿运河的权利和对运河区的永久租让权，把运河区变成国中之国，由
美国政府任命总督，升美国国旗，实行美国法律，驻美国军队，每年从运
河税中掠夺走 1 亿多美元。1964 年 1 月 9 日，一批学生要求在巴拿马运河
区升起巴拿马国旗，遭到美军镇压。当天 3 万巴拿马人集合起来要求进入
运河区并在那里升起巴拿马国旗，美军屠杀示威群众。愤怒的人们袭击了
美国大使馆，焚烧美国新闻处，许多城市群众罢工、罢课、罢市，抗议美
国暴行，要求收回运河主权。巴拿马共和国将 1964 年 1 月 9 日定为"全
国哀悼日"。美帝国主义的敌人就是中国的朋友，因此巴拿马的反美浪潮
立即得到了中国政府和人民的声援。1964 年 1 月中旬，中国各地掀起了
反美运动。"从 15 日起，上海市共有 200 万人参加了声讨美帝国主义罪行
的各种活动。其中有 50 万人走上街头示威游行，有 150 万人参加了各种
抗议集会。"① 魏金枝积极投入到这场运动中去了，他既用自己的笔展开

---

　　①　新华社消息：《英勇斗争的巴拿马人民定能得胜——上海天津广州武汉成都重庆西安广大
人民反美大示威》，《人民日报》1964 年 1 月 18 日第 2 版。

战斗和声讨，也直接参加到游行队伍中去。当时有报道："上海人民这几天密切关注着巴拿马人民的斗争。人们一早争先阅读报纸，一天几次地收听广播。工厂、学校、商店和里弄里普遍举行了座谈会、读报会，人们纷纷表示坚决站在巴拿马人民一边。上海文艺界著名人士巴金、熊佛西、白杨、魏金枝、丰子恺等都写文作诗，画家张乐平和作曲家朱践耳、屠咸若等绘画、谱曲，表示和巴拿马人民同仇敌忾的心情。"① 1964 年 1 月 17日，上海、天津、广州、武汉、成都、重庆、西安等城市的人民，满怀愤怒，又举行了大规模的反美示威游行和集会，魏金枝又参加了这一活动，并在集会上发言。当时《人民日报》对上海的声援活动这样报道：

> 上钢三厂1500多工人今天举行集会和游行。工人们表示坚决站在巴拿马人民一边，永远支持巴拿马人民的反美爱国斗争。华东纺织工学院，今天下午举行了有2000多名师生员工参加的大会。阿尔巴尼亚、越南等国的留学生，也参加了大会。他们和中国师生一起，愤怒地高呼反对美帝国主义侵略巴拿马的口号。参加华东区话剧观摩演出的大部分文艺团体，今天纷纷出动，到上海各工厂、学校、里弄等基层单位演出。在上海文艺界著名人士的集会上，上海市文联主席、著名作家巴金，电影导演沈浮，表演艺术家周信芳、俞振飞，作家魏金枝、胡万春，音乐家贺绿汀，戏曲家熊佛西，画家张乐平等20多人，也在会上发言。演员白杨等，在会上朗诵了支持巴拿马人民正义斗争的诗篇。
>
> 画家和书法家丰子恺等当场挥笔创作了支持巴拿马人民斗争的图画。在科学技术界的集会上，科学家冯德培、汪猷、谈家桢、王应睐、程孝刚、胡汝鼎等讲了话，他们一致表示支持巴拿马人民的正义斗争。
>
> 各民主党派上海市地方组织的负责人，16 日举行集会，都表示拥护毛主席支持巴拿马人民反美爱国正义斗争的谈话。②

---

① 新华社：《广州沈阳十万人游行声讨美国侵略罪行、上海各团体负责人工人学生居民等表示站在巴拿马一边、湖北武汉各人民团体各民主党派声援巴拿马人民反美爱国斗争》，《人民日报》1964 年 1 月 15 日第 2 版。

② 新华社消息：《英勇斗争的巴拿马人民定能得胜——上海天津广州武汉成都重庆西安广大人民反美大示威》，《人民日报》1964 年 1 月 18 日第 2 版。

　　在一个政治意识鲜明的时代，具有很强的正义感和是非心、拥护新中国、热爱共产党、敬爱毛主席的魏金枝，此时怎能冷静地袖手旁观呢?!

　　二是参加中外文化交流活动。新中国成立后，魏金枝作为文化名人，也常常出席一些对外文化交流活动。例如，1959 年 10 月 27 日，内山完造的骨灰在上海的万国公墓安葬，魏金枝出席了安葬仪式。他是作为上海各人民团体和文化界代表出席的。内山完造是日中友好协会副会长，他应中国人民对外文化协会邀请，来我国参加新中国成立十周年庆祝典礼，不幸于 9 月 20 日在北京病逝。按照他生前的意愿，骨灰安葬于上海的万国公墓。当时参加内山完造先生骨灰安葬仪式的，除了中国人民对外文化协会上海市分会会长张春桥、副会长苏步青，还有上海各人民团体和文化界代表沈粹缜、杜宣、陈秋草、陈虞荪，以及内山完造先生生前好友丰子恺等文化名人。①

　　1961 年 6 月 18 日，上海文化界 1000 人在中苏友好大厦友谊电影院隆重举行"伟大的无产阶级作家高尔基逝世二十五周年纪念会"。这是由上海市中苏友好协会、中国作家协会上海分会举办的，上海市中苏友好协会副会长陈望道主持纪念会，苏联驻上海总领事柯立朝、副领事阿萨特奇·图尔恰克等也出席了纪念会。魏金枝是作为上海市文化界著名人士"出席纪念会的"。会上，上海作协书记处书记叶以群做了报告，称赞高尔基是一个从劳动人民当中出来的伟大的无产阶级作家，在他的作品中，生动地描写了工人阶级的形象，广泛地表现了工人阶级的斗争生活，这在文学史上可以说是史无前例的；他 1906 年完成的长篇小说《母亲》，第一次深刻地描绘了无产阶级反对资本主义旧制度，致力社会主义革命的壮丽图景，极其热情地反映和歌颂了俄国无产阶级的革命斗争，并预示了它未来的发展趋势，表现了在革命斗争过程中，新的阶级战士的诞生和成长；高尔基的作品对全世界进步人类的贡献是不可估量的，它们曾经把千千万万的读者带上了革命战线。这位伟大的无产阶级作家永远值得我们纪念和尊敬，他的生活道路、创作道路以及他的坚定不移的革命精神和斗争精神，永远值得我们认真地学习！会后放映了苏联根据高尔基同名小说改编的影

---

　　① 新华社：《内山完造骨灰安葬上海万国公墓　我对外文协等团体代表参加安葬仪式》，《人民日报》1959 年 10 月 28 日第 5 版。

片《母亲》。① 叶以群的评价，也是魏金枝的认识和评价。

1961 年 7 月 11 日，中国作家协会亚非作家联络委员会副秘书长韩北屏陪同以龟井胜一郎为首的日本文学代表团到达上海，上海市市长柯庆施接见了龟井胜一郎团长和代表团全体成员，同他们进行了亲切友好的谈话，中国人民对外文化协会上海市分会和中国作家协会上海分会举行欢迎晚宴，柯庆施出席了宴会，并在宴会上祝酒，向来自日本的客人们表示热烈欢迎。中国作家协会上海分会主席、中国亚非团结委员会委员巴金和龟井胜一郎团长都在宴会上讲了话。魏金枝作为上海市作协书记处书记出席了宴会。当时出席宴会的，还有中国人民对外文化协会上海市分会会长张春桥、副会长吴强，中国作家协会上海分会书记处书记孔罗荪、叶以群、魏金枝、杜宣以及作家萧岱、茹志鹃等。② 这一些活动，既显示了他在上海文化界的重要地位，也反映出他在当时的一种政治身份。

三是参加一些儿童活动。如前所述，魏金枝是优秀的儿童文学作家，非常关心儿童教育与成长，他经常参加一些儿童活动。1961 年 5 月 27 日晚，上海市举行了庆祝六一儿童节的小读者联欢会，2000 多名少年儿童来到装扮一新，欢声满园的少年宫，几十位革命前辈、工农业先进生产者、作家、科学家、演员出席这一活动。他们是革命前辈符成珍、施小妹、张琼、裘慧英。符成珍曾经

与少年儿童在一起，魏平提供

参加过两万五千里长征，是《平原歼敌记》的作者；施小妹是《母子闹

---

① 新华社：《上海文化界人士集会：纪念高尔基逝世 25 周年》，《人民日报》1961 年 6 月 19 日第 2 版。

② 新华社：《对外文协上海市分会等欢宴日本文学代表团》，《人民日报》1961 年 7 月 13 日第 3 版。

革命》的作者，她讲述革命烈士的故事；裘慧英是电影《永不消逝的电波》表现地下斗争的参加者；画家张乐平、程十发也出席了活动。张乐平画了《三毛流浪记》，他告诉大家"三毛"和大家一样正在幸福地学习、生活；还有农民吕美英，她是浦东金桥公社农民；著名的电影演员秦怡、京剧演员李玉茹、科学家杨谋等也参加了这次活动。魏金枝是作为上海著名的作家，和孙峻青、贺宜以及工人作家李根宝、唐克新等一起出席这个活动的。① 此外，他还出席了上海市少儿暑期赛诗会，为孩子们改诗。出席这些活动，显示了魏金枝老人的一片爱心，也显示了魏金枝作为一个作家始终滚烫的童心与热情。

此外，魏金枝还积极响应党的号召，进一步加强同群众的结合，也想写出更多更好的作品。1959 年，中国全面推行人民公社化，推行社会主义总路线，搞"大跃进"，受到"国内外反动派和右倾机会主义分子"的"污蔑"。因此，如何宣传总路线、"大跃进"和人民公社就成为一项紧迫的政治任务。于是，中国作家协会及其各地分会响应号召，要在国庆前夕做好宣传。这样，许多作家准备在国庆节前后分赴各地深入到人民公社中去，试图"以亲身的观察体验，用真实的描写来阐明人民公社的优越性及其伟大胜利"，驳斥种种政治"污蔑"，"鼓舞广大人民建设社会主义的热情"。魏金枝也积极响应了这一号召。当时的报道说："据悉，已经在人民公社或即将出发到人民公社的作家有巴金、沙汀、田间、欧阳山、魏金枝、蒋牧良、马烽、康濯、柳青、陈残云、陈笑雨、碧野、菡子、严辰、陈登科、孙峻青、李准、王林、刘知侠、王玉湖、魏钢焰、王汶石、马加、蔡天心、逯斐、李若冰、王安友、刘澍德、李乔、李冰、李纳、孟和博彦、吉学霈、郭风、李方立等人。他们分别到首都郊区，黄河、长江流域的山东、河南、安徽、湖南、湖北等省，沿海的广东、福建等省，和边远地区、少数民族地区的黑龙江、云南、内蒙古、新疆等省、自治区的人民公社去，作短期的访问或长期深入生活，用特写、报告、诗歌、散文等多种文学样式，迅速地反映出人民公社的新事物和伟大胜利。"② 他和巴

① 新华社：《上海两千多少年儿童联欢：孩子们和革命前辈、先进生产者、作家、科学家、演员等一起庆祝"六一"》，《人民日报》1961 年 5 月 29 日第 2 版。

② 新华社：《热情歌颂人民公社：一批作家深入农村》，《人民日报》1959 年 9 月 8 日第 2 版。

金、萧珊、罗洪等作家，在9月份一起参观新安江水电站建筑工地，回来后就写了《竹和使用竹的人》，热情歌颂社会主义建设者。显然，魏金枝这时和许许多多知识分子一样，是在运动中踩着时代"前进"的。

魏金枝的这种人生状态，不仅反映了当时中国知识分子基本的人生境况，而且反映了全中国人民的基本的生存形式。自然，投身于社会活动中，知识分子的自由思想和批判意识被挤压了，一个作家思考社会问题的时间没有了，冷静地审视社会和独立地表现人生的机会被冲毁了。也许，这正是魏金枝在解放之后文学创作少的一个重要原因。

四　指导创作

新中国成立后，魏金枝主要从事文学编辑工作，又经常参与一些文艺研讨活动，他非常重视对青年作家的培养，因此不时撰写一些文艺论文，指导创作。这时期，他相继发表了一批论文，如《作品为什么写得没有新鲜感》《漫谈技巧》《漫谈细节》《读"延安人"有感》《喜读"回忆'广州起义'"》《"一件小事"里的重大意义》《上海十年来短篇小说的巨大收获》等。这些文章，写得通俗易懂，针对性强，对于提高青年作家的文艺创作水平，起了重要的作用。

1959年1月，魏金枝任《文艺月报》执行第一编委，主持《文艺月报》工作，继续大力推动上海的群众文艺创作运动，为了指导工人的业余写作，他于2月份发表了《作品为什么写得没有新鲜感》，针对一些工人业余创作题材狭隘，"脱不开工厂和生产，更脱不开苦干和找窍门"，"人物和故事大同小异，没有什么新鲜的感觉"的认识作出解答。他指出，"对我们的工人作者来说，对于描写工人来说，主要问题，决不是丢开工厂和生产，丢开苦干和巧干，倒是应该以这些为起点，引申到更广阔的境界里去。因为，作为一个工人，一方面固然是工厂和生产的主人，而另一方面，也是国家和社会的主人。就因为这样，工人固然会在生产上苦干和巧干，自然也会在别的方面进行苦干和巧干。他们活动的范围是很广阔的。而且应该认定，在生产上解决一个关键问题，固然可以解决其他一系列的问题，对社会的影响是非常巨大的，也值得我们作者的歌颂，然而对于解决这种关键问题的人，特别是这种人所提出来的思想问题，更值得我们作者加以大肆宣扬。"但是，他对取材作出了典型性的要求。他指出：

即使在生产上有着重大影响的创造，假使这个创造并没经过人们思想上的重大斗争而获得的话，那么在文学上来说，这个题材也不一定是个好题材。反之，即使这个生产上的故事，在生产上特别是在眼前的生产作用上，并没有什么大价值，但从人们的思想角度上来说，却有典型的意义，那就是说，具有人物的典型意义和思想问题的典型意义，那就值得我们大书特书。这就是说，题材必须选择，必须提炼，发掘其文学意义。

他说："除此以外，自然还常有这样的情形：就题材的本身来说，确乎具有重大的教育意义的，但是当事的本人，却没有从中看出其重要性，而作者也只以一般的找窍门的格式来写作，这就限制了题材本身所具有的意义，这对作者来说，就应负糟蹋题材的责任。"

他还从人物描写上论述没有新鲜感的现象。他指出："另一种情况是这样，从主题所赋予人物的思想来看，确乎具有各自的特性，假使进一步挖掘一下，就可以找出他们的思想的根源，假使再用他们各自的足够的行动细节，来加以证明：不但在主张上，而且在一系列的言行上，都有不同的特性，那么就能使读者信服，使读者发生明确的印象。然而作者却没有这样做，反而把人物所已具有的一点点特性，加以一般化，这就使本来较明确的人物个性，反而变得模模糊糊。"他还指出作品的结构或表现方法，也和作品的鲜明性有很大关系。

魏金枝最后指出："总之是，我所说的新鲜感，就是指的作者从他所生活的现实中，发现出一种不甚多见的新问题、新思想或者新精神和新道德。这就必须要求我们的作者更深更广的接触社会以外，还必须在原有的思想水平上更提高一步，从更高的角度来观察事物，把事物看得更清晰明确。唯其把事物看得更清晰明确，才能把主题思想掌握得坚定不移，而后也定能把作品的结构和题材，与主题扣得更密切。那么，作品所给予读者的印象，也就更明确而具有新鲜感。这原是一连串互相关联的事情，必须我们的作者努力以求，才能达到这个目的。"① 这篇文章，对于选取题材、开掘主题、谋篇布局、表达思想，都具有重要的指导意义。

1959年3月15日至20日，中国作家协会上海分会举行会员大会，会

---

① 魏金枝：《作品为什么写得没有新鲜感》，《文艺月报》1959年2月5日第2期。

议听取了上海市委宣传部部长石西民的讲话，副部长陈其五的政治报告和上海作协主席巴金的《坚持党的文艺方针，为社会主义文学的更大跃进而奋斗！》的报告。魏金枝作为上海作协副主席出席会议，并在 3 月 19 日做了题为《漫谈技巧》的大会发言。他是在别人的建议之下做这个发言的。在政治第一的时代，要谈艺术技巧问题，那是具有风险的。魏金枝是一个在霜风雪雨中走过来的老作家，生活的经验告诉他，必须顺着时代潮流而为。因此，他首先为自己的发言找理由。说这是一个老问题，老早就存在，本来老早就要谈的，因为一直以来还有更重要的问题要解决，所以把这个问题放迟一步；现在重要的问题已经解决了不少，所以这一次把它提出来了，这是妥当而及时的，因为很愿把它谈一谈。接着，又说明作品有政治标准和艺术标准两个标准，政治标准是第一，艺术标准是第二，表明自己的政治立场。因为"现在政治方面大家懂得很多，艺术问题谈得很少，所以就只谈谈艺术问题中的技巧问题。"并说自己并不懂技巧，所以先来谈一下，只是抛砖引玉，引起大家的讨论。在这个发言中，魏金枝心里总是充满着忐忑和不安，因此他在发言中再三表示："所以我在这里先乱谈一下，有不对的地方，请大家指正，以便我以后再改正。"这显示了一个政治第一的时代，谈艺术的危险性。他在发言中谈了四个问题："第一，技巧的性质。""第二，技巧能不能学？""第三，怎样学习技巧？""第四，是讲究技巧的时候了！"自然，他的整个发言也充满政治意味。

对于技巧的性质，他指出："它的本身是没有阶级性的，自然也是没有政治性。但是，技巧一旦掌握在人们的手里，这个时候，它就必然有政治性，也有阶级性了。"他说："文学技巧、用语修辞、组织结构，以及诸如此类用以表达情意的东西，这些东西的本身，就存在自己的规律、自己的法则，所以你不能笼统随便地说资产阶级写的作品文字不通，也不能说我们无产阶级写的文学作品就通，因为它们本身都有自己的规律和法则。"对于技巧可不可以学，他指出："技巧到底只是表现形式的问题，灵魂还在于内容。只有内容才能决定形式，形式是不能决定内容的。因此，离开内容来说，形式到底还有它自己的规律和法则，这些规律和法则，到底是可以学可以练的。问题只在于熟练不熟练，巧妙不巧妙。……断不可武断的说不能学，或者学之无益。"

对于怎样学技巧，他说："怎样学？自然先要有政治，又有生活，然后我们学古人，学外国。然而我想，无论是托尔斯泰、高尔基，也无论是曹雪芹和鲁迅，我们都应该学。……我说，他们都是从人的生活里学来的。所以我要说，我们现在除学古人以外，还要从生活中学习。""总之，自然界里的东西，我们都可以学，只要学好，都能对我们有用的。"他还说，他特别喜欢中国古代的戏曲，觉得结构非常短小精密。他觉得写短篇小说的人，应该多看一些中国古代的戏剧。试想，一个小小的舞台，它上面可以演出许多戏，有时竟可以使千军万马在台上活动。任你怎样大的范围，尽管千变万化，都可在这小小的舞台上表现出来。魏金枝不仅提倡不断学习，而且提倡学以致用。

　　他提出，是讲究技巧的时候了。因为他是一个编辑，读过许多来稿，总觉得某些作者只卖气力，却不讲究技巧。他说："在创作时变戏法，玩花样，这也是不好的；应该写得不做作，很自然，使读者觉不出有个作者挡在眼前，向读者兜售些什么，却实实在在感受到了一点东西。这自然是很难的，不容易做得到。但也应该注意到，不该用一种死板的公式，去处理各种不同的题材。用一定的公式去处理不同的题材，等于削足适履，也就一定会造成人大衣小，腿短裤长的怪现象。"他说："总的说来，选取题材，运用形式，各人可以有各人的角度，有各人的方法，但也应该每篇各有自己的表现特色。这就像我们作战一样，我们的战术，总是根据不同敌人的性质，和不同地形、时间而规定的，难道有一定不移的规格么？所谓'运用之道，存乎一心'，就是这个道理。"[1] 在政治第一、艺术第二的时代，魏金枝还在作协的会议上大谈艺术技巧，显然是不合时宜的。正是这种不合时宜，显示了魏金枝的内心对于艺术的一种执着。

　　魏金枝对于指导群众创作是十分用心的。1959 年 9 月 5 日，他又发表《漫谈细节》一文，这"是根据一部分业余作者提出的问题"[2] 而写的。他指出："有些高明的作家，有时只用一个简短的细节描写，就可以描写出时代的气氛，人物的性格。同时也带动故事的进行，这就是一石三鸟。"他说："作品中的细节描写，固然还不能保证一篇作品的成功，但许多个有力的细节描写，却就可以保证一篇作品的成功，这像许多细胞的健康，保证一个人的生命健康一样。"他指出，好的细节描写，"寥寥几笔，就能描写出人物的精神面貌和生活真实"。他说："细节描写，自然

---

① 魏金枝：《漫谈技巧》，《文艺月报》1959 年第 4 期。

② 《文艺月报》编辑委员会：《编后记》，《文艺月报》1959 年第 9 期。

也可以用浮雕的方法来处理，但有些浮雕的写作方法，暴看起来似乎只是浮光掠影地淡淡的几笔，而笔力所到，却是深刻而尖锐的。"他说："自然也有季节、景物、风俗、习惯等和人物性格关系不大的细节描写，但也决不是和人物性格、时代气氛截然无关的，要是截然无关，那就可以截然不写。"他指出，细节描写不仅在小说创作中是不可少的基础，就是诗，特别是叙事诗，也居于很重要的地位。同时，他指出，细节描写在各种文学样式中虽然很重要，但到底只是作品中的一枝一节，还是不能把整个作品的主题思想，连同某个人物性格的几个方面，或作品中整个故事结构的全部功效，完全负担起来。还得要有一个强有力的用以贯串这些细节的主题思想和性格完整的一些人物，以及连接这些细节的故事结构，才能成为一个有机体，产生出艺术的巨大威力。"因此，把细节当为与立场观点、主题思想、人物性格、甚至和故事结构无关，固然是荒谬的，反之，轻视细节描写也是不着实际的庸俗之谈。"他指出："唯有把许多有典型意义的细节有机地贯串起来，组织起来，才能达到从典型环境中描写典型性格的任务。"① 可见，魏金枝注重对工人群众进行创作技巧的训练和指导，但又不是唯技巧论者，没有片面夸大技巧的艺术功能。这显示了一个老作家对于艺术技巧的辩证认识。

魏金枝对于群众作家的写作指导，总是在一些通俗易懂的文章中进行，发表了一系列的文章。1962 年 12 月，他在作家出版社出版了《编余丛谈》，收录了 29 篇文章②，对于帮助青年作家提高写作水平、引领写作路向，起了重要的作用。1963 年 3 月 20 日至 29 日，魏金枝出席"小说、散文创作座谈会"，在谈自己的创作体会时强调提高马列主义水平的重要性。1964 年，他又发表了评论《再谈小小说》《别具一格的一个短篇集——谈〈山区收购站〉》等文章，自觉地推动当代文艺创作。

值得注意的是，魏金枝从主编《文艺月报》后，不仅自己写文章指导青年作家的创作，而且经常约稿，请名家写稿，进行指导。他在 1959 年第 6 期的《编后记》中就宣布："在理论方面，除将展开一些讨论之外，我们的'谈创作'一栏，将专门发表最近一个时期我们所了解到的业余作者在创作中所提出的问题的辅导文章。"在这个栏目中，蒋孔阳、

---

① 魏金枝：《漫谈细节》，《文艺月报》1959 年第 9 期。

② 张惠达在《魏金枝文学活动年表》中说"收文艺论文 30 篇"，显然有误。

王西彦、唐弢、吴强、靳以、叶圣陶、罗荪、顾仲彝等一批知名文学家，都撰写了这样的稿件。这也显示了《文艺月报》的一种编辑路向。

五　主流书写

进入 20 世纪 60 年代，文学创作的主体空间越来越窄，作家的创作都比较少。这一时期，魏金枝的创作也很少，但他还是坚持创作小说，显示了他对于艺术的讲究。他这时期的小说有《海盗的烦恼》《礼物》《跟着他走》（《我们那时候》断片之一）和《义演》等。在政治第一的时代，魏金枝的小说创作自然紧跟主流，高扬政治大旗。但他是"五四"第一代作家出身，又不肯完全放弃艺术性。他始终坚持在中间人物的描写中融进政治歌颂的主题，自然有很强的时代印痕，但因为突出了中间人物的写作，仍然具有较强的审美价值。

新中国成立以来，中国文学界适应当时形势的需要，形成了一种新的文学体制，这种体制的核心话语就是歌颂革命，歌颂英模，歌颂党，歌颂毛主席，歌颂社会主义。魏金枝一向忠于党忠于毛主席，对新中国充满理想与激情，由衷地拥护中国共产党，衷心地热爱毛主席，听毛主席的话，听党的指示，对新中国成立初年一系列的举措，无论正确与否，他都遵照执行，并且总是不断地反思和批判自己。因此，在创作中，他也是服从主流体制的要求的。1960 年，他在出席上海市人大代表大会时就与罗南稷和柯灵一起做了题为《努力创造无愧于我们时代的文学》的发言，充分肯定迎合主流的创作以及文学体制的领导作用："这两年来，我们上海的作家，已经写出了不少为政治服务、为生产服务的好作品，有的在国内广泛流传，有的已被翻译到世界各国去。这些成绩的取得，都应该归于毛主席的工农兵文艺方向的正确，和上海市委的坚强领导。"显然，和当时所有作家一样，适应文学体制的要求是魏金枝文学创作必须作出的选择。但是，魏金枝又反对文学的公式化、概念化，反对文学做政治的传声筒，对文学的艺术价值有着深深的追求。然而，在当时的环境中，如何才能摆脱政治性对文学的影响，坚守文学的艺术品质，是摆在他前面的一个重要问题。能不能灵活摆脱文学体制的钳制，也是一个作家艺术素养高低的反映。应该说，魏金枝新中国成立以后的创作，在这方面都做出了自己的努力。新中国成立后，中国文坛实际上一直存在着两种声音："写中间人物"和"写英雄人物"。魏金枝就是坚持"写中间人物",强调从中间人物中去发现时代的精神,去表现对毛主席和中国共产党的热爱,去歌颂社会主义新中国。这是他新中国成立以来一直主张从普通的日常生活中发掘时代激流的文学主张的实践,也收到了比较好的艺术效果。

在这里,《跟着他走》(《我们那时候》断片之一)最具代表性。这篇小说发表于《上海文学》1963年第1期,小说描写一个"劫富济贫"的故事,曲折地歌颂了中国共产党,巧妙地呼应了文学主流,在一定程度上避免了当时文学创作中普遍流行的公式化概念化的弊端,是20世纪60年代魏金枝艺术成就较高的作品。

小说的故事描写带有传奇色彩:在宁波乡下,庞大海参与绑他舅父杜重山的票,拿到了全部赎金的四分之一的500块钱,带了钱要回上海去。庞大海之所以绑票,主要是为了营救他那位夜校老师老李的老婆。因为老李的老婆,在一次爱国运动中被捕了,弄得老李家里儿啼女号,无法安生,而老李自己也就没法来校上课了。为了这件事情,夜校里的许多同学都在设法营救,有的捐了钱,有的买了食物去探望,有的托人去走门路。老李对于庞大海是特别关心的,可是庞大海却一无作为,就想出了一个计策,偷偷地当了被头,把当来的两块钱作为路费,乘船从上海回宁波,找他的舅父杜重山算账去。于是就对他的舅舅实施了绑票,拿着500块钱回到上海,想送给老李,试图让老李去营救其妻子。这种劫富济贫的精神指向残留着魏金枝从小在嵊县耳闻目睹的土匪行为的历史记忆。庞大海的行动目的,是土匪劫富济贫的行动模式在革命年代的置换变形,而其行为方式更是土匪行动的历史写照,二者之间具有惊人的一致性。在这部小说中,作者心里也包含着对侠义的赞赏,但更重要的是凸显共产党人光明磊落的情怀,又对一般层面上狭隘的侠义行为进行了批判,也包含着他对仇恨与暴力文化的批判。在中国现当代文学史上,对土匪题材的描写,总是把土匪与革命英雄联系在一起,或者是将土匪活动与反抗现实联系在一起,凸显其正义与无奈,对他们的生存方式不是礼赞就是同情。正如有的论者所说:"(20世纪)50年代,土匪题材小说也纳入了政治意识形态的轨道,成为解说阶级斗争的工具,土匪则被打上了政治性的印痕,《林海雪原》即为典型的一例。"① 而魏金枝的作品却不同,他没有对行侠仗义

---

① 阎秋红:《人性与民族性的参照》,《文艺评论》2002年第5期。

的土匪行为进行简单的歌颂，在一定程度上显示了他对这一题材艺术上的新发现和独到处理。他没有写崇高伟大的英雄人物，而是写一个夜校的学生为了帮助老师的妻子去绑票，却又没有得到作为共产党员的老师的感谢，反而受到批评，显然既呼应了"建国十七年"的文学主流，又在一定程度上突破了当时文学体制对作家创作自由的限制，取得了较高的艺术成就，产生了较强的艺术效果。

小说的成功，还在于人物形象真实感人。从总体上说，作者适应了当时的主流要求，但他并没有将人物写成概念化的人物，而是描写了人物比较丰富的性格。在当代文学史上，在20世纪五六十年代出现了一批英雄传奇小说，为衬托革命英雄人物，也刻画了一些土匪反面人物。这些描写，在增强了作品艺术力量的同时，也将土匪几乎概念化了。通常，一提土匪，不是将其想象成杨子荣式的英雄，就是座山雕式的匪徒。但是，这篇小说不是这样，作者对作品中的人物做了真实的刻画。无论是庞大海、老李，还是杜重山、老王，或者是舅母和表姐，以及"小宁波"，这些人物都性格丰富，生动真实。因为杜重山克扣了庞大海的工钱，使庞大海无法忍受欺辱，就到了上海做工人，在夜校接受教育，备受夜校老师老李的关怀，心里很感激，老李实际上是共产党员。这时老李的爱人因参加爱国运动而被捕，大家急得团团转，没钱去将她赎回来，因此他当了自己的被头，换了两块钱路费，就到宁波乡下讨债去了。他一路隐蔽自己，到了宁波，回到家里，连他母亲也没告诉，到了杜家，没法进去，又只好利用表姐对他的期待，让他开门进去，可是找到舅父杜重山要钱，却十分不顺利，在其舅母和表姐以及老王的周旋下，要回了10块钱（还有5块工钱没给他），根本不够用。因此，在老王的安排下，实施了绑票，得到了500块钱。可是，他回到上海，老李不仅没要他的钱，不感激他，而且还气愤地走了。最后，庞大海说道："因为他连救命的钱也不要！我佩服这样的人，我要跟着他走！"显然，这是说他要跟着党走。但是，小说几乎全部笔墨都是写"绑票"过程，避免了直接歌颂的政治口号式的概念化、工具化弊端，与当时一味歌颂的作品相比，显得比较含蓄而真实，文学价值增强了。

在小说中，魏金枝还善于运用细腻的心理描写来刻画人物。例如，当庞大海拿到500元赎金时，作者对他的心理进行了细腻的刻画。他不仅想到"为了老李，一切小心！"而且"兴奋得万马奔腾，几乎无法控制"，

"恨不得一脚就跨到上海，一把就将钱交给小宁波，想一下就将老李的老婆弄出来"（小宁波是和老李在一起的一个同乡），尤其是想到有钱了就可把老李老婆救出来，会得到夜校同学们的拥护，他心里非常高兴。作者写道：

　　　　他想：有了钱，事情总是好办的，那些混蛋，哪一个不要钱啊！他的舅父，他们经理先生，他们总是一看见钱，就会眉开眼笑的；那些巡捕房的包探、外国赤佬，也都是一样的货，难道会不要钱。这样一想，庞大海就心里开花了，眼里马上出现了笑眯眯的老李的脸，好象（像）他已经站在庞大海他们的教室里，给同学们讲课。再后来，庞大海就又想到，这一次，同学们对他一定非常拥护，会把他七手八脚地抬了起来，"杭育"的一下，把他抛上半空，又是"杭育"的一下，将他接住。但是庞大海张眼一看，他自己还不是仍旧睡在人堆里，只是他的那个钱包包，倒确乎还枕在他的头枕下面，这才使他稍稍放心。

　　这段描写生动地表现了庞大海的性格特征，将这个艺术形象栩栩如生地展现在读者眼前。因为作者对人物的心理进行了细腻的描写，深刻地揭示了人物美好的心灵，显示一种人情美和道德美。

　　在小说中，作者善于运用正面与侧面描写相结合的方法，使人物描写很深刻而且生动。小说塑造的主要人物之一是夜校的李老师，但是并没有大量篇幅去直接描写他，而是在叙述庞大海实施绑票的过程中予以侧面表现。大家为了营救老李的老婆都很着急，可见他与夜校的这个团体里的人的关系是多么融洽，感情是多么深。老李的老婆被捕了，他心里很着急，受到很大的影响，作者用了寥寥几笔的肖像描写来表现："老李显然瘦削了许多，白白的脸上，泛出青青的影子。他的那件爱国布夹长衫都是皱褶，自然是好多天没洗了。"这就写出了他爱妻之深，但即使如此，他也有自己的坚持。最后，在小说结尾处才写了他的言行。当庞大海把钱推到老李面前，并将非凡的经历，叙说得先后颠倒而又语无伦次时，他把钱包起，而且推还给庞大海，平静地一字一句地说："你说得简单些！最好用简单的几句话说清楚，你是怎么弄到这笔钱的？"当听到庞大海说他"绑了我舅父的票"时，他不免吃了一惊，反问："那么，你打算怎么用了这笔钱？"严肃地放下脸孔，连还未吃完的半个大饼也推还给庞大海，说："谢谢你，我不能要你绑票的钱！"又说："不！我们不做土匪！我们不怕死，我们也反对地主，而且要消灭地主，但是我们不做土匪。"最后，气呼呼地说："就是这笔钱可以把我的老婆赎出来，我也不要这笔钱！"就是这么简单的话语却显示了老李的高大形象，给人以敬佩之感。因此，老李这个形象是真实可信的。通过老李这个形象的描写，有力地回击了有人所说的共产党是"赤匪分子"的谬论。

小说的艺术成就，还在于叙事上的艺术魅力。魏金枝是一位文体意识很强的小说家，他非常讲究小说文本的叙事。他那种讲述故事的独特方式总是能够带来一种强烈的艺术效果。在这篇小说中，在叙事上又与以往的作品不同，有了大胆的创新和探索。突出的特点是第三人称全知全能的零度叙事。在小说中，全知全能的第三人称叙事是普遍运用的。这种叙事方式一个最大的好处就是作者置身于事外，而又视野开阔，掌控着全局。因此这种叙事视角是一种客观的纯叙事视角，叙事的过程中，叙述人不掺杂个人任何的感情与好恶，没有任何倾向性。因此，这种叙事方法，"从叙述方式上看，作者没有从道德角度干预文本的叙事，而是有意识地与叙述内容保持距离，不动声色地展现土匪世界的原生态。作者不是'融入'叙述之中而是坚持小说自身的客观性，以类似于新闻直陈的方式将叙事对象予以呈现。罗兰·巴特称这种'中性'的叙述为零度写作。零度写作的意义在于作者的'不在'令语言不包含任何意义的隐蔽之处，从而使语言所具有的社会性或是意识形态性得以消除，'思想仍保持着它的全部职责，而并不在一种不属于它的历史中承担一种附带的形式的约束'。"①

在这篇小说中，魏金枝自始至终都是用第三人称冷静地讲述着文本故事，很少描写和抒情，更没有议论，即使是在小说中间故事的进程与高潮部分，一般情况下会泼墨重笔的地方，他也大都没有描写，也是以第三人称平静地叙事，以追叙的方式插入了故事情节，既生动有趣，而又对刻画人物起了作用，也从侧面衬托了老李的人格魅力，他能为大家付出，人们也能为他而付出，有一定的象征作用，使作品的意义更加深刻。正是因为作者采用了这种叙事策略，因此小说从头至尾，很少用到对话，从而使小

---

① 罗维：《重读姚雪垠的现代题材小说〈长夜〉》，《中国现代文学研究丛刊》2012 年第 6 期。

说的叙事显得非常圆润，别具一格；也正是因为这种叙事方式，所以作者没有站出来歌颂和抒情，从而使小说的主旨融入故事的讲说之中，这就显得含蓄而又有韵味，增强了小说的艺术价值。这种叙事方式在 20 世纪 80 年代以后的小说创作中比较通行，成为"先锋小说"的一种比较鲜明的特点。可见，魏金枝小说具有一定的文体价值。

这篇小说是在新中国特定情势中的艺术发现与独特书写，沉淀着一种区域文化的记忆与影响，是一种主观化的置换变形。在文学的评价上，著名诗人、文学史家刘大白提倡文学揽胜，他"用鉴赏的态度来审视中国文学发展的历史"，① 魏金枝对刘大白的这种观念非常赞赏，认为刘大白撰写的《中国文学史》是"今日所有文学史中最为出色的一部"②，自然我们可以看出魏金枝的文学价值取向，更可以用此种观念来审视其创作。小说《跟着他走》无疑显示了它的典型性，在研究"建国十七年"的小说创作时是值得重视的。

魏金枝《跟着他走》既是他艺术素养和功力的显示，也是在政治第一的特定历史时代作家的一种无奈之举。这种策略，也体现在他的小说《义演》《礼物》《海盗的烦恼》中，反映了当时文学创作的普遍性特征。

---

① 刘家思：《刘大白评传》，中国社会科学出版社 2013 年版，第 335 页。

② 同上书，第 339 页。

第九章

灾难时代的期盼者
（1966. 7—1972. 12）

　　1966 年下半年，中国 20 世纪下半世纪一场最大的灾难开始降临到中国人民的头上，这就是当时举国开展的"无产阶级文化大革命"。这场政治运动，以良好的愿望发动，却被一些野心家利用和操纵，最终使之发展成为一场巨大的政治灾难，许多人受到冲击和迫害。魏金枝从"五四"时期开始，即紧跟着中国共产党进行社会革命斗争，致力于中国人民的解放事业。新中国成立后，他中心拥护中国共产党，热爱毛主席，始终遵从毛主席的教导，听从党的指挥，言行一致。这场史无前例的政治运动一开始，魏金枝就受到迫害。但他始终如一地热爱、相信毛主席和中国共产党，显示了一个进步知识分子坚定的政治信仰和坚固的政治立场，为自己

"文革"前魏金枝在阳台上，魏平提供

清白的政治生命画上了一个圆满的句号。

一　受难的坚信者

"文化大革命"一开始，魏金枝就受到冲击。本来，他一开始还以积极的姿态对待这场运动，从正面去理解和认识它，不断反思自己，可他很快就被"靠边站"了。虽然如此，但他始终忠于毛主席，忠于共产党，坚信毛主席和共产党一定会纠正这种偏向。

上海是"文化大革命"的产床，也是其大本营。1965 年 11 月 10 日，姚文元在上海《文汇报》上发表了由江青秘密策划的《评新编历史剧〈海瑞罢官〉》，成为"文化大革命"的导火线。1966 年 2 月初，当《关于当前学术讨论的汇报提纲》（后被称为"二月提纲"）拟定时，江青在上海召开部队文艺工作座谈会，发表座谈会《纪要》，认定文艺界被一条"反党反社会主义的黑线专了我们的政"，号召要"坚决进行一场文化战线上的社会主义大革命"。于是，一场灾难降临中国大地。率先响应"文化大革命"的，是各大、中学校的学生。他们首先起来"造修正主义的反"。但"这场冲击波，最初波及的是文艺界。文学艺术一向被称为政治气候的晴雨表，现在作家以自己的厄运报道了暴风雨的来临。王西彦、孔罗荪、吴强、魏金枝纷纷落网，叶以群被迫堕楼，'黑老 K 巴金'的特大号大字报开始张贴出来，几乎从上海作家协会大厅的屋顶垂到地面"①。在很短的时间里，由学生成立的"红卫兵"组织蜂拥而起，到处揪斗学校领导和教师。

运动初期，魏金枝就被"靠边站"。他怎么也没有想到自己会被冲击，但是他不得不接受这个严重的现实。这首先是从上海师范学院开始的。魏金枝是世纪同龄人，"文化大革命"开始时已经 66 岁，早已是年过花甲的老人了，再加上他身体本来不好，有气喘病，怎么经得住折磨？当时，上海市作家协会的群众没有人点名要求审查魏金枝。然而，从1959 年开始，魏金枝兼任上海师范学院中文系主任，每星期不少于两次到上海师范学院去，过问了一些系里的事情。因此，运动一开始，中文系的造反派头头就给他安上"反动学术权威"等罪名，而且编成"一号"，

---

① 柯灵：《回看血泪相和流》，王铁仙主编《新时期文学二十年精选》（散文卷），上海教育出版社 2004 年版，第 404 页。

意味着他是头号"反动学术权威"。他们不仅抄了他的家，给他戴上高帽子，揪斗审查，叫他到师院劳动，对他进行精神上、肉体上的百般摧残。他每次进学校，都得在身前挂上写着"反动学术权威（一）"的硬纸牌子。他每次被"勒令"去师院报到，总是胆战心惊地去，鼻青脸肿地回。但每次晚上回家，他还装作若无其事的样子，把帽子压低，以免孩子发觉他脸颊上的伤口。后来，上海市作家协会的造反派根据学校红卫兵的反映，也把他定性为"黑帮"，责令"靠边"，每天和师陀（芦焚）、王西彦一起，成为黑色的"三驾马车"，坐在作协的小饭厅里写交代。

面对这场运动的到来，魏金枝总是站在信任毛主席、维护中国共产党的立场上，以一种不同于一般人的理解态度面对着。他不仅对群众"画鬼脸""剃鬼头""戴高帽""上纲上线"的揭发批判默默地承受了，而且在"文革"初期，甚至认为开展这样一场运动，让我们知识分子洗洗脑，清除清除从旧中国带来的掩藏在身上的缺点和与新中国不相适应的东西，自然也是必要的。然而，事情不仅没有如他的所想所愿，而且急转直下，使人越来越无法理解。1967 年元旦，《人民日报》《红旗》杂志发表《把无产阶级文化大革命进行到底》的社论，宣布"1967 年将是全国全面展开阶级斗争的一年"，号召"向党内一小撮走资本主义道路的当权派和社会上的牛鬼蛇神，展开总攻击"。于是，上海立即刮起了所谓的"一月革命"风暴。1 月 2 日，王洪文所把持的"上海工人革命造反总司令部"与其他 20 多个造反组织成立了"打倒上海市委大会筹委会"。6 日，在张春桥、姚文元的策划指挥下，徐景贤、王洪文一伙以上海市 32 个"造反派"组织的名义，召开"打倒市委大会"，篡夺了上海市的党政大权。造反派夺权后肆无忌惮地施行封建法西斯暴政。从此，上海市作家协会被卷入这股狂风恶浪中。这种形势发展，让他始料不及，使他逐步陷入惶惑之中。

上海市作家协会被造反派的狂浪席卷没几天，复旦"红革会"的几个造反派来到这里，他们用墨水从魏金枝、王西彦、师陀三人的头上浇下来，洒遍他们全身，算是"让反动文人显原形"。当时，魏金枝刚在上海师范学院被批斗了一阵后回到上海作协。他一进门，猝不及防，他们就将一瓶黑墨汁往他头上猛泼，弄得他满嘴满脸，以致白胡须都染成了黑色。造反派发出狂笑，发疯似的叫嚷着："你们看，真个是黑线人物。"这使魏金枝狼狈不堪。面对这种人格侮辱，魏金枝想发怒又不敢，想抗议也不敢，他只得忍耐。在一个黑白不分、是非颠倒的疯狂年代，面对非人的折磨，正直的人也只能忍气吞声，逆来顺受。旁人也不敢出来说一句话。紧接着的是造反派对他更加肆无忌惮的迫害。他们把他和巴金、王若望、王西彦、师陀等6个人，称作"老牛鬼"，将他们从大牛棚迁到"小牛棚"里关押。所谓"小牛棚"，就是煤气灶间，面积仅有5平方米。造反派组成"监督组"来折磨他们。他们只能促膝挤坐，但每天早、中、晚还要三次"站队"，并且造反派往往随心所欲地从这个"牛鬼"队里拉出几个人，强迫他们90度弯腰背诵《语录》和《敦促杜聿明投降书》，而且规定午饭后不准坐着打盹。同时，造反派分配他们打扫大楼内外的五个厕所，命令他们用浮石擦洗马桶底处的尿迹。如果擦洗不净，就训斥甚至惩罚他们。有时，造反派还勒令魏金枝这些"老牛鬼"们上街张贴紧急标语。

　　然而，事情还不是到此为止，更坏的情形出现了：他被押去批斗和体罚。有一天，上海戏剧学院"狂妄大队"的青年造反派们挥舞着拳头和皮鞭冲进上海作家协会。他们用白粉在墙头和地上写满"老朽滚蛋"等标语，还用墨汁在大楼玻璃门上写了一副对联："庙小妖风大，池浅王八多。"随后，他们就把魏金枝、巴金、王西彦这批"靠边"人员集中到大厅里，勒令他们在胸前佩戴"牛鬼蛇神×××"的符号，强迫他们围成环形下跪受审，要他们自报身份和罪名，并对他们拳打脚踢。也就是从这天起，上海作协监督组开了打戒。监督组的造反派吼叫着："现在我要打死哪一个，就打死哪一个！你们每个牛鬼的性命都捏在我手掌心里！"在这样无法无天的时代，魏金枝等所谓的"牛鬼"们的生命岌岌可危。当时，王西彦答话慢了点儿，挨了兜嘴一拳，被打落了一排假门牙，鼻血直流。魏金枝经历这场暴行，自然是他始料未及的，也是敢怒不敢言的。

　　造反派这种变本加厉的"专政"，使魏金枝觉得事情越来越怪，也使他早先自我预设的那种"正确"对待的态度根本不能解决问题，但是这并没有改变他对毛主席的热爱，对中国共产党的信任。他愤慨地说："群众揭批我们的错误，使我们懂得了路线斗争，的确是件好事，可毛主席明明说，'要文斗，不要武斗'嘛！动武打人，无论如何也是违反毛主席教导的！毛主席的政策，不是连俘虏也还要优待嘛。"① 这种质疑，充分显

---

① 王西彦：《向死者告慰：记魏金枝》，《新文学史料》1979年第2期。

示了他心中对毛主席的信任。

二　无望的期盼

在这场浩劫中，魏金枝是上海市作家协会"牛鬼"队中年纪最大的一个。然而，与别的"牛鬼"更不同的是，魏金枝挨斗挨棍棒的次数更多，吃的苦头更大。因为，他被封为上海师范学院头号"反动学术权威"，而学校里的武斗比社会上更厉害。在上海师范学院，当时只有大学生三千多人，有两千多学生动手打过人。有一次，魏金枝从上海师院回来，被打得遍体鳞伤，强挣着一瘸一瘸的腿，但他还被勒令去站在热水池边洗碗。他的身体本来就很瘦弱，这样的折磨，使他的身体就变得更加不堪了。虽然如此，但他始终相信毛主席，相信中国共产党，总是怀着太阳会从东边出来的希望，在期待中度过艰难的岁月。

魏金枝期盼为自己洗冤，渴望恢复自己的名誉，自然他知道这需要耐心的等待。但是在长年累月的折磨下，他的身体却越来越差。到了1972年，他的身体就越来越不行了，不仅身子都弯了，全身萎缩，像稻草人一样，而且耳朵也听不见了。这时，他尤其怀念一些老朋友，他还嘱咐自己的女儿到北京去探访生病的冯雪峰和楼适夷。这年9月份，他预感到自己将不久于人世，就和王西彦约定，每天在淮海中路华亭路口的读报栏前相会。一方面看报，了解国家大事和政策走向，试图探得为自己洗冤和恢复名誉的一丝信息。另一方面，就是想和老朋友悄悄地说上几句话，获得一种心灵上的安慰。

当时，有人设法给他定了一个耳机，魏金枝听说配个耳机能够听到声音，他的确也想买一个，所以他想到上海市作家协会去借点钱，可是他们狠心地拒绝了他的要求。对于一个耳朵聋塞已经像墙壁一样，而思维又还正常的人来说，他是多么希望能够听清外面的声音啊！可是，魏金枝还是一个没有结论、没有结束审查的专政对象，造反派们当然不同意。造反派拒绝他的那种声色，使魏金枝实在没法接受，心里很是难受。两天后，他对王西彦诉说："听说有的地方，比方北京，一宣布回群众中间，就恢复你的政治待遇，发给你工资……可是……唉，不肯借也算了，那个声口真难听呀，打发叫化子也不应该这样呵……"他顿了顿手杖，又说："可不都是新中国，都是共产党领导的地方吗？""这样自立为王，国家还搞得好呀!"他是充分相信毛主席,相信中国共产党的,他不相信这种做法,是中国共产党的所为,只是被一些别有用心的人利用了。他从这里,进一步感受到了国家的危机,为国家担忧着。他期待着给他作出一个客观的结论,为他洗去不白之冤。

魏金枝是一个生命意识非常强的人,也是一个对社会具有强烈责任感的人,对社会尽责,为新中国做贡献,是他生命活力的呈现。然而,他被"宽大"处理之后又一直不给他做结论,还是不断地审查,他希望去做的事还是不能做。因此,盼望能够早一点恢复名誉,好让自己继续为人民服务,为国家建设尽一把力。可是,他等着,盼着,许多人都恢复了名誉,他却始终没有得到结论,这使他很难过。他对王西彦说:"实在想不到呀!我总以为,自己多少还能做几年,比方说,十年……看看稿,编编刊物,自己也写一点……还是鲁迅先生那句话:有一分热,就发一分光嘛……你能力再小,能为社会主义添块把砖,张把瓦,总是好的……哪里想得到,会弄到现在这样……"[1] 这种漫长的期盼,当初使他心里还充满一些向往。可是,他越来越感到自己身体不行了,对自己获得解放也就失去了往常的信心。从此,他与王西彦在一起也不再谈工作和未来的打算了。这种精神上的重压,加速了他生命衰亡的进程。

到 1972 年 10 月,魏金枝还是迟迟没有等到结论,造反派对他的迫害反而更加变本加厉。10 月底的一天,上海市作家协会的工宣队来到魏金枝家里,其中一个人对他施行逼供,说是一定要他承认是"叛徒",这才好做结论。魏金枝拿出事实来跟他辩论,但这个人仍旧蛮不讲理,还使用组织的压力来逼迫他,狠狠地骂了魏金枝一顿,气得他脸色发青,浑身打哆嗦,泪流满面。魏金枝是一个性格非常倔强的人,如果不是遭受到莫大的委屈,是不会轻易流泪的。他一向追随革命,衷心热爱中国共产党,热爱毛主席,他渴望着能够给自己作出结论,恢复名誉,可是等来的却是要他自己承认是叛徒,这怎么不使他痛心疾首。工宣队走时,他的老伴送他们时说了声"谢谢",魏金枝发了一通脾气,说他们不像是毛主席派来的。在他心目中,毛主席派来的人不会颠倒黑白,不会是非不分,不会诬陷好人。

魏金枝有冤无处伸,这给了他致命的打击。第二天,他就倒下了,神

---

[1]　王西彦:《向死者告慰:记魏金枝》,《新文学史料》1979 年第 2 期。

志不清，吃不下饭，卧床不起。他的老伴急忙到上海市作家协会去哭求："老头子快不行了，活不了几天啦。你们修修福，行行好吧！"可是，他们的回答是冷冰冰的："死不死有啥要紧！政策该怎么办，就怎么办！"①这种冷酷，显示的是人性扭曲后的残忍，这使魏金枝的内心更加悲愤而绝望！次日，他在淮海路上，向王西彦诉苦："昨天，老太婆到机关里去哭，说'老头子已经不行啦，活不了几天啦，你们修修福，行行好吧！'你猜，人家怎么回答她，'死不死有啥要紧，政策该怎么办，就怎么办！'亏他们说得出'政策'二字！……政策？不是只有毛主席的政策吗？……"②在他心目中，中国的政策，应该是毛主席的，毛主席制定的政策不会这样草菅人命；造反派这种态度对待他，显然不是毛主席的政策。可见，他没有改变对毛主席的信任。

当时，正好迎面遇见一位熟人。人家关心地问："你们的问题总已经解决了吧？"王西彦当时没有作声，魏金枝则抑制不住自己的悲愤，回了对方的问话。王西彦有回忆：

"我们是两只板鸭！"魏金枝同志突然回了一句。

"啥个鸭？"对方没有听懂。

"板——鸭！"魏金枝同志喘了一口气，大声说，"你懂不懂？板鸭！板鸭！挂在墙上滴油的！他身上还有油滴，我可已经挂干啦！你看嘛，不是干啦？哪里还有油可滴呀！"

一面说话，一面卷起袖子，伸出一只骨瘦如柴的膀子。我很少看到他用这种态度和别人说话，激愤到这样的程度。

"我看呀，他们不会听毛主席的话啰！"等那位熟人走远了，他的激愤还没有过去，气喘吁吁地对我说，"我身上的油已经干透干透了，我这支风前残烛就要熄灭了，熬不到那一天了！熬不到了！"③

这是一种绝望的声音，是激愤到极点的表现。在他看来，因为造反派不听毛主席的话，他们给他平反，时间还很长，可是他的身体已经彻底垮

---

① 王西彦：《向死者告慰：记魏金枝》，《新文学史料》1979年第2期。

② 同上。

③ 同上。

了，他的生命被折磨尽了，他等不到平反的那一天了。

但是，尽管他看不到自己的希望，却还给王西彦鼓劲。他要王西彦坚持住："你比我年轻几岁，也许还熬得到……一定熬得到……可要保重……保重……偏要活下去……偏要留着青山，争取以后再有个重见天日的机会……"王西彦为了岔开话题，打消他的激愤，就告诉他儿子中学毕业后已经分配到厂里当一名钳工。魏金枝看到他的儿子长大，听了这个消息自然感到高兴，突然站住，回转身子，向王西彦顿顿手杖说："告诉他是我魏伯伯说的，要他好好争气……好好工作，好好干社会主义！……要他相信，太阳一定还会从东边出来！一定！"① 这是他们生前最后一次见面和谈话。可见，魏金枝内心对社会主义新中国充满热爱。

三　含恨离世

魏金枝终于没有等到太阳出来的那一天就倒下了。1972 年 12 月 17 日下午 5 时，他穿着破破烂烂的衣服，在医院含冤病逝，终年 72 岁。应该说，他是含恨而去的。他的去世，无疑是对动乱时代的无声控诉。

对于魏金枝被迫害致死，欧阳翠有悲愤的感言。她说：

> 生老病死，本来是任何人也摆脱不了的自然规律，但是对于魏金枝的死，我却不同于一般的想法。他出身农民家庭，体格健壮，晚年与疾病斗争，从来也没有住过医院。到了"文革"这几年，他的身心受到极度的摧残，使他有口难辩，万分痛苦，终于逐渐发展到精神上全面崩溃的地步。这是导致他早亡的主要原因。是"文革"剥夺了他继续给祖国的文化建设事业做出贡献的权利。②

这个感言是充满伤痛的，是对非人道的动乱时代的悲愤谴责。在旧中国，革命的魏金枝曾两度被捕入狱，但他并没有被军阀迫害致死，没有被国民党迫害致死，却在新中国被钻进中国共产党内的阴谋家"四人帮"及其爪牙迫害致死，这是多么大的悲哀啊。

---

① 王西彦：《向死者告慰：记魏金枝》，《新文学史料》1979 年第 2 期。
② 欧阳翠：《回忆魏金枝》，《新文学史料》1994 年第 2 期。

尤其是，"四人帮"及其爪牙连死人也不怜惜和同情。魏金枝死后，家属向单位汇报，得到的回答是：人已经死了，送到火葬场去烧掉不就行啦；家属只好奔向另一个代管单位，而那里的人却说：今天是星期四，是干部参加劳动的日子，没有管的人。他们冷酷无情，令人发指。有幸的是，与魏金枝共事的编辑以及受过魏金枝教诲的青年作者们，万分悲痛地要求上海市作家协会举行追悼会，向其遗体告别，迫使造反派向当时的上海市革委会请示，得到的答复是开不开追悼会，由他的家属自己决定，作协不出面，不主持，也不过问，但最终得到允许，由家属出面举行一个简单的悼念仪式。

于是，他的女儿魏平、魏达到处奔走，通知了少数亲友，编辑部的同人和工人作家们以电话相告，组织筹备送花圈、致悼词等工作。1973年1月2日，在龙华火葬场，为魏金枝开了一个简简单单的追悼会。参加追悼会的，除了魏金枝本人的家属和亲友之外，还有原来编辑部的同志和得到过魏金枝关心的一些工人作者共有35人，如吴逸民、胡万春、茹志娟、萧岱、金戈、安珍、求学宝、赵自、唐志新、胡赞平、李根宝、张寿南、欧阳翠、王西彦、何公超、王道乾等。为了和死者告别，老作家王西彦不顾自己的身份，赶到火葬场去，是"靠边"人员中唯一参加追悼会的人。

在追悼会上，他的女儿魏平、魏达和女婿徐昆明沉痛地致了悼词：

> 我们敬爱的爸爸魏金枝同志因病于1972年12月17日下午5时与世长辞。爸爸终年73岁。
>
> 亲爱的爸爸，您永远地离开了我们，和我们永别了。在这悲痛万分的日子里，凝视着爸爸的遗像，我们回想起了爸爸的一生。
>
> 爸爸于1900年农历正月十九日出生于浙江省嵊县一个普通农民的家庭，在农村中度过了整个童年时代，从小培养了劳动人民纯朴的思想感情。爸爸曾在浙江杭州第一师范学校读书，并帮助编辑工会刊物，开始接触人民群众。由于生活困苦，爸爸很早就开始工作，做一个小学教员，之后，由于生活不安定，曾多次更换职业，又多次失业。大革命时期，爸爸曾在工人子弟学校教书，为工会的工人夜校做义务教师。爸爸和工人群众有了较多的接触，更多地看到了旧社会对劳动者的残酷统治，使爸爸对劳动人民在旧社会受的苦难有了更深的体会，爸爸毅然地开始了进步的写作活动。

30年代初，爸爸在上海加入左翼作家联盟。您一方面参加左翼革命文艺运动，一方面从事创作。在鲁迅先生主编的刊物上发表了一些在当时具有革命性、反抗性的作品，站在被剥削被压迫的劳苦人民一边讲话。其中有的被鲁迅先生称为当时的"优秀之作"。

后来，爸爸在上海麦伦中学任语文教员，一直到上海解放。在这期间，您用笔这个武器，写了不少杂文，在《时代》等刊物上，抨击黑暗的旧社会，和国民党反动派进行了斗争。解放后，党给爸爸很好的工作环境，使您能更好地为人民工作。您曾先在上海教育局研究室从事研究工作，随后在华东文联和上海作协工作，担任过作协书记处书记和副主席等职务。您长期在《文艺月报》《上海文学》《收获》杂志从事具体的编辑工作。在这期间，您特别注意遵循毛主席的文艺为工农兵的方向，努力把编辑工作和协助青年作者的工作结合起来。您还兼任过上海师院中文系主任，在这个培养师资的岗位上尽过自己的力量。

爸爸的大半生是在国民党反动派统治下的旧社会度过的。在旧社会，您饱尝了旧社会对贫苦的进步知识分子的欺压。因此，爸爸憎恨万恶的旧社会，急切向往毛主席、共产党所领导的革命运动。新中国的成立，给爸爸带来了巨大的鼓舞和希望。爸爸您决心将自己后半生贡献给人民，贡献给党。您高兴的讲：我还能活几十年，我要好好的多做些事情。

爸爸在世时，经常嘱咐我们，要热爱毛主席紧跟共产党。爸爸讲：我在旧社会教书，很不容易，为了生活，要跑东跑西去兼课，还要担心失业；你们现在教书，样样都不要担心，一切都给你们安排好了，你们要常常想想这些。爸爸您对于我国社会主义革命和社会主义建设的每个成就都感到欢欣鼓舞。我们恢复联合国席位的消息传来，您兴奋得忘记了自己正在生病，拄着拐杖早早到楼下去等报纸。您讲：毛主席指挥得好，我们又打了一个大胜仗。文化大革命运动中，爸爸通过学习中央文件和报纸社论，逐步正确理解运动，正确看待问题。您不论对朋友，或是在家里和我们谈话，总是说一定要努力跟上形势，跟毛主席干革命。您还要我们跟着毛主席好好在运动中受锻炼。十几年来，您一再和我们讲到，您在1956年在北京见到伟大领袖毛主席时，当面受到毛主席亲切鼓励的情景，引为您一生中无上的光荣，并以此作为对您自己最大的鞭策。

亲爱的爸爸，我们一定牢牢记住您的嘱咐永远忠于毛主席，永远忠于我们伟大的党。

爸爸在世时经常嘱咐我们，做工作要勤快、踏实，不要夸夸其谈，浮而不实。您嘱咐我们要用全副心思做工作，千万不能三心二意。爸爸您这样要求我们，您自己也正是这样做的。您从事编辑工作十余年来，兢兢业业，勤勤恳恳，踏踏实实，不知多少个深夜，我们都已一觉醒来，爸爸还在灯下专心致志地看稿，改稿，就是深冬的寒夜，您也仍然披着大衣工作到深夜。特别是在为青年作者修改稿子，爸爸更是认真负责，您要求自己做到一字不苟。后来，爸爸又曾把自己在编辑工作中的一些经验和心得，写成文章结集为《编余丛谈》一书。在这些工作中，爸爸您从不叫苦，从不抱怨，从不求个人的名利，在您来说，工作就是最大的快乐，同志们发表了新作品，是您最大的喜悦。

亲爱的爸爸，我们一定记住您的嘱咐，用全副心思勤勤恳恳为人民工作，向您学习，做一个为人民服务的老黄牛。

爸爸为人耿直，您从来主张讲老实话，做老实人。您生前最痛恨的是花言巧语，哗众取宠的作风，最看不起那种当面奉承拍马，背后又施阴谋诡计的人。爸爸生前曾对我们嘱咐说：你们一定要遵照毛主席的教导，做个光明正大的人。亲爱的爸爸，我们一定记住您的这个嘱咐。

爸爸平时生活简朴，保持着中国农民朴实、忠厚的品德。您自己总是把掉在桌上、地下的饭粒拾到自己碗里，不肯浪费一颗。1956年组织上要照顾您，劝您搬进茂名公寓去住，您婉言谢绝了，认为那里的房子太豪华。爸爸生前常常吩咐我们说，你们要想想农民种田的辛苦，要懂得节俭，不要追求时髦的一套。亲爱的爸爸，我们也一定好好记住您的这个嘱咐。

近几年来，爸爸一直患病在家，但您始终坚持每天看报读书，只要身体状况允许，就缓步走到附近邮局的报栏前，站在那里看《人民日报》和《光明日报》。当有工农兵创作的新作品出版，您就让我们设法去借来，认真的阅读。直到您去世前两天，尽管饭已吃不下了，还是费力地戴起眼镜，靠在床边，将当天的《文汇报》翻阅了一遍。

爸爸您晚年始终还有一个心愿，只要有益于人民，只要还力所能及的，不管做什么，希望能再争取为人民服务几年。您曾经说，虽然自己年纪老了，没有精力再从事创作，但愿意在自己的晚年，在理论和资料方面，再做些工作。亲爱的爸爸，万万没有想到，您的心愿再也不能实现了。

亲爱的爸爸，我们再也看不到您了，但您对毛主席、共产党的热爱和拥护，您朴实、正直的品德，您认真负责的工作精神，您的音容笑貌，您这一切，都仍将永远和我们生活在一起，永远生活在我们心中。

今天，我们悲痛地悼念亲爱的爸爸，我们要化悲痛为力量，认真学习爸爸的革命精神、生活品德和工作态度，跟着毛主席，跟着共产党，做好自己的工作，革命一辈子。

亲爱的爸爸，您放心吧，我们一定好好地照顾年迈的妈妈，在我们之间，相互友爱，互助团结。

今天，大家在这里给爸爸开这个悼念会。妈妈和我们感谢各方面的关怀。对今天来给我们爸爸送别的同志们，朋友们，妈妈和我们子女从内心感谢大家！

愿爸爸死后有知！

安息吧！我们亲爱的爸爸！

女儿魏平、魏达
女婿徐昆明①

这份悼词寄托了沉痛的哀思，表达了深切的悼念，也显示了很强的时代特征。如果说简要地回顾了魏金枝紧跟着中国共产党，积极参加革命活动和社会主义建设的一生，是悼词的程式化内容要求的，那么致悼词者表示决心牢记他生前的嘱咐，永远忠于毛主席，永远忠于我们伟大的党，用全副心思勤勤恳恳为人民工作，做个光明正大的人，也许是发自内心的，但也不排除是基于时代情势而做出的一种政治姿态。因为当时环境的特殊，召开这个追悼会都是很不容易的，而一些人不顾魏金枝还没有宣布平

① 这份悼词，后来以《一九七三年一月二日在上海龙华火葬场举行的魏金枝同志追悼会上由他女儿所致的悼词》为名刊于《新文学史料》1979年第2期。

反，前来参加其追悼会，不怕被牵连，实在令人感动。所以，致悼词者要感谢各方面的关怀，对允许开这个悼念会，对来送别的同志们和朋友们，表示衷心感谢！

在追悼会上，魏金枝的一位老乡和战友做了沉痛的长篇讲话。工人作家仇学宝，代表所有曾经接受过他教益的工人作者和工人作家们，十分痛苦地追述了魏金枝如何在漫长的岁月里，为了辅导和培养他们，忘我地付出辛勤的劳动，在场的人听了无不流下悲痛的眼泪，默默地哀悼着。[1] 这些悼词和讲话自然还带有特定时代的印痕。因为是自己的亲属致的悼词，因为特定时代气氛，自然没有给他充分的评价。

当时，远在北京的唐弢、徐行之发来唁电。在当时这样的特殊时代，这样冒着政治风险，显得特别难能可贵。唐弢的唁电是：

> 惊悉令尊同志因病逝世，曷胜悲痛，尚望勉力节哀，善待令堂，为国努力，谨此致唁，京，唐弢。

唐弢与魏金枝在一起工作十余年，对魏金枝十分敬重，这份唁电，虽然简短，但表现了唐弢深切的哀悼。

徐行之就是徐梅坤，是魏金枝 20 世纪 20 年代一起从事工人运动的领导和战友，又是儿女亲家，他的唁电为：

> 魏金枝嫂夫人礼鉴：得悉老友病逝，极为悲痛，我和金枝兄有 52 年情谊，回忆 1920 年我在杭州组织工会时，金枝兄在浙江第一师范读书，我曾请金枝兄帮助编辑工会半月刊，并作工会补习夜校的老师，我们是这样开始作为朋友的，也是金枝兄接近工人的开始。金枝兄为人正直，对己严，对人宽，从来不为个人事去奔走活动，宁肯自己吃了亏些清苦些，是我们朋友中的一位好典范。在写作方面，乐于帮助青年人，特别是对帮助工人同志学写作，是不遗余力的。十月下旬，我路过上海，曾和金枝兄谈到《资治通鉴》青年人读不懂的时候，金枝兄马上决定待身体好些，准备作些注释，以帮助青年阅读，岂知不久就一病不起。回忆往昔，何胜悲痛，先此驰唁。务望节哀。

---

① 参见欧阳翠《回忆魏金枝》，《新文学史料》1994 年第 2 期。

徐行之，北京。

徐梅坤是由陈独秀介绍入党的中国最早的工人党员，20 世纪 20 年代浙江工人运动的领导人，与魏金枝一起从事工人运动。他的这封唁电，更加沉痛地寄予了一个老战友的深切悼念。

四　永远的缅怀

历史是公正的。历史的真实可以被遮蔽一时，但是最终总是要被时间还原的。任何陷害者和被陷害者的历史品行，都会被时间冲洗而呈现其清晰的原貌的。得逞一时的阴谋家和卑劣小人，即使一时具有遮天蔽日的暴力，也不可能永远挡住太阳喷薄而出。一个受害者也不可能永远沉沦于冤案之中。尽管历史陈案还有不少是迷案，但大多数案主的功过是非，随着时间的洗涤，还是基本清楚的。历史就是这样，它既是无情的，又是有情的。它对欺天瞒地者最终是无情的，对于善待世俗苍生，慎处和奉献人生，敬畏历史的人，最终是有情的。魏金枝就是这样，苍天最终还是不负他。

1976 年，"四人帮"被推翻了，"十年动乱"结束了。"四人帮"的种种倒行逆施被清算，被他们迫害的人们一个接一个地得到平反。1978 年，魏金枝在去世 6 年之后，也被平反昭雪了。中共上海市委批复中共上海市文化局的《关于魏金枝同志复查结论》，推倒了"四人帮"强加在魏金枝身上的诬蔑不实之词，为魏金枝平反，并于 1979 年 3 月 7 日上午，在上海龙华革命公墓举行魏金枝同志骨灰安放仪式。仪式由巴金主持，中共上海市委宣传部部长吴建致悼词，为魏金枝同志彻底平反昭雪，恢复了他的名誉。

1979 年 11 月 1 日，在第四次文代会上，主席团建议大会，对长期奋斗，为我国革命文艺事业做出优异贡献，因受林彪、"四人帮"迫害而逝世或身后遭到诬陷和凌辱的文艺战士们，表示深切的哀悼和怀念！在阳翰笙宣读的《为被林彪、"四人帮"迫害逝世和身后遭受诬陷的作家、艺术家们致哀》的名单中，"魏金枝"列在著名作家、诗人的第 20 位。阳翰笙沉痛地指出：

　　林彪、"四人帮"对我国文艺事业和文艺队伍的摧残，是一场空前的浩劫，许多同志的逝世，是我国革命文艺的重大损失。他们虽然离开了我们，但是他们永远活在我们心中。我们怀着沉痛的心情，对这些同志，对一切被林彪、"四人帮"迫害致死和身后遭受诬陷的文艺工作者，表示最深切的哀悼。①

　　在"十年动乱"中，魏金枝遭到"四人帮"及其爪牙的百般折磨，摧残他的身体，毁灭了他的生命，但他的精神却摧毁不了，他高尚的人格给人以深深的影响，令人有了不可磨灭的记忆。

　　魏金枝的一生，是追随革命、追求进步的一生。他从"五四"时期开始即投身民主革命，为中国社会解放、中华民族独立和新中国的建设孜孜以求，辛勤工作，作出了不可磨灭的贡献；魏金枝的一生，是立场坚定、信仰坚贞的一生。他衷心拥护中国共产党，热爱毛主席。不管是在党内还是在党外，都有坚强的党性。不管个人的沉浮起伏，他都敬爱毛主席，紧跟中国共产党；魏金枝的一生，是充满激情、乐于奉献的一生。他工作勤勉，一丝不苟，是一个老黄牛。他为人热情，乐于帮助人，致力于培养和提携青年；魏金枝的一生是耿直无私、俭朴清廉的一生。他做人朴实忠厚，光明正大。他生活简朴，不慕奢华，不贪图享受。他不贪图权力，不求个人名利；魏金枝的一生，是脚踏实地、为20世纪中国的文明进步作出了重要贡献的一生。他呼唤民主，提倡妇女解放，反抗黑暗统治，反对社会腐败，充满社会理想；魏金枝的一生，是励志创新、不断进取的一生。他在文学和教育园地辛勤耕耘，不断超越，他在平凡的岗位上取得了不平凡的人生成就，在教学与编辑之余，辛勤创作了一批优秀的作品，撰写了一批文艺理论著作，不仅是一个名副其实的优秀作家，也是一个造诣深厚的优秀编辑，还是一个品德高尚的青年导师。他为社会创造的精神财富，为世俗人生提供了指导和启示。

　　因此，魏金枝是人们不能忘记的。从1979年开始，文艺界缅怀和追忆魏金枝的文章频频问世，这足以慰藉这位沉睡在中国大地的英灵，这位农民之子执着的人生姿态，足以警醒后人。

---

　　①　中国文学艺术工作者第四次代表大会：《为被林彪、"四人帮"迫害逝世和身后遭受诬陷的作家、艺术家们致哀》，《新文学史料》1980年第1期。

当年，秦瘦鸥作词《踏莎行·悼念魏金枝同志》，悼念和缅怀他的一生：

> 学府名师，文台宿将，峻嶒风骨神清朗。迅翁高格久熏陶，讴歌革命紧跟党。
>
> 刻画世情，描摹物状，佳篇宏著流传广。病院一别隔人天，年年追忆空惆怅。①

我们认为，这首词总结了他的人生功绩，揭示了他的政治信仰，传达了老友之间的深情厚谊，表达了对魏金枝的深切思念，足以当作本书的一个结语，祭奠中国这位优秀而充满坎坷的文学家。

----

① 秦瘦鸥：《踏莎行·悼念魏金枝同志》，《文汇报》1979 年第 7 期，第 4 页。

参考文献

一 魏金枝著作资料

1. 魏金枝：《七封书信的自传》，湖风书局 1931 年版。

2. 魏金枝：《奶妈》，现代书局 1932 年版。

3. 魏金枝：《白旗手》，现代书局 1933 版。

4. 魏金枝：《制服》，天马书店 1936 年版。

5. 魏金枝：《怎样写作》，上海珠林书店 1937 年版。

6. 魏金枝：《魏金枝短篇小说选集》，人民文学出版社 1954 年版。

7. 魏金枝：《时代的回声》，新文艺出版社 1957 年版。

8. 魏金枝：《文艺随谈》，新文艺出版社 1957 年版。

9. 魏金枝：《编余丛谈》，作家出版社 1962 年版。

10. 魏金枝主编：《新生篇》，中国文化投资公司 1946 年版。

11. 魏金枝编著：《中国古代寓言》（第 1 册），少年儿童出版社 1954 年版。

12. 魏金枝编著：《中国古代寓言》（第 2 册），少年儿童出版社 1954 年版。

13. 魏金枝编著：《中国古代寓言》（第 3 册），少年儿童出版社 1955 年版。

14. 魏金枝编著：《中国古代寓言》（第 4 册），少年儿童出版社 1955 年版。

15. 魏金枝编著：《中国古代寓言》（第 5 册），少年儿童出版社 1956 年版。

16. 魏金枝编著：《中国古代寓言》，少年儿童出版社 1961 年版。

17. 魏金枝编著：《中国古代笑话》，少年儿童出版社 1958 年版。

18. 魏金枝等：《新词林》，启明书局 1952 年版。

19. 魏金枝：《越早越好》，少年儿童出版社 1955 年版。

20. 魏金枝：《谈谈失败的经验》，《文艺月报》1958 年第 2 期。

21. 魏金枝：《一个不完整的调查报告》，《文艺新地》1951 年第 3 期。

22. 魏金枝：《故乡风光》，《芒种》1935 年第 3 期。

23. 魏金枝：《过磅》，《第一线》1935 年第 1 期。

24. 魏金枝：《自不量力》，《安徽文学》1959 年第 17 期。

25. 魏金枝：《失学以后》，《现代》1933 年第 4 卷第 1 期，收入中学生社编《投资》，开明书店 1935 年版。

26. 魏金枝：《第三个双十节》，《第一线》1938 年第 2 期。

27. 金枝：《心变》，《学生》1922 年第 9 卷第 1 号。

28. 金枝：《工人底借鉴》，《民国日报·觉悟》1921 年 11 月 27 日。

29. 金枝：《送耿仙行》，《民国日报·觉悟》1921 年 6 月 10 日。

30. 魏金枝：《杭州一师时代的朱自清先生》，《文讯》1948 年第 2 期。

31. 金枝：《春天的早晨》，《民国日报·觉悟》1920 年 4 月 10 日。

32. 金枝：《病中作》，《民国日报·觉悟》1920 年 9 月 12 日。

33. 魏金枝：《我与觉悟》，1947 年第 1 卷第 2 期《自由谈》。

34. 魏金枝：《想》，《民国日报·觉悟》1921 年 4 月 22 日。

35. 金枝：《赠义璋》，《民国日报·觉悟》1921 年 7 月 5 日。

36. 魏金枝：《诗韵和诗意》，《上海文学》1961 年第 3 期。

37. 魏金枝：《"左联"杂忆》，《文学评论》1960 年第 2 期。

38. 魏金枝：《和柔石相处的一段时光》，《文艺月报》1957 年第 3 期。

39. 魏金枝：《听知了声》，《青年界》1936 年第 1 期。

40. 魏金枝：《有关鲁迅先生的几件旧事》，《中国青年》1956 年第 20 期。

41. 魏金枝：《再说卖文》，《文饭小品》1935 年第 3 期。

42. 魏金枝：《四十年来国文科概况》，《麦伦中学四十周年立校纪念刊》，1938 年印制。

43. 魏金枝：《我们年青人只有惭愧》，载刘运峰编《鲁迅先生纪念集》（上册），天津人民出版社 2007 年版。

44. 魏金枝：《谈暴露》，《海风》1946 年第 22 期。

45. 魏金枝：《讽刺是一面镜子》，《海风》1946 年第 21 期。

46. 魏金枝：《自序》，《时代的回声》，新文艺出版社 1957 年版。

47. 魏金枝：《狮子的尾巴》，《少年世界》1946 年第 1 卷第 1 期。

48. 魏金枝：《关不住了》，《文坛》1946 年第 2 期。

49. 魏金枝：《种树》，《文章》1946 年第 3 期。

50. 魏金枝：《笋炒肉》，《文艺春秋》1949 年第 8 卷第 2 期。

51. 魏金枝：《对于〈活路〉的自白》，《小说》1949 年第 3 期。

52. 魏金枝，《任樟元和三个地主》，《人民周报》1950 年第 3 期。

53. 魏金枝：《战斗英雄的大勇》，《人民日报》1950 年 10 月 6 日。

54. 魏金枝：《评〈王秀鸾〉》，《文汇报》1950 年 7 月 6 日。

55. 魏金枝：《论〈关连长〉的现实性》，《小说》1950 年第 4 卷第 4 期。

56. 魏金枝：《打背包和被背包压死》，《小说》1951 年第 5 卷第 1 期。

57. 魏金枝：《队伍以外的人》，《文艺新地》1951 年第 6 期。

58. 魏金枝：《〈时代〉把荣誉给了我》，《时代》1951 年第 16 期。

59. 魏金枝：《读〈竞赛〉》，《小说》1951 年第 5 卷第 6 期。

60. 魏金枝：《从"文艺月报"看"墙"和"沟"》，《文艺月报》1957 年第 6 期。

61. 魏金枝：《一些聊供参考的意见》，《解放日报》1957 年 5 月 18 日。

62. 魏金枝：《漫谈细节》，《文艺月报》1959 年第 9 期。

63. 魏金枝：《茹志鹃作品中的妇女形象》，《文艺报》1959 年第 17 期。

64. 魏金枝：《也来谈谈茹志鹃的小说》，《文艺报》1961 年第 12 期。

65. 魏金枝：《我们不能同老虎睡在一起》，《文艺月报》1955 年 6 月 15 日第 6 期。

66. 魏金枝：《民不可侮》，《文艺月报》1957 年 7 月号，总第 55 期。

67. 魏金枝：《右派分子的本色》，《文艺月报》1957 年第 8 期。

68. 魏金枝：《把心交出来》，《文汇报》1958 年 4 月 10 日。

69. 魏金枝：《我们热烈忠诚地拥护宪法草案·要为人民服务得更好》，《文艺月报》1954 年第 7 期（总第 19 期）。

70. 魏金枝、罗稷南、柯灵：《努力创造无愧于我们时代的文学》，《解放日报》1960 年 5 月 22 日。

71. 魏金枝：《前线三军英雄群像》，《东海凯歌》，福建人民出版社 1959 年版。

72. 魏金枝：《打炮小记》，《东海》1958 年第 15 期。

73. 魏金枝：《顾谒金心里的秘密》，《展望》1956 年第 30 期。

74. 魏金枝：《一个人的成长——马金龙访问记》，《文艺月报》1955 年第 9 期。

75. 魏金枝：《我们要的是团结》，《中国工人》1956 年第 7 期。

76. 魏金枝、巴金、靳以、胡万春、任翰等：《创造奇迹的时代——党挽救了邱财康同志的生命》，《文艺月报》1958 年 6 月号。

77. 魏金枝：《和崔八娃见面》，《文艺月报》1953 年第 10—11 期。

78. 魏金枝：《走错了路的人》（特写），《文艺月报》1953 年 7 月 15 日第 7 期。

79. 魏金枝：《迎接光彩灿烂的新年》，《新闻日报》1956 年 1 月 1 日。

80. 魏金枝：《关于水》，《文艺月报》1958 年 1 月 5 日 1 月号，总第 62 期。

81. 魏金枝：《纪念高尔基九十诞辰》，《展望》1958 年第 13 期。

82. 魏金枝：《一个危险的计划》，《文艺月报》1954 年第 1 期。

83. 魏金枝：《搬来搬去》（寓言），《文艺月报》1956 年 6 月 16 日）第 6 期（总第 42 期）。

84. 魏金枝：《咬自己的鼻子及其他》，《人民日报》1956 年 11 月 18 日。

85. 魏金枝：《耐性及其他》，《人民日报》1956 年 11 月 9 日。

86. 魏金枝：《考试》，《人民日报》1957 年 3 月 23 日。

87. 魏金枝：《田鸡告状》，《文艺月报》1957 年总第 50 期。

88. 魏金枝：《试谈我国的寓言》，《人民文学》1957 年第 4 期。

89. 魏金枝：《宋濂的寓言五则》，《上海文学》1962 年第 6 期。

90. 魏金枝：《赞打虎英雄》，《人民日报》1962 年 6 月 21 日。

91. 魏金枝:《文学教学与联系实际》,《上海师范大学学报》(哲学社会科学版) 1959 年第 3 期。

92. 魏金枝:《新年论文》,《解放日报》1960 年 1 月 1 日。

93. 魏金枝:《使人永远年轻》,《文汇报》1961 年 5 月 4 日。

94. 魏金枝:《作品为什么写得没有新鲜感》,《文艺月报》1959 年第 2 期。

95. 魏金枝:《漫谈技巧》,《文艺月报》1959 年第 4 期。

96. 魏金枝:《漫谈细节》,《文艺月报》1959 年第 9 期。

二　魏金枝研究资料

1. 鲁迅:《我们需要评论家》,《萌芽》1930 年第 1 卷第 4 期,收入《鲁迅全集》第 4 卷,人民文学出版社 1981 年版。

2. 鲁迅:《〈中国新文学大系〉小说二集序》,《鲁迅全集》第 6 卷《且介亭杂文二集》,人民文学出版社 1981 年版。

3. 鲁迅:《鲁迅全集》第 12 卷,人民文学出版社 1981 年版。

4. 新闻报道:《作家的消息》,《出版消息》1933 年第 3 期。

5. 王西彦:《向死者告慰:记魏金枝》,《新文学史料》1979 年第 2 期。

6. 秦瘦鸥:《踏莎行——悼念魏金枝同志》,《文汇报》1979 年第 10 期。

7. 王若望:《悼念魏金枝》,《文汇报》1979 年第 14 期。

8. 赵自:《师表永存——悼念魏金枝先生》,《上海文学》1979 年第 4 期。

9. 徐开垒:《滴尽了油的板鸭——回忆魏金枝同志》,《西湖》1981 年第 5 期。

10. 陈家骅:《纪念著名作家、文艺编辑魏金枝》,《绍兴师专学报》1982 年第 2 期。

11. 艾以:《怀念良师魏金枝》,《编创之友》1983 年第 3 期。

12. 魏德平、杨敏生:《魏金枝与杭州》,《西湖 (文学月刊)》1984 年第 2 期。

13. 魏德平、杨敏生:《魏金枝故乡访问记》,《东海》1983 年第 6 期。

14. 左泥：《润物细无声——忆魏金枝先生》，《编辑之友》1985 年第 3 期。

15. 胡万春：《辛勤的"园丁"》，《文学报》1987 年第 5 期。

16. 沈虎根：《编辑家的丰碑——怀念一位文学界的老人》，《东海》1988 年第 9 期。

17. 任章祥、袁和济：《魏金枝》，《浙江档案》1990 年第 11 期。

18. 欧阳翠：《回忆魏金枝》，《新文学史料》1994 年第 2 期。

19. 左泥：《魏金枝晚年的坎坷和〈上海文学〉的几个事件》，《文汇读书周报》2000 年第 16 期。

20. 张惠达：《鲁迅与魏金枝》，《上海师范大学学报》1990 年第 1 期。

21. 张惠达：《魏金枝文学活动年谱》，《上海师范大学学报》1992 年第 3 期。

22. 王尔龄：《魏金枝乡土小说概观》，《天津师范大学学报》1987 年第 6 期。

23. 魏德平、杨敏生：《论魏金枝早期的诗歌创作》，《浙江学刊》1982 年第 1 期。

24. 魏德平、杨敏生：《魏金枝何时开始写小说》，《新文学史料》1982 年第 1 期。

25. 魏德平、杨敏生：《关于魏金枝的一些史实》，《书林》1986 年第 6 期。

26. 柯平凭：《魏金枝姓名的由来》，《新文学史料》1981 年第 1 期。

27. 王艾村：《魏金枝缘何误解柔石》，《观察与思考》2000 年第 9 期。

28. 《嵊县志》编撰委员会：《嵊县志》，浙江人民出版社 1989 年版。

29. 符利群：《郁铭芳传》，宁波出版社 2008 年版。

30. 中国人民政治协商会议嵊县委员会文史资料委员会：《嵊县文史资料》第 4 辑，1986 年编印。

31. 丁景唐、瞿光熙编：《左联五烈士研究资料编目》，上海文艺出版社 1981 年版。

32. 《新民晚报副刊》部：《夜光杯文粹（1946—1966）》，上海远东出版社 1999 年版。

33. 经亨颐：《今后学校训育之研究》，《教育潮》1919 年第 1 卷第 3 期。

34. 经亨颐：《动学观与时代之理解》，《教育潮》1919 年第 1 卷第 1 期。

35. 张亦民：《浙江第一师范在新文化运动中的地位和作用》，《张亦民史文选》，自印资料第 37 页。

36. 方建文、张鸣：《百年春秋：二十世纪大事名人自述》，经济日报出版社 1997 年版。

37. 浙江省立第一师范学校校友会：《校友会十日》1919 年版。

38. 刘家思：《新发现的几篇魏金枝作品考论》，《中国现代文学研究丛刊》2013 年第 9 期。

39. 浙江省总工会编：《浙江工人运动史》，浙江人民出版社 1988 年版。

40. 耿仙：《留别金枝》，《民国日报·觉悟》1921 年 6 月 17 日。

41. 张直心、王平：《魏金枝的浙江一师心结——兼论鲁迅与魏金枝》，《鲁迅研究月刊》2009 年第 11 期。

42. 潘漠华：《潘漠华给茅盾的信》，《小说月报》1921 年 12 月 10 日第 13 卷第 12 号。

43. 浙江省立第一师范学校校友会：《浙江省立第一师范学校校友会十日刊》1920 年第 11 号。

44. 王瑶：《中国新文学史稿》，新文艺出版社 1954 年版。

45. 静之：《回忆湖畔诗社》，《诗刊》1979 年第 7 期。

46. 胡适：《谈新诗》，《胡适文存》第一辑，黄山书社 1996 年版。

47. 刘家思：《刘大白评传》，中国社会科学出版社 2013 年版。

48. 中共萧山市委党史研究室编：《沈玄庐其人》，成都科技大学出版社 1994 年版。

49. 任社同人广告：《责任：在这个世界出世的周刊》，《民国日报·觉悟》1922 年 11 月 24 日。

50. 姚辛：《左联史》，光明日报出版社 2006 年版。

51. 茅盾：《"左联"前期》，《我走过的道路》（上），人民文学出版社 1981 年版。

52. 舒绣文：《五月花剧社》，《中国话剧运动五十年史料集》第 1 集，中国戏剧出版社 1958 年版。

53. 蒋中崎：《从"南国社"到"五月花剧社"——左翼剧联在杭的几次重要演出》，《戏文》2007 年第 3 期。

54. 刘衍文、艾以主编：《现代作家书信集珍》，汉语大词典出版社 1999 年版。

55. 杨义：《中国现代小说史》（中），人民出版社 1998 年版。

56. 梁新桥：《带着浓厚的自然主义气味的农民作家魏金枝——作家批评之一》，《现代出版界》1932 年第 6 期。

57. 苏汶：《现代评坛·白旗手》，《现代》1933 年第 4 卷第 2 期。

58. 《中国大百科全书》总编辑委员会《中国文学》编辑委员会、中国大百科全书出版社编辑部编：《中国大百科全书·中国文学》Ⅰ—Ⅱ册，中国大百科全书出版社 1986 年版。

59. 陈青生编：《画说上海文学：百年上海文学作品巡礼》，上海文艺出版社 2009 年版。

60. 中国人民政治协商会议上海市委员会文史资料工作委员会：《解放前上海的学校》第 59 辑，上海人民出版社 1988 年版。

61. 陈明：《我与丁玲五十年》，《情感读本（意志篇）》2012 年第 4 期。

62. 赵自：《第二双眼睛》，上海文艺出版社 1985 年版。

63. 中共上海市委党史资料征集委员会编：《抗日战争时期上海学生运动史》，上海翻译出版公司 1991 年版。

64. 陕西师大政教系中共党史教研室资料室编：《中共党史教学参考资料·第二集·下》，1979 年印。

65. 上海社会科学院文学研究所编：《上海〈孤岛〉文学回忆录》（上），中国社会科学出版社 1984 年版。

66. 中国人民政治协商会议江苏省常熟市委员会学习和文史委员会：《常熟文史》第 31 辑，2002 年印刷。

67. 屈毓秀、石绍勋等：《山西抗战文学史》，北岳文艺出版社 1988 年版。

68. 丁景唐口述，朱守芬整理：《我的文艺编辑生涯（1938—1946 年）》（下），《档案与历史》2003 年第 4 期。

69. 上海文艺青年联谊会编印：《文艺学习》1946 年第 2 期。

70. 许杰：《魏金枝的〈活路〉》，《小说》1949 年第 3 期。

71. 赵俊贤：《中国当代小说史稿》，人民文学出版社 1989 年版。

72. 高尔纯：《短篇小说结构理论与技巧》，西北大学出版社 1985 年版。

73. 冯光廉、朱德发等编著：《中国现代文学史题解》，山东教育出版社 1984 年版。

74. 新闻报道：《〈高干大〉的讨论会》，《小说》1950 年 1 月 1 日第 3 卷第 4 期。

75. 冯雪峰：《柳青的〈种谷记〉》，《冯雪峰选集》（论文编），人民文学出版社 2003 年版。

76. 傅铎：《〈王秀鸾〉后记》，《王秀鸾》，中国戏剧出版社 1958 年版。

77. 汪名凡：《中国当代小说史》，广西人民出版社 1991 年版。

78. 曾文渊：《他不应该被忘却——魏金枝先生印象追记》，《文坛风景》，厦门大学出版社 2003 年版。

79. 孟繁华、程光炜：《中国当代文学发展史》，人民文学出版社 2004 年版。

80. 侯金镜：《创作个性和艺术特色——读茹志鹃小说有感》，载《文艺报》1961 年第 3 期。

81. 陈顺馨：《1962：夹缝中的生存》，山东教育出版社 2002 年版。

82. 艾以：《甘为他人作嫁衣》，《文坛·艺坛·人间世》，浙江人民出版社 1999 年版。

83. 人民出版社编辑：《坚决彻底粉碎胡风反革命集团 1》，人民出版社 1955 年版。

84. 文艺界福建前线慰问团编：《赞三军》（歌曲集简谱本），由白崇先作曲，音乐出版社 1960 年版。

85. 陈建功主编：《中国现代文学馆馆藏珍品大系》（手稿卷），文化艺术出版 2010 年版。

86. 《文艺月报》编辑部：《"上海解放十年""上海大跃进中的一日"和民歌民谣、民间故事征稿启事》，《文艺月报》1959 年第 5 期。

87. 本刊记者：《幸福的会见》，《上海戏剧》1961 年第 5 期。

88. 《文艺月报》编辑委员会：《编后记》，《文艺月报》1959 年第

9 期。

89. 阎秋红:《人性与民族性的参照》,《文艺评论》2002 年第 5 期。

90. 罗维:《重读姚雪垠的现代题材小说〈长夜〉》,《中国现代文学研究丛刊》2012 年第 6 期。

91. 柯灵:《回看血泪相和流》,王铁仙主编《新时期文学二十年精选》(散文卷),上海教育出版社 2004 年版。

92. 金石开:《历史的代价——"文革"死亡档案》,中国大地出版社1993 年版。

93. 中国文学艺术工作者第四次代表大会:《为被林彪、"四人帮"迫害逝世和身后遭受诬陷的作家、艺术家们致哀》,《新文学史料》1980 年第 1 期。

94. 费君清主编:《中国传统文化与越文化研究》,人民出版社 2004年版。

95. 黄健:《"两浙"作家与中国新文学》,浙江大学出版社 2008年版。

96. 张涛甫:《报纸副刊与中国知识分子的现代传型——以〈晨报副刊〉为例》,广西师范大学出版社 2007 年版。

97.《民国日报·觉悟》副刊,1919 年 1 月—1947 年 1 月。

98. 唐弢:《中国现代文学史》,人民文学出版社 1980 年版。

99.《时代日报》的副刊《星空》《新生》,1946—1948 年。

100. 王嘉良:《地域视阈的文学话语》,中国文史出版社 2007 年版。

魏金枝年谱简编^①

1900 年　　1 岁

2 月 15 日（农历正月十九日），出生于浙江省嵊县东乡白泥坎村，原名魏义荣，小名荣佬，祖上世代务农，祖父魏金才、父亲魏仁富、母亲叶金妹都是勤俭朴实的农民，祖父非常严厉古板，对魏金枝一生影响很大。

1910 年　　10 岁

进本村私塾读书，同时为家里放牛，对家乡地方戏"的笃戏"极有兴趣。

1912 年　　12 岁

读《论语》《孟子》，"无论是背诵《诗经》《论语》，还是诠释字句，训诂音义，总是他对答如流，最为出色，常常博得老师夸奖，也引起同学们的刮目相看"。

1914 年　　14 岁

插入离本村 15 里路的棠木溪村的东明小学堂四年级读书，遇到好老师竺大鹏，他是晚清的末科秀才，有学问，教法又好，为魏金枝后来从事文学工作打下了坚实的基础。在校住宿。

---

① 本年谱简编，参考了张惠达的《魏金枝文学活动年谱》。在此对张惠达先生致以诚挚的谢意。

1915 年　　15 岁

12 月，以第二名的成绩初小结业。

1916 年　　16 岁

2 月，进嵊县高等小学读书，插入高小三年级，因顶替了该校的一个虚额魏绍徽的名字就读，因此曾一度改名为魏绍徽。学校办在祠堂里，他在校住宿。

1917 年　　17 岁

年初，以第二名的成绩在高等小学堂毕业。

夏，考中学。怕考不取，除用自己的毕业文凭报考了浙江省立第一中学外，又借用同学魏金枝的毕业文凭报考了浙江省立第一师范学校，结果两校都考取了，决定入免学费的第一师范学校就读。因为是用魏金枝的文凭报考师范学校的，所以又改名为魏金枝。

秋，进浙江省立第一师范学校读书，正式改名为魏金枝。在校期间，面对当时流行的各种学说，魏金枝没有定见，但隐隐地觉得最妥当的还是无政府主义，以为政府这个东西总是不好的。因为当时校内没有各种党派，所以什么组织也没加入。

在校期间，魏金枝狂热地参加学生运动，曾一度改名为"魏拟庸"。

1918 年　　18 岁

学习古典诗歌。他说："第二个年头，我也跟着念几句什么平平仄仄。"课后喜欢打球、跑步。

11 月，第一次世界大战告终，提灯游行庆祝。

1919 年　　19 岁

"五四"运动爆发，他积极参加声援的学生运动。他说："第三个年头的前半期，也好像没有变过，逢着开会集议的时候，在大庭广众之间，我总要说几句公平话；有几个朋友也着实佩服我。"

5—6 月，参加"打省议会"的运动。

6 月，参加抵制日货运动。

本年，参与组织"全国书报贩卖部"。

9月、10月，因家庭矛盾辍学，到了湖北省汉阳县政府工作。

1920 年　　20 岁

1月20日，在《浙江省立第一师范学校校友会十日刊》上首次发表诗作《泉水》，在诗中把革命潮流喻为泉水喷涌，任何势力都压制不了，歌颂了新的思潮、新的社会革命。

2—3月，"一师风潮"爆发，魏金枝站在运动的前列。

4月10日，在邵力子主办的上海《民国日报·觉悟》上发表《春天的早晨》，鼓励青年只争朝夕，勇于追求。

5月15日，在《民国日报·觉悟》上发表第一篇小说《天亮了》，小说描写了一对青年恋人，冲破家庭的阻力，在一个夜晚相会的片断。

本月，在《民国日报·觉悟》上和孙祖基争论"自由恋爱"问题。发表通信《旧社会底文明》，揭露封建社会是"虚假的文明"，只有"文明的形式"。

初夏，祖父逝世。

秋，应同学耿仙（即钱耕莘）邀请，到浙江印刷公司工人互助会给工人夜校上课，同时参与编辑《曲江工潮》。这是浙江第一份工人刊物，也是全国最早出现的工人刊物之一。

9月，生病，作新诗《病中作》。

年底，和一农家女结婚。

本年，还发表了《经济与生活》《可痛的都市生活》等杂文。

1921 年　　21 岁

5月，送耿仙去上海，临别时作诗《送耿仙行》。

6月，主编《曲江工潮》；参与杭州理发业工人罢工的运动。

10月10日，和同学汪静之、潘漠华、冯雪峰、柔石等人一起组织成立了文学团体"晨光社"，由担任国文教学的老师朱自清、叶圣陶做指导。"晨光社"的旨趣，亦不过想聚集一些同志趣的朋辈，以增加读书的趣味而已。① 以后，"晨光社"又在当时杭州的报纸上开辟了一个《晨光》

---

① 潘漠华：《潘漠华给茅盾的信》，载1921年12月10日《小说月报》第13卷第12号。

副刊，由社员自己编辑、发表社员的诗作。

11 月，浙江印刷公司工人互助会被勒令解散，《曲江工潮》也随之被扼杀，魏金枝怀着悲愤的心情于 22 日写了《工人底借鉴》，发表在《民国日报·觉悟》上，总结了工人斗争的经验教训。

本年发表了小说《官衙》和《记忆！回忆》《暮夜的心》《罗幕》《死》等几十首诗歌。

1922 年　　22 岁

年初，放假回家，写了一组诗《家居》，反映了激烈的家庭矛盾。

春，参与领导反对新校长到校的学潮。学潮低落后，经老师、同学劝说，避到浙江绍兴徐锡麟创办的东浦小学教了两个月的书。

夏，浙一师准许魏金枝毕业，并发给毕业文凭。

5 月 9 日与人游兰亭，创作新诗《上兰亭》，发表在《民国日报·觉悟》上，对黑暗社会展开了批判。

9 月，经同学陈维源介绍，到浙江省孝丰县县立小学任教。

11 月，加入"任社"。任社是由刘大白、宣中华、徐白民等组织的革命组织。任社同人创办《责任》周刊，致力于宣传新文化。

本年，发表了《不怕死的人》《开除和放火》等诗歌。

1923 年　　23 岁

1 月，新诗《上兰亭》载《责任》1923 年 1 月 8 日第 7 期，《初雪》载《责任》1923 年 1 月 15 日第 8 期。

因为孝丰县县立小学常欠薪，而校长又不管事，魏金枝看不惯而离去。

春，从家到杭州，想在杭州教书，和同学徐白民同住皮市巷 3 号，以便就近在浙江图书馆多读点书。皮市巷 3 号以前是刘大白的住处，此时亦是进步团体"青年军人联谊会"的机关所在地。

3 月，"青年军人联谊会"被地方军阀查封，魏金枝受牵连而被捕。在狱中写了《狱中诗》等诗作。

5 月，出狱。由魏颂唐介绍，到杭州闸口统捐局任稽征员。

本年，发表诗歌《暮春》等作品。

1924 年　　24 岁

9 月，离开闸口统捐局，经同学潘天寿介绍，到上海邵力子主办的民国女子中学任国文教员。从此，他就一度在沪杭之间辗转，但"常在失业与半失业状态中"。[①]并正式走向了革命道路。

12 月，参加汪静之、潘漠华、冯雪峰、应修人组织的湖畔诗社，拟出版诗集《过客》，作为湖畔诗社的第三个集子，后因经费困难而夭折。

本年，参加上海通信图书馆共进会，与杨贤江这一些名流有了交往；创作了《鬼附在华英身上》《七封书信的自传》《沉郁的乡思》《香袋》等小说，发表散文《祭日致辞》和诗《母亲的悲哀》等作品。

1925 年　　25 岁

年初，因民国女子中学也经常欠薪，生活没有保障，辞职回嵊县家乡。

4 月初，到杭州，由魏颂唐介绍，在浙江省留下镇茶捐局任职，生活极乏味，写下了《留下镇上的黄昏》。这部作品在 1935 年被鲁迅收入《中国新文学大系·小说二集），鲁迅称之为"描写着乡下的沉滞的氛围气"的乡土文学。

7 月，留下茶捐局停办，回嵊县。

本年，发表了《期待》《清明日》等诗作。

1926 年　　26 岁

年初，听同学说，冯玉祥抱有爱国、救国的决心，又肯收留知识青年，就由家动身去西北，路经杭州，杭州已成立了国民党浙江省党部，就和许多浙一师的同学集体加入国民党，旋即离开杭州北上。

3 月，到上海，遇以前在浙江印刷公司工人互助会工作的共产党员徐梅坤，经徐劝说和介绍，到商务印书馆工会，和杨贤江一起创办了工人子弟学校，任教务主任兼国文教员。同时，由徐梅坤介绍，加入中国共产党，和茅盾、杨贤江等人在同一党小组参加活动。

6 月 25 日，小说《留下镇上的黄昏》由鲁迅编辑，发表于出版的

① 魏金枝：《魏金枝短篇小说选集·后记》，人民文学出版社 1954 年版。

《莽原》半月刊 1926 年第 12 期。这是一篇成功的实实在在描写乡镇沉郁、窒闷气氛的小说。

7 月，调上海市总工会，任秘书。

9 月，中共上海区委特别委员会决定，魏金枝任上海总工会宣传部干事，编辑刊物，写通讯报道，也时常到基层工会了解情况，帮助工作。

12 月，得伤寒病，住院治疗，略有好转即回家乡休养。

本年再次把以前所写的诗歌编成集子，交给当时民国书店经理、共产党员徐白民，准备出版，后大革命失败，徐白民被捕，诗稿也散失了。

1927 年　　27 岁

年初，病稍愈，和赵履强、许锡兰一起，策动在嵊县一带的王运良的队伍起义，响应北伐。

3 月，北伐军占领杭州后，赴杭州任浙江省国民通讯社社长。

4 月，"四一二"大屠杀后，被国民党浙江省政府通缉，受中国共产党组织的指示，到钱塘江沿江一带活动，联络浙一师进步同学。那里风声也很紧，无法行动。躲藏在一个古寺里，住了一个多月才潜回杭州。从此，和党组织失去了联系，但又不能回家，便在杭州隐蔽起来。

9 月，化名魏尼庸，到浙江湖州统捐局西门分局任稽征员，同时又恢复了文学创作。

1928 年　　28 岁

5 月，第一部短篇小说集《七封书信的自传》由上海人间书店出版，收小说 6 篇，冯雪峰作序。1930 年，鲁迅在《我们要批评家》一文中称之为"优秀之作"，魏金枝因此被称为"中国最成功的一个农民作家"。

夏，到杭州，进魏颂唐办的财务人员养成所，负责校刊的编辑和印刷事务，同时进行文学创作，直到 1930 年春。

1929 年　　29 岁

10 月 20 日，由柔石介绍，到上海鲁迅寓所，首次拜访鲁迅，此后多次到鲁迅寓所看望鲁迅。鲁迅在日记中记载："魏金枝来。"

本月，创作完成《奶妈》初稿。

秋，完成中篇小说《白旗手》初稿。

本年，发表小说《父子》《颤悚》《校役老刘》《学不会的人》等。

1930 年　　30 岁

1 月 1 日，在《萌芽》月刊创刊号上发表描写女革命者的短篇小说《奶妈》，获得了强烈的社会反响。

初春，接柔石、冯铿到杭州，并陪同游玩。

3 月 20 日，从杭州到上海，晚上和鲁迅、柔石、冯雪峰等同往"新亚"饭店就餐，从此和柔石同住景云里 23 号，由柔石介绍加入"左联"，开始帮助鲁迅、柔石、冯雪峰编辑左联的文学刊物《萌芽》月刊。因生活困难，柔石就把每月 30 元的编辑费都给了他。

5 月 29 日，出席"左联"在南京路华安大厦（即今南京西路 104 号华侨饭店）3 楼召开的第二次盟员大会。

本月，参加纪念"五卅"运动的集会活动，并参与了散发政治传单以及游行宣传活动。

9 月 17 日，参加鲁迅诞辰 50 周年祝寿会，同去的有柔石、叶圣陶、茅盾、史沫特莱等三四十人。

9 月 18 日，《野火》创作完成于上海闸北，后来发表于《青年界》1931 年第 2 期。

11 月，短篇小说集《奶妈》由上海联合书店出版，收小说 5 篇。

本年，还发表小说《焦大哥》《桃色的乡村》《我们的狗和人》等。

1931 年　　31 岁

1 月 17 日，柔石被捕，为打听其消息而到处奔走，但坚守在景云里，等待消息。

1 月 19 日，和韩侍桁一起，找到鲁迅，报告柔石被捕的情况，并请鲁迅注意安全，鲁迅当晚搬家。

4 月，柔石牺牲以后，《萌芽》月刊停刊，魏金枝失去依傍，而同时同族堂兄魏颂唐在杭州生病，来信要他去杭州照料，即离沪去杭州。

5 月，任杭州财务学校秘书。杭州财务学校是魏颂唐创办的。

本年，发表小说《自由在垃圾桶里》，文学论文《过去对于"创作"的一般谬误》等。

短篇小说集《七封书信的自传》经增删后，由上海湖风书局出版。

1932 年　　32 岁

5 月，受阳翰笙同志的委托，帮助辛汉文、田洪（田汉的弟弟）领导的"五月花"剧团在杭州演出。5 月 5 日，魏金枝创作了短篇小说《磨捐》，后发表于《现代》1933 年第 4 卷第 3 期。

写作《对文艺大众化的意见》，参加上海文坛正在开展的关于文艺大众化问题的讨论。

7 月、8 月间，"五月花"剧团因演出进步话剧而被国民党当局查封，魏金枝因此而被捕。

10 月，通过亲朋好友打通关节，被交保释放。出狱后，在汪庄白云庵和弥陀山下的弥陀寺小住，修改中篇小说《白旗手》。

10 月 20 日，上海现代书店出版小说集《奶妈》。

本年，小说《前哨兵》载《现代》1932 创刊号、《报复》载《现代》1932 第 1 卷第 3 期。

1933 年　　33 岁

春，又由魏颂唐介绍，到湖北省财政厅去谋事。但到了武汉以后，等了几个月还未安排工作。贫困潦倒，连回家的盘费也没有了。

6 月，由朋友设法到长江水警局任校对，后又升任校缮主任。

7 月，挣够盘费后，即离开武汉回杭州，在西子湖边夕照寺里当了 50 天的寓公，过着极其困顿的生活，向上海的朋友求助，但回信很少。

8 月，中篇小说《白旗手》在《东方杂志》上连载，创作了短篇小说《制服》。

9 月，由杜衡举荐，到上海麦伦中学任国文教员。

10 月，中短篇小说集《白旗手》，由现代书局出版，收小说四篇，"仍以农村和农村中的人作描写的对象，简朴的风格，深挚的态度，头脑简单的农民的天真和可爱，经济破产后的农村惨状，都从作者笔下绘出了极深刻的姿态，尤其是《白旗手》一篇，更是作者近年稀有的力作"。

11 月，自传体小说《失学以后》载《中学生》1933 年第 39 期，记叙了 1920 年度因家庭矛盾而失学的经过。

本年，小说《制服》载《现代》1933 第 4 卷第 2 号、《磨捐》载《现代》1933 第 4 卷第 1 号。

1934 年　　34 岁

3 月，发表第一部三幕话剧剧本《宣誓就职》，揭露国民党官场的腐败。

本年，小说《做肚仙的人》载《现代》1934 第 5 卷第 5 期，《山地》载《现代》1934 第 5 卷第 2 号。

本年，还发表了一些散文。

本年，小说《白旗手》被国民党当局查禁。

1935 年　　36 岁

1 月，发表《"的笃戏"小史》，对家乡地方戏的源流作了考证。

4 月，因稿件问题发表杂文《再说卖文》，对傅东华主编的《文学》杂志提出了批评。

5 月，傅东华在《文学》杂志上发表告示，指责魏金枝是"肆意污蔑"，"意图危害本刊"，同时鲁迅在写作《文人相轻》一文时亦顺便讥讽了魏金枝对《文学》的态度。

7 月，发表《分明的是非和热烈的好恶》，对鲁迅《文人相轻》中的某些观点提出了异议。7 月 15 日、8 月 4 日，鲁迅发表《三论文人相轻》《四论文人相轻》对魏金枝进行了批评。

10 月 24 日，给鲁迅写信，解释了自己的观点，得到了鲁迅的谅解。鲁迅日记载："二十四日昙。上午得魏金枝信。"

12 月 12 日，和爱国学生一起，积极参加抗日救亡运动，在《上海文化界救国运动宣言》上签名。

本年，小说《赌》载《现代》1935 年第 6 卷第 3 号，还发表了散文《故乡风光》《色相种种》等。

本年，和许银仙离婚。

1936 年　　36 岁

1 月 28 日，参加上海各界救国联合会。

5 月，小说集《制服》由上海天马书店出版，列入尹庚主编的天马丛书第 25 册，收小说 3 篇。

5 月 31 日至 6 月 1 日，参加全国各界救国联合会在上海举行的成立大会。

6月，参加中国文艺家协会，在该会的宣言上签名。

7月21日，创作完成小说《想挂朝珠的三老爷》，8月10日载《光明》1936年第5期。

8月，在当时"国防文学"和"民族革命战争的大众文学"两个口号的论争中，发表《国防文学的任务等等》，参加讨论。

10月，鲁迅逝世，写作《我们年青人只有惭愧》，表示悼念。

本年，小说《政治家》载《今代文艺》1936年第2期。

本年，与柯振庭女士结婚。柯振庭原是安徽省贵池县县立女子小学校长。

1937 年　　37 岁

本年抗日战争爆发，日本侵略者进入上海，租界成为孤岛，魏金枝和其他文艺界人士坚持在"孤岛"进行斗争，参加了中国共产党领导下的文化界统一战线组织——"中教联"，是该组织文学组的成员。

散文《说"发胖"》载《中国文艺》1937年第1期，《的笃戏》载《时代文艺》1937年第1期。反映囚徒生活的中篇小说《孤鬼们》载《中国文艺》1937年第3期。

1938 年　　38 岁

发表散文《第三个双十节》，坚信中华民族一定会在抗日战争的烈火中成长起来。《从红莲寺说到民众教育》载《青年大众》1938年第1期。

1939 年　　39 岁

10月，文艺论著《怎样写作》由上海珠林书店出版，列为中学生丛书之一，在传授写作知识的同时，宣传抗日救国的爱国主义思想。

本年，小说《王太太的挣扎》载《鲁迅风》1939年第14期，散文《亭子间里》载《新中国文艺丛刊》。

1941 年　　41 岁

8月，小说《凑巧》载《新文丛》1941年第3期。

11月，长女魏平出生。

1941 年 12 月 8 日，日本侵略军占领了上海租界，整个上海就变成了沦陷区，魏金枝一家的生活陷于困境中。

1942 年　　42 岁

年初，麦伦中学学生金以恭参加共产党领导的抗日游击队，在战斗中牺牲，麦伦中学进步师生冒险开了一个追悼会，由魏金枝执笔用骈体文写了一篇无限悲愤的悼词。

因日本侵略军进入租界而离开上海，将爱人和刚满月的女儿魏平送到安徽芜湖岳母家避难，自己回家乡嵊县。由于日寇进逼，国民党军队和土匪到处敲诈勒索，家乡人民生活非常艰难，长期以来形成的乡村习俗也不得不改变。

中秋，经上海到芜湖，和家人团聚。

1943 年　　43 岁

年初，回上海谋职，到南屏女子中学任教。

秋季，又回麦伦中学兼课。

1944 年　　44 岁

本年，在麦伦中学任首席国文教员，在南屏女子中学兼课。

1945 年　　45 岁

年初，为维持生计，又到之江大学兼任国文教授。

3 月，写作小说《羞明》。

7 月，美机轰炸上海，全家 4 口到芜湖避难。

8 月 15 日，日本宣布无条件投降。

9 月，回麦伦中学任教，直到全国解放。

12 月 17 日，参加中华全国文艺协会上海分会的成立大会，成为该会的主要成员。

1946 年　　46 岁

1 月，主编文学刊物《文坛》月报，该刊共出版 1 卷 3 期（1—5 月）。许多著名作家如刘白羽、路翎、艾芜、周而复等在该刊上发表作品。

2 月 18 日，参加全国文协上海分会举行的欢迎老舍、曹禺赴美国讲学的活动。

4 月，主编《现实文艺丛刊》第一辑《新生篇》。该书 1946 年 5 月 10 日由上海中国文化投资公司出版发行，只出版第一辑，撰稿者有冯雪峰、沙汀、林淡秋等。

5 月，为纪念夏丏尊先生，作《夏丏尊先生行略》。

6 月，纪念高尔基逝世十周年，作《我看高尔基》。

7 月，写作杂文《苍蝇那东西》，斥责了周作人的汉奸行为，因有人为周作人辩护，魏金枝又写了《我对于苍蝇的心情》作答。

从本月起，用风兮、高山、鹿宿、莫干、牛三等笔名，为上海《时代日报》的副刊《星空》《新生》写杂文，一直到 1948 年该报被国民党当局查封。共得百余篇，十万多字。这些杂文揭露了国民党当局发动内战、包庇汉奸、镇压民主运动的罪恶，也批评了社会上种种丑恶现象。

10 月，鲁迅逝世 10 周年，写作了《"呜呼"》《鲁迅先生的青皮战术》《说阿 Q 和中国农民》等文章，表示要学习鲁迅坚韧的战斗精神。

本月，创作中篇小说《坟亲》，后连载于《文艺春秋》1946 年第 5 期和第 6 期。

本月，国共两党和谈破裂，参加周恩来同志暂离上海回解放区的话别会。

本年，还发表小说《苏秦之死》和《人生的启示》《种树》等散文、杂文数十篇。

1947 年　　47 岁

1 月，小说《竹节命》载《中国作家》第 2 期。

继续为上海《时代日报》的副刊《星空》《新生》写杂文，发表了几十篇杂文。

10 月，创作小说《蜓蚰》，后发表于《文艺春秋》1947 年第 5 期。

本年，小说《将死的人》发表在《水准》1947 年第 1 期，发表《赶鹿》《狗肉》等散文、杂文多篇。

1948 年　　48 岁

本年，协助主办《现代教学》丛刊，并在该刊上发表了《同义字的功用)《从国文科看复古》《文章解剖》等文章。

11 月，小说《报复》发表于《文讯》1948 年 11 月第 5 期。

本年，小说《客气》刊于《文艺春秋》1948 年第 2 期，发表杂文数十篇。

1949 年　　49 岁

5 月 27 日，参加上海文艺界庆祝上海解放大会，在会后发表的《文艺界宣言》上签名。

6 月、7 月，作为"南方代表第二团"的成员赴京参加全国第一次文学艺术工作者代表大会。沿途和会议期间写了《此行随记》等通讯十几篇。

9 月，作《应该沉默吗?》，表示自己决不沉默，要和时代一起前进。

11 月，调入上海市教育局研究室任语文特邀研究员，发表用嵊县方言创作的小说《活路———一个伪保长的自述》。

12 月，许杰对《活路》提出批评，认为主题不鲜明，结构、形式亦有欠缺。魏金枝发表了《对于〈活路〉的自白》反批评。

参加欧阳山的长篇小说《高干大》的讨论会，并在会上发言。

发表《谈谈我的写作经验》，从作家的立场、取材两方面和青年们谈了自己的创作体会。

本年，还发表了散文《笋炒肉》《高尔基所走的路》，评论《鲁迅作品里的愤怒》《法捷耶夫作品中的新人》等文章十几篇。

本年，开始编辑辞书《新词林》。

1950 年　　50 岁

1 月 4 日，参加柳青的长篇小说《种谷记》讨论会，并在会上发言，对其优缺点作了分析。

春，参加华东灾区慰问团，到安徽、山东、江苏等地慰问灾民，写了《宿县收容所》《泗洪大街》《大刘庄》《山东的朝气》等近十篇散文，记录了灾区人民在共产党领导下，战胜自然灾害的经过。

7 月，上海第一届文艺工作者代表大会召开，被选为文联常务委员会委员。

9 月，随同华东劳模代表团赴京参加全国劳模代表大会。写了特写

《任樟元和三个地主》《王淑鸾印象记》。

10 月 1 日，登上天安门观礼台和首都人民欢度国庆。写了长诗《快乐的眼泪》。

纪念鲁迅逝世 14 周年，发表《鲁迅的仁术》《用土改医治阿 Q》《对阿 Q 正传的看法》《重读鲁迅先生的小说》《青年导师鲁迅先生》等文章。

12 月，小女儿魏达给中国人民志愿军缝制慰问袋，为此写了一封《致朝鲜前方某一战士的信》。

年底，回家乡参加土改，写了《土改和爱国热潮》《一个不完整的调查报告》。

本年发表评论《我看万户更新》《评王秀鸾》，杂文《一个道理的两面》《告勉今日的青年》等文章十几篇。

1951 年　　51 岁

年初，担任上海《文艺新地》的特邀记者，到松江参加土改，写了散文《两个寺院的变化》。

2 月，《新词林》由启明书局出版，发表《打背包和被背包压死》。

3 月，发表《我所知道的柔石》，纪念柔石牺牲 20 周年。

7 月，访问上海就医的志愿军伤员，创作散文《队伍以外的人》。

年底，参加上海文联组织的下厂工作队，参加工厂民主改革运动。

本年发表了评论《读〈竞赛〉》《读〈谁是最可爱的人〉》，散文《衷心的庆贺》等。

1952 年　　52 岁

10 月，调入上海市文联工作，筹备创办《文艺月报》。

本年发表了儿童读物《这不算迟到》，论文《略论这次语文教学的讨论》等。

1953 年　　53 岁

1 月，任《文艺月报》常务编委，坐镇编辑部，分工专门负责小说散文组。

7 月 1 日，参加上海文艺界纪念党的生日的座谈会，在发言中说："作为一个从旧社会过来的知识分子，生活在新社会，心情是舒畅的，党对知识分子的关怀,处处使人感到温暖。"又说,"新社会给知识分子的温暖,有时就像穿惯单衣,一旦穿上新棉袄一样,温暖虽然温暖,但总又感到有点不习惯。"还说,"不要认为知识分子到了新社会,样样都称心如意,处处都能适应,或者以为社会主义制度和党的政策,全都可以为知识分子所接受。不是的。我们这些来自旧社会的知识分子,头脑里旧的东西不少,还必须加强思想改造,使自己尽可能跟上新形势,适应新情况。"

9月、10月,赴京参加全国第二次文代会,被选为中国作家协会理事,在京期间采访了解放军文艺工作者崔八娃,写作了《和崔八娃见面》。

10月19日,参加上海文联举行的纪念鲁迅逝世17周年座谈会。

11月,参加华东作家协会成立大会,被选为华东作协理事,创作委员会委员。

12月28日,参加艾明之创作的电影剧本《伟大的起点》讨论会。并做了发言,对该剧的人物塑造、情节结构做了中肯的评价。本月,由华东作协组织,到江南农村作短期访问。

本年,发表儿童小说《越早越好》,评论《我对〈小丰产〉的意见》、杂文《扩大对于现实生活的认识》等。

1954年　　54岁

1月,参加《伟大的起点》第二次讨论会。

2月、3月,回故乡嵊县调查研究、深入生活。

5月,参加长篇小说《铁道游击队》的讨论会,对该作予以肯定。

6月,小说《老牯和小牯》载《文艺月报》第6期。

7月,当选为第一届上海市人民代表和上海市政协委员。

8月16日至21日,出席上海市一届人大一次会议。

9月,参加华东作协庆祝中华人民共和国成立5周年座谈会,并在会上发言。

11月2日,捷克斯洛伐克、匈牙利作家访华,在上海与中国作家座谈,魏金枝应邀出席,并做了发言。

12月,参加华东作协理理会扩大会议,会议决定改华东作协为中国作协上海分会,设主席团。会议对《文艺月报》提出了不少意见,也有同志批评了《老牯和小牯》。

12 月 28 日，列席作协上海分会主席团会议。被推举为《文艺月报》副主编。以后魏金枝又在该会任书记处书记、副主席。

本月，《魏金枝短篇小说选集》由人民文学出版社出版。收小说 10 篇。作者在《后记》中，对自己几十年的小说创作做了简短的小结，并表示"要不自馁，有生之年，我还要坚决地写下去"；《中国古代寓言》也由少年儿童出版社出版第一、二集。这是作者从几百种古籍中辑录、整理、翻译出来的，出版后受到普遍的欢迎。

本年，发表小说《一个危险的计划》，诗歌《真正的人——朱顺余》，儿童读物《新发现》，杂文《我们一同欢笑》等。

1955 年　　55 岁

1 月，《文艺月报》署名副主编改为魏金枝、唐弢、王若望。

5 月，儿童文学作品集《越早越好》由少年儿童出版社出版，收儿童小说四篇。

5—6 月，先后写了《胡风的真面目是什么》《胡风集团的恶行》《我们不能同老虎睡在一起》《胡风反革命集团在上海的活动概况》，对所谓的"胡风集团"进行所谓的揭露和批判。

本年，发表评论《先从报告特写入手》《我对于〈西游记〉的看法》，特写《一个人的成长——马金龙访问记》等。

本年，茹志鹃转业到上海，任《文艺月报》编辑，魏金枝对她十分关心，对她创作上的成长给予了很大帮助，"对她每篇新作的不足之处，总是毫无保留地提出自己的意见"。

1956 年　　56 岁

2 月、3 月，赴京参加中国作家协会理事会（扩大），做了书面发言。

4 月，下港区。访问劳模上港 2 区 34 四组组长吴良先，写作特写《我们要的是团结》。

夏，组织上为改善知识分子的工作和生活条件，要他迁入一座高级公寓，他婉言谢绝。

8 月，下工厂。访问上海内燃机配厂市劳模顾谒金后写作《顾谒金心里的秘密》。

10 月，纪念鲁迅逝世 20 周年，写作《鲁迅与藤野先生》《对〈示众〉的一些臆测》《鲁迅先生是怎样跃进的》等七八篇文章表示纪念。

12 月，参加全国文学期刊编辑会议，《一次成功的民主化会议》载《文汇报》1956 年第 12 期。

本年，回故乡途经杭州时，曾作短暂停留，并在当时正在举行的青年业余文学创作者会议上做了题为《反对教条主义和公式主义》的报告。

本年，发表评论《谈〈故乡〉中的两个人物》《〈十五贯〉是个好戏》，杂文《不要千篇一律》和寓言 19 篇。

本年，继续编写《中国古代寓言》第 5 册。

1957 年　　57 岁

1 月 11 日，应邀参加《文艺报》召集的上海部分小说家座谈会，漫谈了繁荣短篇小说创作的问题。

春，回故乡，应嵊县文化馆的邀请，为青年业余文学爱好者做辅导报告，并指导魏淇园创作《夏雨》。

5 月，下乡深入生活，构思电影剧本。发表《一些聊供参考的意见》，对上海文艺界的领导提出了善意的批评。

6 月，发表《从"文艺月报"看"墙"和"沟"》，对上海作协的不正之风展开批判。

同月，杂文、散文集《时代的回声》由上海新文艺出版社出版，收入 1946 年至 1948 年写的杂文、散文 48 篇，作者在《自序》中说，这些作品是"奉命而行"的，是"借题发挥"，"是对着和尚，却骂贼秃；指着家鸡，却打野狗"。

7 月，任《文艺月报》执行编委。1957 年上半年，《文艺月报》取消了主编和副主编，只设《文艺月报》编辑委员会，因 1957 年春夏，魏金枝在嵊县体验生活，从事创作，所以执行编委为唐弢、以群。6 月，魏金枝回到《文艺月报》编辑部，因而 1957 年 7 月号起，执行编委改为唐弢、魏金枝、以群。

7—8 月，发表《民不可侮》和《右派分子的本色》等文章，对"右派"展开批判。

8 月、9 月，出席上海市第一届人民代表大会第二次会议，在会议上和巴金、唐弢、周而复等 10 位同志联合做了发言。

12 月，文艺评论集《文艺随谈》由上海新文艺出版社出版，收文学评论 12 篇。

本年，《中国古代寓言》，由张玉莺作序，杨宪益、戴乃迪翻译成英文，在北京外文出版社向国外发行。

本年，发表评论《人物为什么没有生气》《试谈我国的寓言》，杂文《反客为主》和几十篇寓言。

1958 年　　58 岁

2 月 26 日，出席上海作协举办的创作座谈会。

3 月，制订创作规划，准备创作一部 15 万字的长篇小说。

4 月 10 日，发表《把心交出来》，指出把心交给党，交给人民，交给社会主义，这是一件大好事。

6 月，和巴金、靳以、胡万春、任斡等集体撰写报告文学《创造奇迹的时代——党挽救了邱财康同志的生命》。

10 月 16 日至 11 月 8 日，参加全国慰问团，赴福建前线慰问中国人民解放军三军指战员和民兵，并写作发表了特写《前线纪事》《前线三军英雄群像》《前线炮兵群像》等，写了《大炮大炮打得好》等 5 首歌颂炮兵的诗篇，表达了对国民党和美帝国主义的仇恨和蔑视。

本年，发表评论、杂文、诗歌、寓言几十篇。

1959 年　　59 岁

1 月，《文艺月报》第一执行编委。1—6 月执行编委为魏金枝、以群，7 月号起执行编委改为魏金枝、以群、王道乾。魏金枝任第一编委，实际上就是主编。

3 月，出席作协上海分会会员大会，并在会上做了题为《漫谈技巧》的发言。同月，上海市教育局调魏金枝去兼任上海师范学院中文系主任。

4 月，发表小说《两个小青年》，受到社会好评，被称为"精练又耐人寻味的儿童文学作品"。

9 月，和巴金、萧珊、罗洪等作家一起参观新安江水电站建筑工地，写作了《竹和使用竹的人》。

同月，上海文艺出版社出版《上海十年文学选集》，他为《短篇小说选》撰写前言。

10 月，《文艺月报》改出《上海文学》（月刊），由上海文学编辑委员会编辑，编委为巴金、王道乾、以群、刘大杰、吴强、峻青、靳以、蒯斯曛、魏金枝、芦芒等，执行编委为魏金枝、以群、王道乾。

10 月 27 日，内山完造的骨灰在上海的万国公墓安葬，魏金枝出席了安葬仪式。

本年，发表文艺论文《从描写真人真事谈提高》《作品为什么写得没有新鲜感》《性格·形象·故事》和《上海十年来短篇小说的巨大收获》等。

1960 年　　60 岁

2 月，发表文艺短论《一个进一步的提议》，提倡作家多写儿童文学，为孩子们提供质好量多的精神食粮。

5 月 10 日至 16 日，出席上海市第三届人民代表大会第三次会议，会议审议了曹荻秋副市长的《关于上海市 1960 年国民经济计划的报告》和马一行副主任的《关于上海市 1959 年决算和 1960 年预算的报告》，魏金枝和罗稷南、柯灵在会议上做了《努力创造无愧于我们时代的文学》的发言，不仅"完全同意"这两个报告，而且以极强的政治意识汇报了上海文学界在"大跃进"以来的创作情况。

7 月，出席全国第三次文学艺术工作者代表大会，继任中国作家协会理事。

10 月，任《上海文学》副主编。

本年发表散文、诗歌、杂文、寓言数十篇。

1961 年　　61 岁

5 月，毛泽东主席到上海视察工作，接见了上海各界代表，魏金枝亦被接见，事后写作了《使我永远年轻》。

5 月 27 日晚，出席上海市举行了庆祝六一儿童节的小读者联欢会。

6 月，参观上海崇明农村，发表了《欢乐的荒滩》，记叙了海滩的变迁。

6 月 18 日，出席上海文化界在中苏友好大厦友谊电影院隆重举行的"伟大的无产阶级作家高尔基逝世二十五周年纪念会"。

7 月 11 日，出席中国人民对外文化协会上海市分会和中国作家协会上海分会为龟井胜一郎团长的日本文学代表团举行的欢迎宴会。

本年，发表《漫话传统》《诗韵和诗意》《吴琼花为什么如此坚强》等一批文艺论文。

1962 年　　62 岁

上半年，当选为上海市第四届人大代表。

上半年，因生病，一度在家休息，编写《宋濂的寓言五则》，载《上海文学》1962 年 6 月 5 日第 6 期。

6 月 11 日，出席上海剧协举办的越剧《祥林嫂》座谈会，会后发表《试论越剧〈祥林嫂〉》。

6 月 21 日，《赞打虎英雄》载《人民日报》。

7 月 15 日至 7 月 23 日，出席上海市第四届人民代表大会第一次会议。

12 月，文艺评论集《编余丛谈》由作家出版社出版，收文艺论文 30 篇。

1963 年　　63 岁

年初，回嵊县老家，欣喜家乡的变化，写了散文《记眠牛弄水库》。

1 月，小说《跟着他走》（《我们那时候》断片之一）载《上海文学》1963 年第 1 期。

3 月 20 日至 29 日，出席"小说、散文创作座谈会"，在谈自己的创作体会时强调提高马列主义水平的重要性。

5 月 2 日至 5 月 11 日，出席上海市第四届人民代表大会第二次会议。

9 月，和巴金、茹志鹃等 5 人集体撰写报告文字《手》，记叙了上海第六人民医院医生陈中伟断肢再植的事迹。

本年，发表小说《义演》等。

1964 年　　64 岁

1 月 17 日，上海、天津、广州、武汉、成都、重庆、西安等城市的人民举行大规模的反美示威游行和集会，魏金枝参加了这一活动，并在集会上发言。

夏，写作报告文学《斗魔记》，记录了彭加木同志战胜癌症，战斗在新疆的事迹。

8 月，他接到上海市第五届人民代表的当选证书时，非常激动，写下了《要避免反复，只有改造自己》一文。

9月16日至9月25日，出席上海市第五届人民代表大会第一次会议。

本年，发表评论《再谈小小说》《别具一格的一个短篇集——谈〈山区收购站〉》等。

1965 年　　65 岁

5月1日，毛泽东主席莅临繁花似锦的上海，与上海人民一同欢度"五一"佳节。傍晚，接见了上海各民主党派的负责人和教育、文化、科学界人士。魏金枝受到了接见。这次接见，正像当时的新闻报道所说，被接见者"为上海全体文艺工作者带来了毛主席的鼓励和关怀"，"这是上海全体文艺工作者的幸福和光荣"。

11月29日至12月8日，出席上海市第五届人民代表大会第二次会议。

1966 年　　66 岁

下半年，"文化大革命"开始，运动初期便受到冲击，被关进作协机关的"牛棚"挨批斗，时而作为"头号资产阶级反动学术权威"被揪到上海师院挨批斗、挨打。

1969 年　　69 岁

被放出"牛棚"，继续接受审查。

1972 年　　72 岁

10月，嘱咐在北京生孩子的女儿魏平去协和医院看住院的冯雪峰。

12月17日下午5时在医院含冤病逝，终年72岁。

1973 年

1月2日，经家属再三要求，上海市作协允许由亲属自己主持，在上海龙华火葬场开了一个简单的追悼会。

1978 年

中共上海市委批复中共上海市文化局《关于魏金枝同志复查结论》，

推倒了强加在魏金枝身上的诬蔑不实之词，为魏金枝平反。

1979 年

3 月 7 日上午，中共上海市委宣传部、上海市作协在上海龙华革命公墓举行魏金枝同志骨灰安放仪式。仪式由巴金主持，中共上海市委宣传部部长吴建致悼词，为魏金枝同志彻底平反昭雪恢复名誉。

后　记

　　到今天，魏金枝研究项目终于到了写后记的时间了。此时，许许多多刻骨铭心和感激的话都喷涌出来，纷乱得很，没有头绪，我只能哪句话冒出来了，就写下哪句。正如人的命运，普通的卑微的人们无力自主一样，只能任命运摆布，走一步是一步。

　　这本书，是我用尽生命的激情与精血写出来的。4年前，决定研究魏金枝，是在平安夜开始的。选择这个日子开始，是倾注了我的满腔期待的。那是一个怎样的夜晚啊，人们都在逛街市，尽欢乐。但外面繁华喧嚣的市景声光，没有牵引我和家人一道去欢乐，内心的向往使我沉浸在一种静谧的想象与温馨的期待之中。从这时起，我下了一个决心，千难万难也要不断前行，直到有一个比较称心如意的结果为止。的确，一路走来，经历了风风雨雨，起起伏伏，但我坚定一个信念，只要坚持向前走，总会有一个结果。我想，这个结果出来了，不管别人怎么说，但因为是倾注了我全部的爱，用了我全部的力量而培育出来的成果，我感到高兴，也有不可替代的幸福感。因此，我精心呵护和培育着，不分昼夜，没有节假日，跑图书馆，访谈名人，田野调查，常常奔波于嵊州、绍兴、杭州、上海、北京之间。

　　还记得初次到白泥坎村调查，受到黄校长以及几个村民的热情接待。可出村时遇大雨，又没有车，我们也不好总耽误黄校长他们，便站在一个屋檐下，等了几个小时，中饭也没有吃。好不容易来了一辆三轮车，我们才回到镇上，坐上汽车返回市区，这时已经是下午4点多了。在国家图书馆、上海图书馆和浙江省图书馆，我们一次次去挖掘散佚的资料，一进去就是一整天不出来，常常是中午吃一个面包，不记得带时，中餐就饿着。多年的辛苦，只为了一个梦想，一个目标，要一个结果。

　　很多人对我说，都这么大年纪了，安安静静过日子吧！还做什么梦呢！这样苦了自己，连带也苦了家人。这是很理性和实际的忠告，我从心中感激他们。但是，我一生都有一个梦想，一个期待，向往一个目标，等待一片光辉，我以诚实执着追赶着这一个人生之梦，尽管现实没有为我追梦提供坚实的基础，但在全中国人民都在朝着一个伟大的梦——民族复兴之梦、中国富强之梦执着努力的时候，我觉得自己追梦应该说是赶上了时代的潮流。也许是阴差阳错，也许是天意命许，我终于赢得了做梦的机会，在这样的情势面前，我怎能不努力拼搏？怎能不全心以赴？因此，许许多多好心人善意的劝慰，并没有浇熄我生命的期待，没有将我引导到平静安逸的生活中去。我始终坚持我自己的梦想，日日夜夜，为这个梦想而焦灼，而痛苦，而奔波，起早摸黑，苦心劳力；通宵达旦的时候不少，长途跋涉的劳累为多。我都兴奋着，因为我似乎觉得自己在一步步朝着梦想的目标前进着。虽然为此老眼昏花了，腰酸背痛了，身体垮了，精神很紧张，但心里总有一丝欣慰，我觉得人生如此，也值了。

可以说，魏金枝研究是令人刻骨铭心的。这里熔铸了我对人生新路执着追求的汗水与心力，我期想有一个对我自己而言的圆满的结果，我也为此付出了全部的精力。因为我对自己预设的结果非常圆满，而对前路的艰难又有一种预测，所以常常非常焦虑、担忧和恐惧，有时真是十分疲惫，甚至是心力交瘁。但即使这样，我也始终不放弃自己的梦想，而是越来越坚定了。即使是在2014年7月，一种外力将乌黑的天压在我的头上，我经受着人生中最严重的一次危机，我感到一种前所未有的艰难，精神几乎要崩溃，但丝毫也没有影响我的这个梦想，相反使我变压力为动力，迎难而上，几年来苦苦坚持，最终追求到这样一个结果。自然，这是我所不满意的。但是，时间已到，我必须将这个结果公布出来，让大家分享。只盼望大家能够有些微的满意或者肯定。这是我作为一个俗世人的基本的功利心。

毫不忌讳地说，我之所以用生命去追赶这个梦想是因为我总认为追梦是一种人生的积极进取的态度，不是自甘沉沦，更不是堕落。因此，我珍惜自己这个梦。

在这里，我要感谢太多太多的人。我不仅要感谢在我追梦时给予我实实在在莫大的支持、关心和帮助的人，也要感谢在我追梦的过程中激发我奋起，给予我力量的人，还要感谢学校、家庭和孩子的理解和支持。我要感谢这个美好的时代和我们复兴的祖国。尤其要感谢魏金枝先生的长女魏平，她为我们提供了魏金枝先生不少史料；感谢魏金枝先生的同事艾以先生，他不仅为我们提供了不少资料，还联系魏平到他家里与我们相识，带我们拜见了魏金枝的亲戚、同事欧阳翠，使我们获得了难得的信息；自然我们也真诚地感谢欧阳翠；感谢张惠达教授，他的研究成果为我们提供了参考，而且为我们介绍了艾以先生。

同时，我们感谢绍兴文理学院越文化研究院，感谢浙江省教育厅，感谢浙江省哲学社会科学规划办公室，此项研究先后评为 2009 年度浙江省哲学社会科学重点研究基地规划重大项目《越中现代著名作家系列研究》的子项目（项目编号：09JDYW01ZD - 6），2012 年浙江省教育厅人文社科项目《浙籍左翼作家魏金枝研究》（项目编号：Y201225124）和 2014 年浙江省哲学社会科学后期资助项目《魏金枝评传》 （项目编号：14HQZZ012），是它们的支持，才使我的追梦成为了可能终于收获了这本《魏金枝传》。这是这几个不同层次的立项课题的最终结题成果。

我要感谢课题组成员的通力合作，使这个梦落地了，成为一个可见的实体与存在，成为一种记忆。这里需要说明的是，我们几个课题组主要成员担负的研究任务如下：刘桂萍承担了第六章，第九章，第七章第一、二、四、五、六节，第八章第一、四、五节的初稿撰写；刘家思承担了引言，第一章，第二章，第三章，第四章，第五章的撰写；周桂华承担了第二章第一、三节的部分初稿，第七章第三、七节和第八章第二、三节的初稿以及年谱初稿的撰写，并编写了参考文献。本课题由浙江省哲学社会科学重点研究基地省级规划重大项目《越中现代著名作家系列研究》的课题总负责人刘家思统一设计，全书的框架体系由刘家思与本课题负责人刘桂萍、周桂华确定，最后由刘家思统稿、修改、重写与定稿。对于全书的校对，周桂华负责了一校，刘桂萍负责了二校，刘家思负责了三校。资料的搜集与整理是分工合作进行的。我们的共同努力，创造了实实在在的成果。我们合作很愉快，是我一生中美好的记忆。

最后，要感谢中国社会科学出版社的宫京蕾编辑的大力帮助，是她使本书最后成型，使我的梦最后才有了真正的现实存影。

2015 年 6 月